Steinerne Zeugen der Biblischen Geschichte

Bob Tadema Sporry

Steinerne Zeugen der Biblischen Geschichte

zwischen Euphrat
und Nil

Verlag Welsermühl

Fotos und Zeichnungen: Auke Tadema.
Übersetzung von Günter Schomaekers.
Bearbeitung dieser Ausgabe: Wolfgang Stein.

Schutzumschlag vorne: Der Nil bei Luxor (Theben) vom Ostufer aus gesehen.

Oben links: Römisches Glas in schönen schillernden Farben, ca. 63 v. Chr. – 330 n. Chr.; Rockefeller-Museum, Jerusalem.

Oben Mitte: Der Tetrapylon – in Touristenprospekten »die Säulen von Zenobia« genannt – aus Palmyra in Syrien. Palmyra hieß auch Tadmur. Das biblische Tamar (1. Könige 9.18) ist nicht damit identisch, wie man früher annahm. Der hellenistische Tetrapylon, wie er sich heute darstellt, ist eine ausgezeichnete Rekonstruktion eines Architekten aus Palmyra.

Oben rechts: Relief unterhalb der westlichen Statue von Ramses II. im Tempel von Luxor in Oberägypten. Es stellt eroberte Befestigungen in Palästina dar, wo u. a. die Chapiru lebten. Der Name der Festung steht im Oval, dem Zeichen für Festung.

Schutzumschlag hinten:
Links oben: Fragment eines stilisierten menschlichen Kopfes aus der Steinzeit. Die Maske ist aus ungebranntem Lehm geformt. Bart und Haare sind durch braune Längsstreifen angedeutet. Die Augen bestehen aus eingelegten Kaurischnecken. Die Maske ist ungefähr lebensgroß. Man hat zwei Triaden (Dreiheiten) gefunden: Vater, Mutter und Kind. Die Masken wurden gemacht, bevor man Töpferei kannte. Rockefeller-Museum, Jerusalem.

Rechts oben: Das »Grab von Absalom« stammt aus der Zeit der Makkabäer, ca. 40 n. Chr. Das zwischen Nadelgewächsen liegende Grab mit Blick auf das Kidrontal.

Rechts Mitte: Relief von Assurbanipal (668 bis 626 v. Chr.), das den König mit seinem Wagenlenker und Gefolge darstellt. Aus seinem Palast in Ninive; Alabaster, 80 cm hoch. Im Louvre in Paris.

Rechts unten: Modell des zweiten Tempels in der Unterstadt von Jerusalem aus römischer Zeit.

Frontispiz (Seite 2): Oben: Marmorsarkophag aus Caesarea aus dem 3. Jh. v. Chr. Die Skulpturen der Verstorbenen liegen auf dem jetzt schwer beschädigten Deckel. Die Vorderseite stellt die Amazonenschlacht dar, ein beliebtes römisches Motiv. Rockefeller-Museum, Jerusalem.

Unten: Gefangene Syrer und Palästinenser auf einem Relief im Tempel von Abu Simbel in Nubien. Auch auf weit entfernt liegenden afrikanischen Tempelwänden findet man Berichte über die Eroberungen von Ramses II., so z. B. Reliefs über die Schlacht von Kadesch im Jahr 1267 v. Chr.

Titelseite (Seite 3): Opfervase aus Tell Quasile; Philister, 11. Jh. v. Chr.; Ha'aretz-Museum, Keramikabteilung, Ramat Aviv bei Tel Aviv.

Gesamtherstellung:
Druck- und Verlagsanstalt Welsermühl, Wels-Austria.

ISBN 3-85339-186-5

Inhaltsverzeichnis

Karten und Pläne

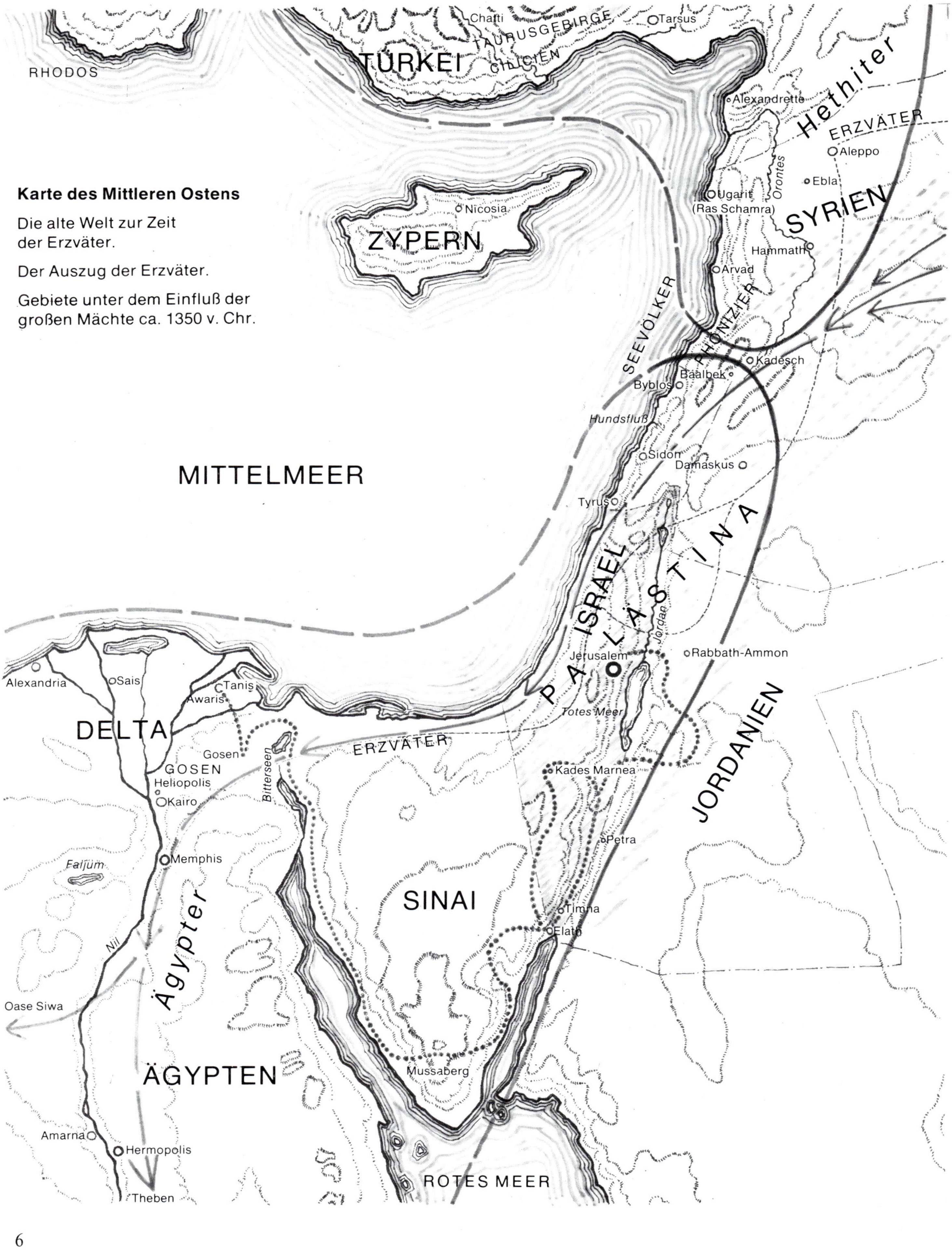

Karte des Mittleren Ostens

Die alte Welt zur Zeit der Erzväter.

Der Auszug der Erzväter.

Gebiete unter dem Einfluß der großen Mächte ca. 1350 v. Chr.

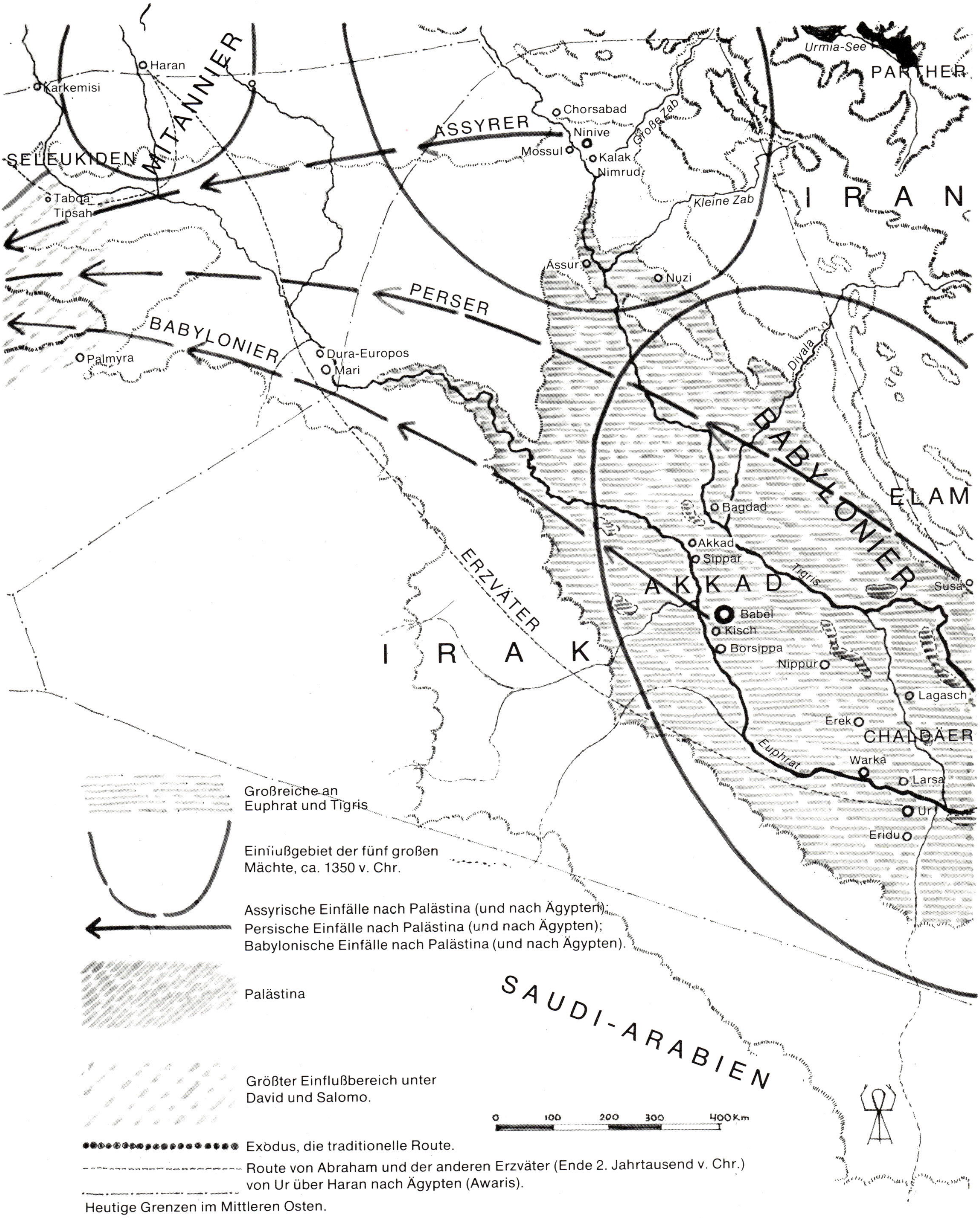
Haran
Karkemisi
MITANNIER
SELEUKIDEN
Tabqa
Tipsah
ASSYRER
Chorsabad
Ninive
Mossul
Kalak
Nimrud
Große Zab
Kleine Zab
Urmia-See
PARTHER
IRAN
Assur
Nuzi
PERSER
BABYLONIER
Palmyra
Dura-Europos
Mari
Diyala
BABYLONIER
ELAM
Bagdad
Akkad
Sippar
Tigris
AKKAD
Susa
Babel
Kisch
Borsippa
Nippur
ERZVÄTER
IRAK
Lagasch
Erek
CHALDÄER
Euphrat
Warka
Larsa
Ur
Eridu
SAUDI-ARABIEN
Großreiche an Euphrat und Tigris
Einflußgebiet der fünf großen Mächte, ca. 1350 v. Chr.
Assyrische Einfälle nach Palästina (und nach Ägypten);
Persische Einfälle nach Palästina (und nach Ägypten);
Babylonische Einfälle nach Palästina (und nach Ägypten).
Palästina
Größter Einflußbereich unter David und Salomo.
0 100 200 300 400 Km
Exodus, die traditionelle Route.
Route von Abraham und der anderen Erzväter (Ende 2. Jahrtausend v. Chr.) von Ur über Haran nach Ägypten (Awaris).
Heutige Grenzen im Mittleren Osten.

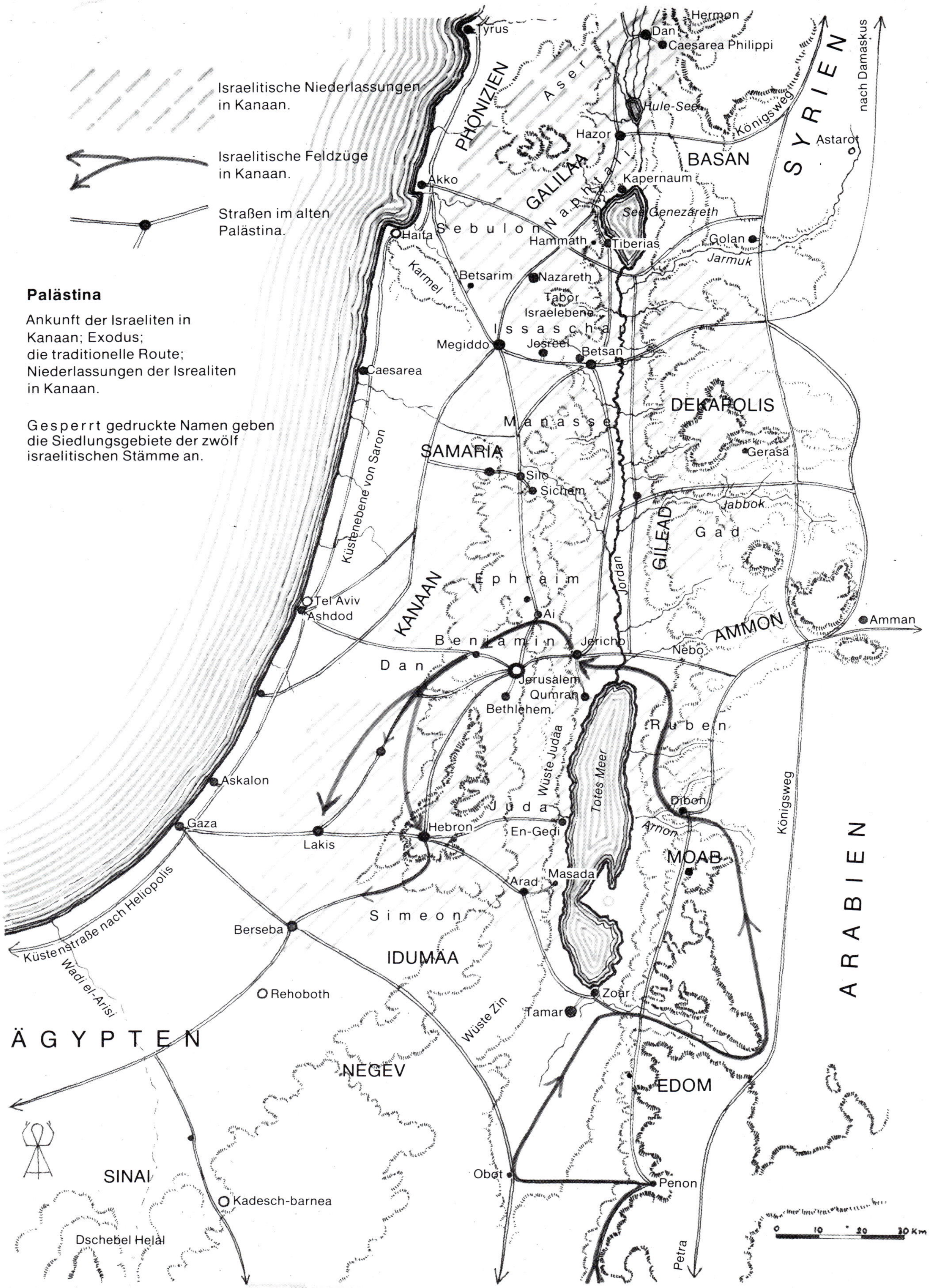

Palästina

Ankunft der Israeliten in Kanaan; Exodus; die traditionelle Route; Niederlassungen der Isrealiten in Kanaan.

Gesperrt gedruckte Namen geben die Siedlungsgebiete der zwölf israelitischen Stämme an.

Einleitung

Dieses Buch handelt von der Kultur und der Geschichte des alten Israel. Da Israel zu jener Zeit Teil eines größeren Gebietes, nämlich Palästinas war, ist es Aufgabe der biblischen Archäologie, sich mit einem enorm umfangreichen Gebiet zu befassen, das von zwei Flüssen, dem Nil und dem Euphrat, begrenzt wird. Vor allem das alte Ägypten hatte schon zur damaligen Zeit einen jahrhundertealten Einfluß auf Palästina ausgeübt. Und am Euphrat lag die Urheimat der Hebräer.
Die Geschichte des alten Israel ist auch die Geschichte Palästinas und die der angrenzenden Länder. Sie beginnt mit der Entstehung Palästinas vor Zehntausenden von Jahren und reicht bis zur römischen Herrschaft. Palästinas Bedeutung für die ganze Welt wird schon dadurch deutlich, daß hier nicht weniger als drei große Religionen entstanden sind: das alttestamentliche Judentum, das Christentum und der Islam. Die Wurzeln dreier monotheistischer Religionen liegen in diesem uralten Land.
Die biblische Archäologie bildet die Grundlage dieses Buches. Aus diesem Grund müssen wir zuerst deren Begriffsinhalt näher erläutern. Häufig ist man der Meinung, daß die biblische Archäologie die Aufgabe hätte, den Wahrheitsgehalt der Bibel zu überprüfen bzw. zu beweisen. Diese Annahme ist jedoch falsch. Die biblische Archäologie ist vielmehr Teil einer großen, die Welt umspannenden Wissenschaft - eben der Archäologie. Als Spezialdisziplin kann sie auf etwas mehr als hundert Jahre ihres Bestehens zurückblicken. Das Ziel der biblischen Archäologie ist es, durch Ausgrabungen die Geschichte Palästinas nachzuvollziehen. Sie ist jedoch mittlerweile viel zu umfangreich geworden, um sie in einem Buch wie diesem vollständig darzustellen. Wir müssen uns deshalb auf die Beschreibung der wichtigsten Ergebnisse und Schlußfolgerungen beschränken.
Machen wir zuerst kurz Bekanntschaft mit der Geschichte Palästinas. Wir werden die großen Helden und auch die Revolutionäre kennenlernen, die sowohl in Israel als auch in den umliegenden Kulturländern gewirkt haben. Der Leser wird vielleicht über unsere Schlußfolgerungen etwas erstaunt sein, die teilweise im Gegensatz zu bisher vertretenen Meinungen stehen.
Viele Kulturströme haben überall in Palästina ihre Spuren hinterlassen und man kann diese noch an zahlreichen Orten wahrnehmen. Daneben existiert auch noch die Welt des Alten und Neuen Testaments, wobei ersteres einen Zeitraum von einigen tausend Jahren umfaßt, das zweite jedoch nur ein paar Jahrhunderte. Diese »biblische Welt« steht keineswegs isoliert da, denn sie war sehr eng mit allem verbunden, was in der damaligen Kulturwelt geschah. Eine eigenartige Erscheinung der Geschichte ist die unwiderlegbare Tatsache, daß in dieser relativ kleinen Welt der Hebräer (die im übrigen wie alle Völker große und kleine Streitereien ausfochten, Land eroberten und untereinander Kriege führten) eine Religion entstand und weiter besteht, und daß dieses Volk, das wie kaum ein anderes in der Diaspora lebte und lebt, durch seinen Glauben bis auf den heutigen Tag zusammengehalten wird.
Die biblische Archäologie versucht auf Fragen Antworten zu geben, die da lauten: wie lebten die Menschen und wie sah

Tor in der Stadtmauer von Jerusalem, das sogenannte Warren-Tor. Aus einem Modell von Jerusalem zur Zeit König Herodes'.

ihre Umwelt aus, wie bauten sie ihre Häuser und Städte, über welche Nahrungsmittel verfügten sie, wie waren sie gekleidet, welche Sitten und Bräuche pflegten sie, wie dachten sie über das Leben, welche Sprachen sprachen sie und wie sah ihre Literatur aus, stellten sie Dinge her, die das Leben angenehmer machten, besaßen sie eine Vorstellung von Kunst und wenn ja, wie sah sie aus?

Die Tatsache, daß die biblische Archäologie eine Spezialdisziplin darstellt, wird niemanden überraschen. Jeder, der sich mit ihr beschäftigt, muß natürlich eine außergewöhnlich gute Kenntnis der Bibel besitzen. Außerdem muß man mit den modernen archäologischen Grabungsmethoden vertraut sein, in so umfangreichen wissenschaftlichen Forschungsgebieten wie der Chemie und der Physik Bescheid wissen, die Untersuchungsmethoden über Alter, Technik und Datierung der gefundenen Gegenstände kennen und die Knochen- und Schädelfunde der Anthropologen interpretieren können. Schließlich muß man einen Bericht über die Funde publizieren.

Es ist verständlich, daß die ersten Archäologen – die meisten von ihnen waren Theologen – die Bibel als die Grundlage ihrer Forschungen betrachteten. Erst Jahre später kamen die nüchternen Ausgräber mit ihren modernen Methoden. Auch heute noch muß der Archäologe, der sich mit dem Mittleren Osten befaßt, mit dem Inhalt der Bibel vertraut sein, die so ungeheuer viele Ereignisse aufgrund der darin verarbeiteten Literatur und Überlieferungen beschreibt, die bis heute ständig aufs neue überprüft werden müssen. Kein moderner Theologe kann mehr an die Geschichte von der Erschaffung der Welt glauben oder an das unvorstellbare Alter, das einige biblische Persönlichkeiten erreicht haben sollen, ganz zu schweigen von den zahllosen Wunderberichten. Ungeachtet aller neueren Forschungsergebnisse bleibt aber die Bibel – ob man nun gläubig ist oder nicht – ein Buch von größter Bedeutung für das Denken und Handeln der modernen Welt.

In Ai gefundenes Weihrauchfaß, ca. 1000 v. Chr. Das originell geformte Keramikgefäß hat »Füße«; Höhe 60 cm. Es befindet sich im Rockefeller-Museum in Jerusalem.

Brücke zwischen zwei Welten

Die geographische Lage Palästinas – und somit auch die Israels – ist relativ ungünstig. Dies trifft sowohl für die alte als auch für die neue Zeit zu. Zwei Kontinente stoßen in Palästina aneinander: Asien und Afrika, und Palästina mußte im Verlauf seiner Geschichte erfahren, was das bedeutet. Auf der Suche nach einer neuen und besseren Welt zogen die verschiedensten Völkerscharen durch dieses Land. Die Heere der ägyptischen Eroberer bewegten sich von Süden nach Norden und die der Mesopotamier und Perser vom Osten nach dem Westen. Daneben gab es noch zahlreiche andere Kultureinflüsse, die für das Land von großer Bedeutung waren. Im wesentlichen war Palästina lange Zeit ein Teil von Groß-Syrien, einem Herrschaftsgebiet, das ungefähr von der heutigen Türkei bis nach Ägypten reichte.

Geologisch betrachtet ist Palästina ein besonders stark zergliederter Landstrich. Es ist Teil des uralten arabischen Tafellandes, das mit seinen westlichen Ausläufern ins Mittelmeer übergeht. Die Zerstückelung ist für die großen Unterschiede in der Ausformung der Landschaft verantwortlich. Von Norden nach Süden verlaufen Grabenbrüche durch das Land. Der bedeutendste von ihnen ist der Jordangraben. Der Jordan ist der Fluß, der bis heute eine so wichtige Rolle in der Geschichte des Landes spielt bzw. spielte. Er entsteht aus mehreren Quellflüssen, die sich oberhalb des heute nicht mehr existierenden Hulesees vereinigen und fließt durch den in einer schönen Landschaft gelegenen See Genezareth (ca. 210 Meter unter Normalnull) bis ins Tote Meer, das ca. 395 Meter unter dem Meeresspiegel liegt und infolge der hohen Verdunstung stetig weiter absinkt. Seine Tiefe beträgt ungefähr 400 Meter.

Im Norden von Tiberias liegt am See Genezareth ein großer Felsblock, der als Steinbruch benutzt wurde, um daraus Sarkophage zu machen. In hellenistischer Zeit befand sich hier ein großer jüdischer Friedhof.

Derartig große landschaftliche Verschiedenheiten übten natürlich auch auf die hier wohnenden oder hindurchziehenden Menschen einen starken Einfluß aus. Bei dem Namen Galiläa denkt man unwillkürlich an eine schöne, parkähnliche, mit Büschen und Bäumen bewachsene Landschaft. In der Gegend um Arad, in der Nähe des Toten Meeres, ist das Land jedoch trocken, öde und mit grauen

Kniender Asiat vor dem Thron des Pharaos Amenophis III. (1408 bis 1372 v. Chr.) im Grab 226 in West-Theben, jetzt im Museum von Luxor. Menschen fremder Völker, wie Afrikaner und Asiaten, wurden in der ägyptischen Malerei stets so wie hier abgebildet. Auf Krücken, Fußbänken und vor dem Thron niederkniend flehen sie um Gnade. Hier ein Ausschnitt aus einer eindrucksvollen großen Wandmalerei.

Hügeln übersät. Der Negev hat einen steppenähnlichen Charakter, und die Halbinsel Sinai, die eine besondere Rolle in der Geschichte Israels gespielt hat, ist eine große, wüste Berglandschaft. Längs des Mittelmeeres erstreckt sich eine fruchtbare schmale Küstenebene, die oft die Habgier fremder Völker erweckt hat. Die Ebene reicht vom Libanon im Norden bis nach Gaza im Süden. Im Altertum verlief hier eine der großen Heeres- und Handelsstraßen des Landes, auf der zahllose Krieger entlang zogen und die Schauplatz vieler Schlachten war. Damals wurde der Zugang zur Ebene und den Verkehrswegen im Norden am Hügel (arab. tell) von Megiddo kontrolliert, eine der bedeutendsten Schlüsselstellungen des Landes. Nordöstlich von Megiddo erstreckt sich das Karmelgebirge, dessen Ausläufer fast bis an das Meer heranreichen und so eine natürliche Grenzbarriere bilden. Die Ebene ist hier kaum 200 Meter breit.
Im Herzen Palästinas liegt das kahle und felsige Hügelland Judäa, mit seinen tiefeingeschnittenen Schluchten (Cañons), deren Wände teilweise senkrecht empor ragen. In dieser Landschaft erhebt sich die Stadt Jerusalem. Sie ist damals wie heute die wichtigste Ansiedlung dieser Region. Am Berg Hebron, südlich von Jerusalem, beginnt die eigentliche Wüste. Durch eines dieser Täler führte früher die alte Straße von der Küste zur Hauptstadt.
Genauso unterschiedlich wie die Landschaft ist auch das Klima Israels: die Sommer sind oft sengend heiß und die Winter kühl und unangenehm, besonders dann, wenn heftige, aus dem östlichen Raum des Mittelmeeres kommende Stürme über das Land fegen. Deren Gegenstück sind im Sommer die verhaßten Sandstürme, auch Chamsin genannt, die von Südost aus der Arabischen Wüste her wehen. Auch Ägypten leidet unter diesen Sandstürmen. Frühjahr und Herbst, die schönsten Jahreszeiten, sind nur kurz; die unvorstellbare Blumenpracht des Frühlings ist nach wenigen Wochen schon wieder verblüht. Im Winter fällt in Judäa zwar Schnee, aber es gibt selten Frost. Innerhalb von nur 24 Stunden jedoch kann die Temperatur von Null auf 23°C steigen, während gleichzeitig der Wind aus allen möglichen Richtungen bläst.
Dies war in aller Kürze ein Überblick über das Land, in dem sich Israels große Geschichte abgespielt hat. Es ist und war ein Land, in dem es für die darin Lebenden nie leicht war, aber auch nicht für diejenigen, die es erobern wollten, was nur allzu oft geschah.

Relief im Tempel von Abu Simbel in Oberägypten. Im großen Saal ist unter einer Abbildung von der Erstürmung einer syrischen Festung durch Ramses II. ein Hirte mit seiner Herde zu erkennen, der vor den heranstürmenden Streitwagen zu entkommen sucht. Es ist die seltene Darstellung eines einfachen Mannes, eines Palästinensers, wie er schon vor Tausenden von Jahren vor der Gewalt des Krieges flüchten mußte.

Die Frühzeit

In dem Land, in dem ein so bemerkenswertes Buch wie die Bibel entstand, irrte einst ein Vorfahre des heutigen Menschen, der *Australopithecus africanus,* auf der Suche nach Nahrung und einem sicheren Unterschlupf umher. Das war vermutlich vor ca. 1 Million Jahren. Tiefgreifende Klimaveränderungen waren der Grund für seine Suche nach besseren Lebensbedingungen. Zu jener Zeit herrschte in Europa die Eiszeit, und südlich dieser Region fiel aufgrund der Kälte übermäßig viel Regen. Die Folge davon war, daß in Palästina zahlreiche Sümpfe und feuchte Graslandschaften entstanden. Der *Australopithecus* stammte, wie sein Name (afrikanischer Südaffe) schon besagt, aus Afrika. Er zog vermutlich in kleinen Gruppen immer weiter nach Norden, durch eine ihm vollkommen fremde Welt, in der ihm von allen Seiten Gefahren drohten. Er hatte ein affenartiges Aussehen, lief bereits aufrecht, war aber vom *Homo sapiens* noch weit entfernt. Sein Gehirnvolumen betrug nicht viel mehr als 980 Kubikzentimeter (beim heutigen Menschen sind es ungefähr 1320 Kubikzentimeter).

Die in kleinen Gruppen lebenden Vormenschen dürften sich überwiegend von pflanzlichen Nahrungsmitteln ernährt haben. Daneben gab es aber auch jagdbare Tiere im Überfluß. So fand man nicht nur die Knochenreste von typisch afrikanischen Tieren wie Nilpferd, Nashorn und Giraffe, sondern auch europäische Arten wie Hirsch, Wildschwein und Bär, die aufgrund des immer weiter nach Süden vorrückenden Eises in dieses Gebiet eingewandert waren. Das afrikanische Wild wiederum war durch die Trockenheit vertrieben worden und kam auf seiner Suche nach saftigem Grasland hierher. Sie trafen sich schließlich auf der Brücke zwischen zwei Weltteilen, die heute Palästina heißt.

Die Region, durch die sie äußerst langsam nach Norden wanderten, ist als die Große Senke bekannt, ein Grabensystem, das vom Njassasee bis zum Jordantal reicht. Die in Palästina gemachten Funde von diesen frühen Menschen liegen zwischen den Flüssen Jarmuk und Jordan sowie in der Nähe des Sees Genezareth; in diesem Gebiet hat man ihre Steinwerkzeuge gefunden. Diese sind zwar noch recht primitiv, aber doch schon von Menschenhand angefertigt. Als man im Jahre 1960 beschloß, hier zu graben, konnte man einen gründlichen Einblick in Israels älteste Kultur gewinnen. Man fand nebeneinander die Überreste von Tieren und Menschen. Die überaus dicken Schädelreste, die zwar in kleinste Stücke zerbrochen waren, und die auffallend großen und kräftigen Zähne ließen sehr deutlich darauf schließen, womit man es hier zu tun hatte: es handelte sich um die Reste eines Menschentyps, der unter dem Namen *Homo erectus* (d. h. aufrecht gehender Mensch) seit einiger Zeit bekannt war. Die Entdeckungen von Tel Ubeidiya führten zu der Feststellung, daß man hier auf die Fortsetzung der berühmten Olduwai-Schlucht gestoßen war, in der man so viele Überreste früherer Menschen gefunden hatte. Man grub

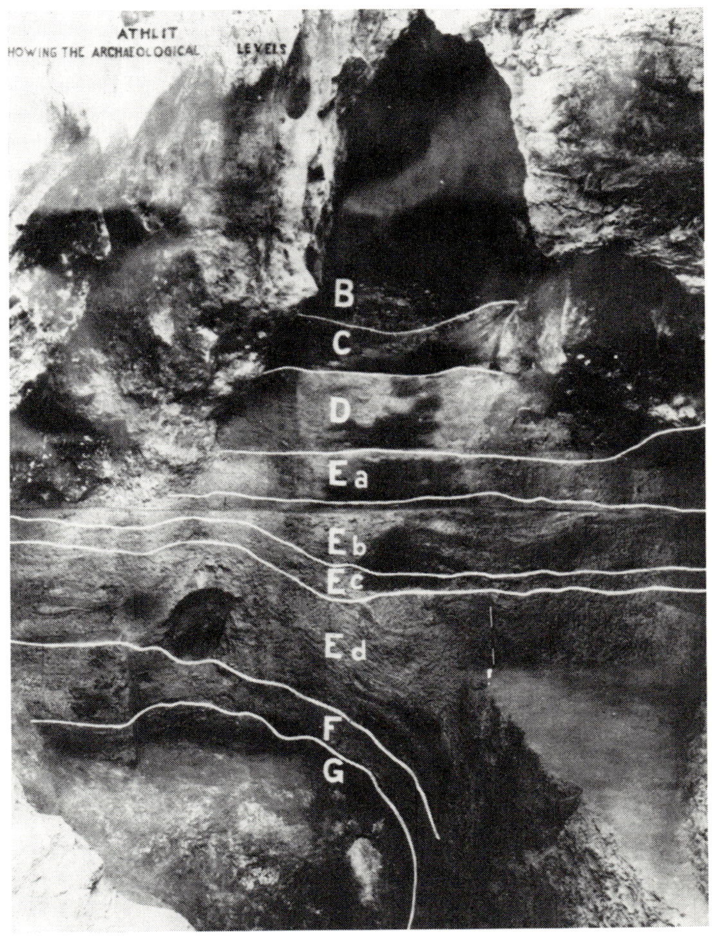

Photographie der archäologischen Schichten einer Höhle am Westhang des Karmel. Die Ablagerung ist 15 m dick (die unterste ist G) und enthält Steinwerkzeuge. In der Schicht E, mit einer Dicke von 8 m, liegen nicht weniger als 4000 Handbeile. In der Schicht B fand man das Skelett einer Frau, die als Palaeanthropithecus palestinensis klassifiziert wird. Nach der Radiokarbonmethode (C-14-Methode) stammt die Schicht C aus der Zeit um 38.950 v. Chr. und die Schicht B um 37.750 v. Chr.

so lange weiter, bis man den felsigen Untergrund der Schlucht erreicht hatte. Da man dabei durch alle älteren Schichten hindurchstieß, konnte man sich schließlich ein Bild davon machen, wie die ersten »Palästinenser« gelebt haben.

Das Jordantal entstand vor ungefähr 2 Millionen Jahren aufgrund vulkanischer Einwirkungen. Zu dieser Zeit fanden große Veränderungen in der Oberflächenstruktur des Landes statt, die neue Schluchten und Täler, Meere und Flüsse entstehen ließen. In Israel erreichte die Große Senke schließlich ihren tiefsten Punkt: 400 Meter unter dem Meeresspiegel. In diesem Tal hat man dann auch die Wohnplätze des *Homo erectus* gefunden. Die Menschen wohnten auf Terrassen, die sich längs des Flusses erstreckten. Keiner dieser stufenförmigen Absätze war länger als 30 Meter. Es steht fest, daß dieses Gebiet bewohnt war, denn man fand hier eine dicke Abfallschicht, die aus den Knochenresten verzehrter Tiere und aus primitiven Steinwerkzeugen bestand, mit denen man die Tiere vermutlich getötet und zerteilt hat. Das Fleisch wurde offenbar in rohem Zustand verschlungen, denn nirgendwo hat man auch nur die Spur einer Feuerstelle gefunden. Aus den Knochenfunden kann man schließen, daß diese Menschen junge und fette Nilpferde besonders gerne verzehrt haben.

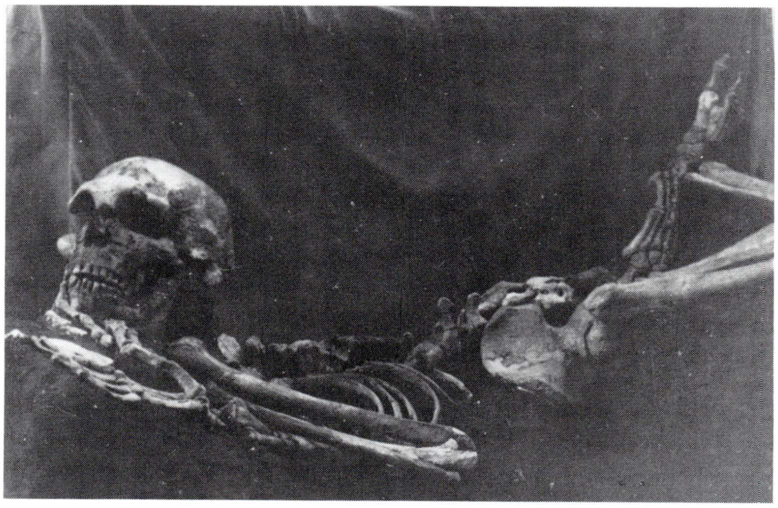

Skelett des Karmel-Menschen aus der Schuqba-Höhle. In den Karmel-Höhlen hat man Zeugnisse der menschlichen Entwicklungsgeschichte gefunden, die von der Altsteinzeit bis zur »Kulturrevolution« im Natufium (zwischen 10.000 und 8000 v. Chr.) reichen.

Im Verlauf der Jahrtausende nahm ein neuer und weiter entwickelter Menschentyp den Platz des Menschen von Ubeidiya ein, dessen Überreste bei Grabungen, die Dorothy Garrod durchführte, entdeckt wurden. Dieser Mensch könnte sich aus einer Verbindung des *Neandertalers* und des *Homo sapiens* entwickelt haben. Er war eng verwandt mit einer anderen Menschenart, dem Menschen von Galiläa, der in der Gegend des heutigen Tiberias lebte. Seinen Namen verdankt er dem See, der auf diese Landschaft einen so günstigen Einfluß ausgeübt hatte. Der Galiläamensch weist zwar noch Übereinstimmungen mit dem Neandertaler auf, hat aber doch schon mehr menschliche Züge – also ein Zwischenglied zu uns heutigen Menschen. Es ist durchaus denkbar, daß sich der *Homo sapiens* von Palästina aus nach Europa verbreitet hat.

Eine Frau, die eine wichtige Rolle für die Archäologie Palästinas gespielt hat, ist die bereits erwähnte Engländerin Dorothy Garrod. Ihr verdanken wir die Entdeckung der Überreste des Menschen von Karmel – auch Galiläamensch genannt – im Tal der Höhlen (Wadi-el-Mughara), das quer durch das Karmelgebirge verläuft. Als man im Jahre 1928 den Hafen von Haifa bauen wollte, wählten Ingenieure diesen Ort als Steinbruch aus. Eine Untersuchung durch die herbeigerufene Altertümerverwaltung der britischen Mandatsbehörde, die damals die Verfügungsgewalt über Palästina besaß, ergab mittels Probeentnahmen reiche Funde an Steinwerkzeugen; außerdem fand man ein poliertes Knochenstück, in das der Kopf eines Hirsches eingeritzt war. Man war sich schnell im klaren darüber, daß man es hier mit einer bedeutenden Fundstelle zu tun hatte, zumal man auch Überreste von mit scharfen Steinchen besetzten Sichelmessern fand, die darauf schließen ließen, daß damit wildes Getreide geschnitten wurde.

Elfenbeinkopf aus dem Chalkolithikum, 4500–3150 v. Chr., aus Berseba. Solche dreidimensionalen Figuren aus dieser frühen Zeit sind äußerst selten. Er könnte heute als Vorbild für das Werk eines modernen Bildhauers dienen. Wegen der Öffnungen oben und unten könnte der Kopf Teil eines Gebrauchsgegenstandes gewesen sein. Die Natufier verwendeten Elfenbein, demnach müssen also damals Elefanten in Palästina gelebt haben. Der Fund eines Amateurarchäologen im Jahr 1951 führte dazu, daß Fachleute auf diese Fundstelle aufmerksam wurden, ein Verfahren, das in Israel oft Erfolg hatte. Israelisches Museum, Jerusalem.

Im Jahre 1925 hatte man bereits Schädelfragmente des neandertaloiden Menschen von Karmel gefunden; jetzt aber handelte es sich um einen Menschen, der in seiner Entwicklung erheblich weiter fortgeschritten war. Als die englische Archäologin Dorothy Garrod von den Funden in Karmel hörte, befaßte sie sich gerade mit Ausgrabungen im Wadi-Natuf. Sie war an diesem, rund 25 Kilometer vor Jerusalem gelegenen Ort, auf bedeutende Funde gestoßen. Vier Jahre später, im Jahre 1929, grub sie mit Hilfe einer nur aus Frauen bestehenden Archäologengruppe – zu jener Zeit noch eine große Ausnahme – die Überreste des Menschen von Karmel aus. Die Funde aus der Karmelhöhle erregten großes Aufsehen. In der 30 Meter dicken Ablagerungsschicht fand man die Spuren von Menschen und ihren Werkzeugen, die einen Zeitraum von nicht weniger als 100 000 Jahren umfassen. Am Ende dieser Zeitperiode steht die Natufium-Kultur, so genannt nach den Funden in der Schubka-Höhle im Wadi-Natuf. Das Ende dieser Epoche liegt etwa um 8000 v. Chr.
Wie aus den Funden zu schließen ist, mähten die Menschen des Natufiums wildes Getreide. Das heißt aber noch nicht, daß sie bereits den Ackerbau gekannt haben. Sie dürfen jedoch schon als fortschrittlich angesehen werden. Aus Muscheln und kleinen Knochen fertigten sie Schmuck an, und die Griffe ihrer Sicheln verzierten sie mit magischen Ornamenten. Sie stellten kleine Porträts her, die zwar sehr primitiv, aber doch schon als solche zu erkennen sind. Die Bestattung ihrer Toten erfolgte wahrscheinlich nach einem bestimmten Ritus. Die Verstorbenen wurden in Hockerstellung, das heißt, mit angezogenen Knien, mit einem steinernen »Kissen« unter dem Kopf und mit einer Anzahl von Grabbeigaben zu ihren Füßen bestattet. Die Gräber lagen unter den Wohnstätten der Lebenden. Daran kann man erkennen, daß auf diese Weise das Band zwischen den Lebenden und den Toten aufrechterhalten werden sollte.
Die Menschen des Natufiums waren vor allem Sammler und Jäger. Zu jener Zeit war Palästina ein trockenes, steppenartiges Gebiet, in dem die Gazelle zu den am meisten gejagten Tieren gehörte. Man fing sie wahrscheinlich mit sogenannten Bolas. Diese Waffe besteht aus drei faustgroßen, steinernen, mit Leder überzogenen Kugeln, die an drei miteinander verbundenen Riemen hängen. Der Jäger wirft die Bola nach den Füßen der Tiere und bringt sie so zu Fall. Aus dem in einer von Menschen bewohnten Höhle gefundenen Schakalschädel wollten einige Wissenschaftler auf die Domestizierung, das heißt, die Zähmung dieser mit dem Hund eng verwandten Tierart schließen. Diese Theorie ist inzwischen wieder aufgegeben worden, da vergleichbare Funde für diesen Zeitraum fehlen.
Eine Siedlungsgemeinschaft der Natufium-Kultur zählte ungefähr 300 Menschen. Sie lebten in großen Höhlen oder in kleinen Rundhütten innerhalb eines Dorfverbandes. Die Fußböden der Hütten waren mit Steinen ausgelegt. Diese Siedlungsform führte zu der merkwürdigen Tatsache, daß die Natufium-Menschen sogar eine Stadt gegründet haben: das aus der Bibel bekannte Jericho. Das scheint eigentlich unmöglich gewesen zu sein! Jericho, eine der ältesten Städte der Menschheit, wurde von Leuten bewohnt, die noch keine Keramik, keine Schrift und keinen organisierten Ackerbau kannten, die drei Grundvoraussetzungen für die Existenz einer Stadt! Aber Jericho existiert und die Hinterlassenschaften der Natufium-Menschen sind ein Zeugnis dafür. Dies bedeutet auch, daß diese Menschen bestimmte Formen eines religiösen Kultes entwickelten, die Anfänge eines Wirtschaftslebens schufen und die Möglichkeiten eines gesellschaftlichen Zusammenlebens gewährleisteten, das durch Gesetze gestützt wurde. Es gab unter diesen Menschen einige, die über eine bestimmte Fertigkeit verfügten, nämlich die Herstellung ausgezeichneter Steinwerkzeuge. Diese frühen Steinhandwerker dürfen auch als die Urheber erster Kunstschöpfungen angesehen werden. Übrigens ist das »Rätsel« Jericho bis heute ein solches geblieben. Wir werden dieser Stadt in unserem Buch noch ausführlicher begegnen.

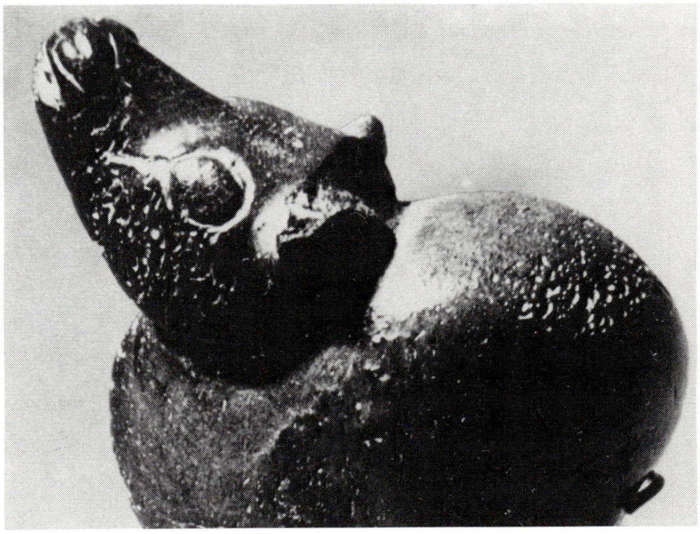

Handgriff einer Sichel in Form eines Hirschkopfes; aus einem Knochen geschnitzt. Diese originelle Form wurde später in Palästina nicht mehr angefertigt, vielmehr war ein Rückschritt in der Kunst zu verzeichnen. Natufium, 9.–8. Jahrtausend v. Chr.; Israelisches Museum, Jerusalem.

Keramik und Bronze

Es hat beträchtliche Zeit gedauert, bis der Mensch entdeckte, daß man aus feuchtem Ton oder Lehm Gefäße formen konnte, die, gebrannt in der Glut eines Feuers, so hart und dauerhaft wurden, daß sie noch heute als Führer durch eine Zeit dienen, die so weit von der unsrigen entfernt ist. Der Mensch muß diese Erfindung um 6000 v. Chr. gemacht haben; das palästinensische Neolithikum (Jungsteinzeit) beginnt zu dieser Zeit.
Es war der Archäologe John Garstang, der als erster eine zeitliche Einteilung in eine vorkeramische und keramische Periode für die Geschichte Palästinas traf und somit einen Markstein für die historische Forschung aufstellte. Im Neolithikum entwickelte man auch die Technik zur Herstellung von Steinwerkzeugen weiter. Die Anfertigung dieser Gerätschaften geschah bis zu dieser Zeit auf die Art und Weise, daß man von einem Kernstück einen Abschlag machte; die scharfe Kante dieses Splitters diente dann als Schneide. Im Neolithikum machte man nun diese Schneidefläche durch Absprengen sehr kleiner Splitter so scharf, daß man damit sogar Holz schneiden konnte. Eine zweite Neuerung dieser Zeitepoche waren Steingräber. Wir finden sie heute oft neben den Gräberfeldern der Megalith-Kultur.
Trifft man in den Überresten alter Kulturen auf Tongefäße, so stellt dies für den Archäologen eine große Hilfe dar, auch wenn die Scherben noch so klein sind. Aus der Zusammensetzung des Tons, der Art der Brennweise, der Ornamente und der Form, lassen sich etliche Rückschlüsse ziehen. Außerdem kommen Tonscherben weit häufiger vor als

Oben: Töpferscheibe aus Naturstein, Jericho. Auch in Hazor wurden derartige Steine gefunden. Ca. 1500 v. Chr.; Rockefeller-Museum, Jerusalem.

Links: Großes Keramikgefäß, 110 cm hoch, aus dem 4. Jahrtausend v. Chr. Diese Krüge können bis zu 160 cm hoch sein. Rockefeller-Museum, Jerusalem.

steinerne Artefakte (Werkzeuge). Gefäßreste findet man gewöhnlich in Wohngebieten, während Steinwerkzeuge oft auf freiem Feld oder günstigstenfalls in Höhlen zum Vorschein kommen.
Die erste gut entwickelte Keramikperiode heißt - nach der in dieser Stadt entdeckten Wohnanlage - Jericho IX. Darauf folgt eine Anzahl wenig bedeutender Perioden. Wichtig wird dann wieder die Jarmuk-Kultur, so genannt nach den Funden am Jarmukfluß. All diese Kulturen stammen aus dem 5. Jahrtausend v. Chr. und reichen bis in das 4. Jahrtausend hinein, bis zum Beginn des Chalkolithikums (Kupfersteinzeit). Artefakte dieser Zeitperiode fand man erstmals im Jordantal, gegenüber von Jericho. Später entdeckte man in Palästina noch zahlreiche weitere Fundplätze mit Zeugnissen dieser Kultur, die etwa um 3200 v. Chr. ihr Ende fand.
Auf das Chalkolithikum folgten andere Kulturen, die gewisse Ähnlichkeiten mit denen Ägyptens aufwiesen. Man fand auch Keramik aus Palästina in einer Vorstadt von Kairo, in Ma'adi. Die letzte Phase des Chalkolithikums in Nord-Palästina ist auch unter dem Namen »Esdrelon« bekannt; dieser Zeitabschnitt zeichnet sich durch eine enorme Siedlungstätigkeit aus, in deren Verlauf viele kleine Dörfer entstanden sind. Um 3100 v. Chr. endet diese Phase, die zeitlich mit der ersten Dynastie der ägyptischen Pharaonen (3200 - 2980 v. Chr.) zusammenfällt. Die gesamte Datierung der palästinensischen Kultur wird übrigens anhand der ägyptischen errechnet, die als äußerst zuverlässig und genau gilt. Ändern sich jedoch durch neue wissenschaftliche Erkenntnisse die ägyptischen Daten, so müssen auch die palästinensischen korrigiert werden. Ein Grund für diese enge Verflechtung der Datierungen liegt darin, daß Ägypten über lange Zeit hinweg Palästina in sein Reichsgebiet einbezogen hatte. Wir kommen später noch einmal darauf zurück.
Die Frühbronzezeit (3000 - 2000 v. Chr.) teilt man gewöhnlich in vier Phasen ein. In Ägypten fand man aus Palästina stammende Keramik unter anderem in den Gräbern der ersten Dynastie bei Sakkara, die fast ausschließlich der zweiten Phase der palästinensischen Bronzezeit angehören. Zweifellos exportierte man diese Artikel.
In Palästina hatten sich inzwischen große Veränderungen vollzogen. Die später so bekannt gewordenen Städte in Kanaan führten bereits seit langer Zeit ein blühendes Leben. Sie waren gegen die regelmäßig stattfindenden Einfälle fremder Völker - besonders seitens der Nomaden - durch starke Mauern aus Ziegeln oder unbehauenen Steinen vorzüglich geschützt. Historisch betrachtet sind Städte, die über einen längeren Zeitraum ohne Unterbrechungen bewohnt sind, eine ausgesprochene Seltenheit. Dies rührt daher, daß eine Stadt nach ihrer Eroberung in der Regel vollständig zerstört und die Bewohner teilweise ermordet oder in die Sklaverei geführt wurden. Es dauerte deshalb oft Jahrhunderte, ehe sich wieder inmitten der Ruinen Leben regte. Der Neuaufbau geschah dann auf den Fundamenten der zerstörten Stadt. Dieser Vorgang hat sich ziemlich regelmäßig wiederholt. Da die palästinensischen Ziegel, die bei weitem nicht so haltbar waren wie etwa die ägyptischen - diese erreichten durch ein besseres Herstellungsverfahren oftmals ein Alter von 6000 Jahren -, wieder zu Lehm zerfielen (aus dem sie ja gemacht waren), wuchs der anfänglich niedrige Hügel, auf dem man die Stadt aus Sicherheitsgründen erbaut hatte, im Verlauf der Zeit immer höher. Eine Stadt legte man fast immer an einem strategisch wichtigen Punkt an. Eine lebensnotwendige Voraussetzung war, angesichts der zahlreichen Belagerungen, das Vorhandensein einer Quelle oder eines Brunnens. Diese Brunnen findet man heute noch bei vielen *Tells,* wie man diese Trümmer- bzw. Siedlungshügel nennt, so z. B. in Hazor, Jericho oder Megiddo. Übrigens waren zu Beginn der Bronzezeit nur wenige dieser Ansiedlungen bewohnt.
Zu dieser Zeit lebte in Palästina ein semitisch-sprachiges Volk, das aus dem Nordwesten hierher eingewandert war. Seine Sprache war eng verwandt mit dem Althebräischen, der Sprache des Alten Testaments. Aufgrund der Beziehungen, die Palästina damals mit Ägypten unterhielt, sind

Metall-Votiv-Figuren aus dem 18.–16. Jh. v. Chr.; im Museum von Beirut.

wir über diesen Punkt aus ägyptischen Quellen ziemlich gut unterrichtet. Diese Kontakte waren am engsten mit den Gebieten, in denen die bevölkerungsreichen Städte lagen.
Für Palästina war dies keine angenehme Zeit. Zahllose Generationen sahen sich den gefürchteten, immer wieder hereinbrechenden Nomaden gegenüberstehen, die mit ihren Vorstößen Erfolg auf Erfolg erringen konnten. Auch für Mesopotamien stellten sie eine ernsthafte Bedrohung dar. Ihre Eroberungen dort waren geradezu beeindruckend. Die Nomaden stammten aus den Grenzgebieten zur syrischen Wüste hin. Ihre Macht nahm ständig zu. Man nannte sie Amoriter, ein Name, der vom babylonischen *amurru* abgeleitet ist und soviel wie »die aus dem Westen Kommenden« bedeutet. Die Amoriter fielen so oft und so unbarmherzig in Palästina ein, daß das Land schließlich weniger Bewohner als im Chalkolithikum zählte.
In den darauffolgenden zwei Jahrhunderten kamen die Nomaden mehr oder weniger zur Ruhe und gingen zu einer halbseßhaften Lebensweise über. Sie ließen sich in den verlassenen Städten nieder und legten dort den Grundstein für eine neue Kultur. Wir sind hierüber durch die beschrifteten Tontafeln, die man in Mari fand und die aus dem 18. Jh. v. Chr. stammen, gut unterrichtet. Das folgende Jahrhundert sollte für Palästina bedeutende Veränderungen bringen.

Bedrohung und Fremdherrschaft

Die Zeit, in der sich die Ammoniter in Syrien und Palästina niederließen, wird auf den Mari-Tafeln lebendig beschrieben. Sie vermitteln ein ausgezeichnetes Bild des wirtschaftlichen, politischen und sozialen Lebens dieser Epoche. Die Mari-Tafeln liefern zu den Funden in Palästina wichtige Ergänzungen. In diesen bewegten Zeiten wurde Palästina von semitischen Völkern erobert, die aus ihren eigenen Siedlungsgebieten von anderen Ethnien vertrieben worden waren. Sie ließen sich in Palästina nieder, was sowohl in ethnischer als auch wirtschaftlicher Hinsicht bedeutende Probleme aufwarf. Auch Ägypten machte Bekanntschaft mit Nomaden. Die Hyksos konnten aufgrund der schwachen ägyptischen Könige ein neues Herrscherhaus gründen, das unter dem Namen »Hirtenkönige« nicht weniger als eineinhalb Jahrhunderte an der Macht war. In dieser Zeit ernannten die Hyksos aus ihren Reihen die Pharaonen. Schließlich gelang es den Ägyptern, die Eindringlinge wieder zu vertreiben. Unter der Herrschaft von Pharao Amosis I. (1580 - 1558 v. Chr.) begann die Ära des sogenannten Neuen Reiches (1580 - 1085 v. Chr.), eine Blütezeit Ägyptens.
In Palästina tauchten andere Nomadenvölker auf. Es waren dies u. a. die biblischen Churriter, ein Volk indo-germanischer (arischer) Abstammung. Die Churriter besaßen eine neue, schreckliche Waffe, die in Palästina noch unbekannt war: den von schnellen Pferden gezogenen, leichten und beweglichen Streitwagen. Die Kriegführung erhielt dadurch eine völlig neue Dimension. Von nun an war der Kampf ein dem Adel vorbehaltener, aristokratischer Beruf. Die Adeligen nannte man nach ihren Streitwagen *marjannu.*
Unter der Herrschaft der *marjannu* wurden die Bewohner von Kanaan zu Leibeigenen, wie wir sie z. B. auch aus dem mittelalterlichen Europa kennen. Palästina befand sich in einer merkwürdigen Lage. Überall existierten Siedlungsgemeinschaften sowie größere und kleinere Städte, die teilweise in fruchtbaren Oasen gelegen waren. Dazwischen wanderten mehr oder weniger große Gruppen von Nomaden umher, die in der Genesis als die »Erzväter« beschrieben werden. Man nimmt heute an, daß wir die Erzväter als Symbole der großen Stämme ansehen müssen, die, aus Mesopotamien kommend, Weidegründe und Existenzmöglichkeiten in Palästina suchten, einem Land, das ihnen unendlich reich erschien. Diese Stämme wanderten mit ihren Kleinviehherden umher - sie besaßen keine Rinder und Kamele - und für ihren Lebensunterhalt versorgten sie sich mit den Produkten, die diese Tiere ihnen lieferten: Wolle, Milch, Käse und Fleisch. Diese tauschten sie bei den Bauern gegen Getreide, Datteln und andere Dinge ein, die sie zum Leben benötigten und die in Kanaan reichlich vorhanden waren. Im übrigen galten sie, wie alle Nomaden vor und nach ihnen, als große Räuber und Plünderer und waren deshalb bei der seßhaften Landbevölkerung sehr gefürchtet.
Der Abzug der Hyksos aus Ägypten um das Jahr 1550 v. Chr., kurz nach dem Tode von Amosis I., versetzte dessen Nachfolger in die Lage, das verlorengegangene Palästina zurückzuerobern und wieder unter ägyptische Verwaltung zu bringen. In Palästina herrschte bis zum Regierungsantritt von Königin

Alabasterstatue aus Mari, ca. 29. Jh. v. Chr. Die Bekleidung besteht wahrscheinlich aus einem Schafsfell. Mari heißt heute Tell Hariri; Museum Damaskus.

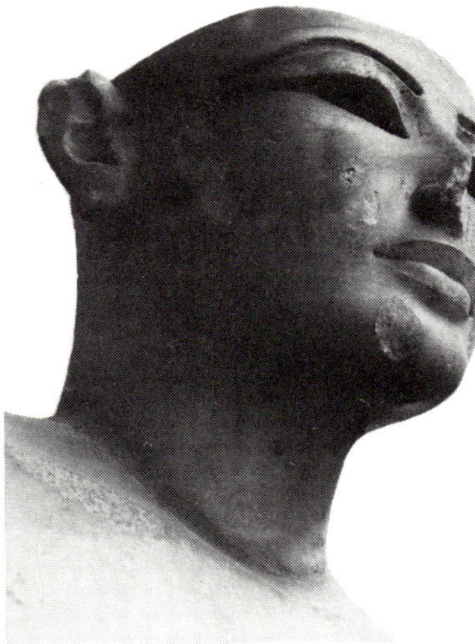

Alabasterstatue von Pharao Sethos I. (1308–1290 v. Chr.), der mehrere Feldzüge gegen die Syrer und Hethiter führte, um ein großes ägyptisches Reich aufzubauen. Im Museum von Kairo.

Hatschepsut (1490 - 1468 v. Chr.) Ruhe. Während ihrer Regentschaft bot sich für Palästina die Gelegenheit, durch einen Aufstand das ägyptische Joch abzuschütteln. Der berühmte Nachfolger Königin Hatschepsut's, Thutmosis III. (1490 - 1436 v. Chr.) bereitete der Revolution jedoch schnell ein Ende und stellte die ägyptische Herrschaft wieder her. Palästina wurde in Provinzen eingeteilt, denen jeweils ein Gouverneur vorstand; das Land wurde durch eine stabile Regierung gut verwaltet. Wir wissen aus Dokumenten, den berühmten Amarna-Briefen, sehr genau, wie es damals in Palästina aussah. Diese Briefe, sie gaben der Amarna-Zeit ihren Namen, beschreiben den Zeitraum zwischen 1450 - 1350 v. Chr. In diese Periode fiel die Regierungszeit des bekannten »Ketzerkönigs« Echnaton (Amenophis IV., 1372 - 1354 v. Chr.).

Es handelt sich um Hunderte auf Tontafeln geschriebene Briefe, die durch Brennen steinhart geworden und dadurch gut erhalten geblieben sind. Sie sind wie alle diplomatischen Schriftstücke in Keilschrift geschrieben und wurden in den Ruinen von Tell-el-Amarna gefunden, das einst die Hauptstadt des Revolutionärs Echnaton gewesen war. Palästina lag damals - diesen Tafeln nach zu urteilen - im Streit mit fast allen umliegenden Ländern. An seiner Küste war Phönizien, und im Norden Süd-Syrien ernsthaft in Gefahr. Die große Bedrohung stellte der neue Staat Mitanni dar, der bis zum Jahre 1375 v. Chr. enorme Eroberungen machte. Diesem folgte das ebenso mächtige Reich der Hethiter, die, aus der heutigen Türkei stammend, die bis dahin größte und gefährlichste Bedrohung darstellten.

Nach dem Machtzerfall des überalterten ägyptischen Königshauses kam eine neue, junge und starke Dynastie mit ausgeprägtem militärischen Charakter im Jahr 1314 v.Chr. an die Macht. Sie gingen in die Geschichte als die Ramessiden ein, da jeder Pharao der 19. und 20. Dynastie den Namen Ramses trug. Die Bedeutung des ersten Pharaos war relativ gering, aber schon der zweite, Sethos I. (1308 - 1290 v. Chr.) und der dritte, Ramses II. (1290 - 1223 v. Chr.), gelangten zu neuer Machtfülle. Das fast auseinandergebrochene ägyptische Reich wurde wieder zu einem mächtigen Staat und gebot bald dem Vormarsch der Hethiter nach Süden Einhalt. Die Entscheidung fiel in der Schlacht von Kadesch, die, obwohl der Ausgang nicht ganz einwandfrei geklärt ist, von Ägypten gewonnen wurde.

Im vierten Jahr der Regierungszeit Ramses' II. trieb die Krise ihrem Höhepunkt zu. Der hethitische König Muwatalli hatte mit vielen Fürstentümern, die sein Reich umgaben, Verträge abgeschlossen und war gewillt, diese auch einzuhalten. Ramses II. wollte dies jedoch verhindern. Längs der Küste Palästinas zog er nach Asien bis zum Hond-Fluß, der in der Nähe des heutigen Beirut liegt. Hier ließ er eine Stele errichten, die noch heute an diesem Ort steht. Allerdings ist die Inschrift bis auf einige Zeitangaben weitgehend zerstört. Das fünfte Regierungsjahr Ramses' II. brachte die Entscheidung zwischen den Ägyptern und Hethitern. Wie hoch Ramses die Bedeutung der Schlacht von Kadesch einschätzte, geht aus der Tatsache hervor, daß er sie an mehreren Orten in Abbildungen darstellen ließ, von denen acht erhalten geblieben sind. Die Stadt Kadesch erschien für jeden, der sie von einer etwa 20 Kilometer entfernten Anhöhe aus betrachten konnte, für uneinnehmbar. Kadesch war in Form eines Dreiecks erbaut, das an zwei Seiten vom Orontes begrenzt war. Die dritte Seite bildete ein Tal, durch das ein Angreifer marschieren mußte, wollte er eine Belagerung durchführen. Es gab jedoch noch einen

Pharao Thutmosis III. (1490–1436 v. Chr.), bekannt wegen seiner vielen Kriege im Gebiet von Syrien–Palästina. Die Statue ist aus dunkelgrünem Schiefer. Gefunden in Karnak. Im Museum von Kairo.

Der Euphrat bei Tabqa in Syrien, wo man einen Staudamm errichtet hat.

Der Felsendom auf dem Tempelberg, dem Ort, auf dem der Tempel gestanden haben soll. Der Dom stammt aus dem Jahr 691 n. Chr. Auf dem Felsen soll Abraham seinen Sohn Isaak als Opfer für Jahwe angeboten haben.

Der Jordan nördlich des Sees Genezareth.

Relief im Ramesseum in West-Theben mit der Darstellung der Erstürmung von Dapur (Nord-Syrien?). Aus dem dazugehörigen Text geht hervor, daß Ramses II. in seinem 8. Regierungsjahr das Land Amor plünderte. Der Feind flüchtete in wilder Panik. Die Hethiter verteidigten die Festung, die durch die Ägypter mit Leitern erstürmt wurde. Unten die königlichen Prinzen, die sich hierbei vor allen anderen auszeichneten und deshalb besonders erwähnt werden. Links unten flüchten schwer bepackt die Bewohner,

Relief von der Eroberung einer syrischen Festung im Tempel von Beit el-Wali in Nubien. Männer und Frauen bitten auf einem Turm um Gnade. Eine der Frauen läßt ein Kind an der Hand herunter. Der Pharao zieht einen Feind an den Haaren aus dem Turm; der Mann hält noch seinen zerbrochenen Bogen in der Hand. Rechts fällt ein Syrer von der Mauer. Die königlichen Prinzen schlagen gegen das Stadttor (links unten). – Der Tempel stammt aus der Zeit um 1275 v. Chr. und wurde 1964 abgebrochen; bei Assuan wurde er wieder neu aufgebaut.

Relief im Ramesseum in West-Theben. Es zeigt die Erstürmung der Stadt Dapur (Nord-Syrien?). Eine Gruppe hethitischer Soldaten erwartet ihr Schicksal. Die Fürsten strecken ihre Hände aus und bitten um Gnade. Dieser ausführliche Kriegsbericht läßt erkennen, daß die Ägypter nicht nur gute Strategen und Kartenzeichner waren, sondern auch Künstler gehabt haben müssen, die über gute Kenntnisse ihrer gegenwärtigen Geschichte verfügten. Neben der exakten Darstellung verdient auch die künstlerische Gestaltung Beachtung. Die Details, vor allem die Gesichter der Soldaten, sind sehr prägnant.

noch weitere Nachteile: er war teuer, schwer und sehr warm, angesichts der sommerlichen Hitze, die während der Schlacht von Kadesch herrschte. Dann gab es die Streitwagen – eine furchtbare Waffe. Die ägyptischen Wagen waren leichter und besser zu lenken. Sie waren mit zwei Soldaten besetzt, einem Wagenlenker und einem Bogenschützen. Die Bogenschützen waren damals berühmt wegen ihrer prächtigen Bogen und der vielen Pfeile, die sie mitführten. Bei den Hethitern befanden sich drei Mann auf dem viel zu schweren Wagen: ein Wagenlenker, ein Lanzenwerfer und ein Soldat, der die Aufgabe hatte, mit seinem Schild die beiden anderen zu decken. Die Streitwagen der Hethiter waren wesentlich massiver gebaut als die der Ägypter. Beide Wagenarten bildeten eine bewegliche Basis für speziell geschulte Soldaten. So konnte der hethitische Infanterist vom Wagen springen und mit seinen Lanzen in den Nahkampf eingreifen. Aufgrund des hohen Gewichts der Lanzen konnte er allerdings nur einen begrenzten Vorrat davon mitführen. Dieses Problem stellte sich den ägyptischen Bogenschützen mit ihren leichten Pfeilen nicht.

Syrer entrichten Tribut, so z. B. schöne Vasen – rechts unten –, oder bringen ihre Kinder mit. Mitte rechts sieht man einen Vater mit seinem vorauslaufenden Sohn sowie oben rechts zwei Kinder, von denen eines getragen wird. Die Wandmalerei befindet sich im Grab von Horemhep in West-Theben. Horemhep war Feldherr unter Pharao Thutmosis IV. (1419–1386 v. Chr.).

Die lebensgroßen tragischen Gesichter von Besiegten mußten wahrscheinlich als Sockel eine Statue von Ramses II. tragen. Die Köpfe sind großartig stilisiert, und es sind sicherlich keine unbedeutenden Feinde des Pharaos. Gefunden in Tanis im Nildelta, jetzt im Museum in Kairo.

anderen Weg. Dieser war ziemlich schmal, lief an der Küste entlang und hatte den Nachteil, daß man mehrmals den Fluß überqueren mußte.

Einst hatte auch Pharao Sethos die Stadt Kadesch eingenommen, doch später eroberten die Hethiter diesen strategisch wichtigen Ort. Jetzt lagen sich zwei moderne Heere mit kampferprobten Kriegern gegenüber. Kriegführen bedeutete damals wie heute immer noch: Überraschungsangriff, Hinterhalt, Konzentration der Kräfte, größtmögliche Beweglichkeit und Zusammenspiel verschiedener Waffengattungen. Man kannte zu jener Zeit bereits die Guerillataktik, die somit keine moderne Erfindung ist.

Die Soldaten beider Heere trugen eine neuartige Waffenrüstung, die eine Verbesserung gegenüber der alten war, aber doch keinen vollkommenen Schutz bot. Es handelte sich dabei um eine Art Harnisch, der aus 400 bis 600 ovalen Bronzeplättchen zusammengesetzt war. Die gefährdetsten Stellen bildeten die Nähte, doch hatte der Harnisch darüber hinaus

Das Heer von Ramses war in vier Divisionen gegliedert, die die Namen der großen Götter trugen: Amun, Re, Ptah und Seth. Die Amun-Division stand unter dem persönlichen Befehl des Pharaos. Dieser zog in den frühen Morgenstunden in Richtung Kadesch, fest entschlossen, die Stadt bis zum Abend in Besitz zu nehmen. Erst mußte er aber den Orontes überqueren. Doch auch ein Pharao kann ungeduldig sein. Der Grund hierfür waren zwei Beduinen, die sich als Deserteure aus der hethitischen Armee bezeichneten und sich den Ägyptern anschließen wollten. Sie teilten dem Pharao mit, daß das Heer von Muwatalli nach dem entlegenen Aleppo abgezogen sei und Kadesch deshalb ohne Schwierigkeiten eingenommen werden könne.

Ramses fiel auf diese List herein. Nur in Begleitung seiner Leibwache überquerte er den Orontes. Seine Amun-Division ließ er weit hinter sich zurück. An einer Furt am Orontes schlug er ein erstes Lager auf. Ohne jedoch die Ankunft seiner Divisionen abzuwarten, zog er bald darauf zu einem neuen

Goldener Siegelring aus Tell el-Ajjul. Er gehörte wahrscheinlich dem ägyptischen Gouverneur. Der Name Tutanchamun ist darauf verzeichnet. Ägyptische Juwelierarbeit. Rockefeller-Museum, Jerusalem.

Lagerplatz weiter. Dort ließ er die Zelte aufschlagen und nahm auf seinem immer mitgeführten Thron Platz. Soldaten seiner Leibgarde hatten am frühen Nachmittag zwei hethitische Spione in der Nähe des Lagers gefaßt. Als man sie prügelte – man könnte auch sagen folterte – verrieten sie die völlig überraschende Tatsache, daß der hethitische König Muwatalli mit seinem Heer, das nicht weniger als 20 000 Mann gezählt haben soll, in Kadesch lagerte. Bald darauf erfolgte dann auch sein Angriff. Er verließ die Stadt, überquerte den Orontes und stürzte sich mit seinen Truppen auf die Re-Division, die sich noch auf dem Anmarsch befand und keineswegs auf eine Schlacht vorbereitet war. Die Division wurde aufgerieben.

Ramses konnte nur noch eines machen. Er sandte schnellstens seinen Wesir zur Ptah-Division und einen zweiten Boten zu seinen Söhnen, den Prinzen. Diese sollten sich hinter einen in den Sand gerammten Schilderwall zurückziehen. Dann griff Ramses persönlich in das Kampfgeschehen ein. Allein auf seinem Streiwagen, ohne Lenker, Schildknecht und Bogenschützen, durchbrach er die Wagenreihen der Hethiter. Nach seinen Angaben sollen es ungefähr 2500 Wagen gewesen sein. Es ist allerdings anzunehmen, daß ihn seine Leibgarde dabei kräftig unterstützt hat. Trotzdem geriet er in höchste Gefahr und wurde nur dadurch gerettet, daß eine Abteilung seines Heeres die Nachhut der Hethiter angriff und vernichtete. Die Ägypter machten zahlreiche Gefangene, darunter auch den Bruder von Muwatalli.

Nach den Inschriften und Reliefs, die Ramses anbringen ließ, haben die Ägypter als Sieger das Schlachtfeld verlassen. In der Türkei aber fand man auf Tontafeln geschriebene Kriegsberichte der Hethiter, die eine etwas andere Darstellung des Kampfverlaufes schildern. Danach berichtet der gefangengenommene Bruder König Muwatallis, daß die Heere des Pharaos geschlagen wurden und sich bis nach Damaskus zurückziehen mußten. Ungeachtet dieser gegenteiligen Berichterstattung – die auch in unserer Zeit noch durchaus üblich ist – errang Ramses später noch zahlreiche Siege, mit denen er seine Herrschaft über Asien festigen konnte. Er schloß später noch mit Muwatalli einen »ewigen« Nichtangriffs- und gegenseitigen Beistandspakt. Man fand eine Silbertafel mit der hethitischen Version dieses Vertrages. In seinem 34. Regierungsjahr ging Ramses noch eine politische Heirat mit einer Tochter des Nachfolgers von Muwatalli ein.

Als die Macht dieser Dynastie durch schwache Pharaonen, die keine Möglichkeit mehr hatten durchgreifend zu regieren, zu Ende ging, folgten Jahre der Anarchie. Davor fand allerdings noch ein Ereignis statt, das ebenso bedeutend war, wie die Schlacht von Kadesch: der Kampf unter Ramses III. gegen die »Seevölker«, die sowohl Palästina als auch Ägypten bedrohten. Diese Tat war ein bedeutendes Ereignis der Weltgeschichte.

Ramses gelang es, den Vorstoß abzuwehren und somit die Eigenständigkeit Ägyptens zu bewahren. Nach dem Ende der Ramessiden-Dynastie war Palästina frei, hatte es aber bald wieder mit ebenso gefährlichen Eroberern zu tun, die wie alle vorangegangenen die fruchtbarsten Teile des Landes in Besitz nehmen wollten.

Aleppo, das alte Haleb, war bereits 2000 v. Chr. eine große syrische Handelsstadt. Hier sieht man den Zugang zur Zitadelle. Diese Befestigung gab es schon 1000 v. Chr., zur Zeit der Hethiter.

Die dunklen Jahrhunderte der Seevölker

Für das gesamte Gebiet zwischen dem Nil und dem Euphrat bedeuteten die sogenannten Seevölker – von denen wir bis jetzt noch nicht genau wissen, wer sie eigentlich waren – eine schreckliche und furchtbare Bedrohung. Pharao Merenptah hatte bereits während seiner Regierungszeit Bekanntschaft mit ihnen gemacht. Unter Ramses III. wurden sie nun aber zu einer lebensgefährlichen Bedrohung. Der Name »Seevölker« ist übrigens ägyptischen Ursprungs. Im Jahre 1224 v. Chr. wurde Merenptah von den Libyern und deren Bundesgenossen angegriffen, die den verschwommenen Namen »Nordleute aus allen Ländern« erhielten.

Im Jahre 1186 v. Chr. wurde das Reich des jungen Ramses III. durch einen erneuten Angriff von seiten der Seevölker bedroht. Über diesen Krieg sind wir durch die Reliefs an den Tempeln von Luxor und Karnak gut unterrichtet. Die Reliefs zeigen gefangengenommene feindliche Krieger, deren Los übrigens nicht beneidenswert war. Sie mußten schwere Zwangsarbeit verrichten. In den folgenden Jahrhunderten wurde das Leben in diesem riesigen Gebiet fast unerträglich, und man kann deshalb mit Recht von den dunklen Jahrhunderten sprechen. Angriffe der Seeräuber und Raubzüge fremder Völker bedrohten die Existenz jeden Landes.

Der Grund für diese unglücklichen Zustände war der, daß die zwei mächtigen Reiche, die die Politik der damaligen Welt bestimmten, Ägypten und Chatti, das Reich der Hethiter, ihre Macht einbüßten. Katastrophen, von denen wir keine Überlieferungen besitzen, vernichteten die Paläste von Mykene, und Troja wurde zerstört. Die Macht der Philister nahm zu, und Schuld an allem hatten die Seevölker.

Die Philister stammten höchstwahrscheinlich aus dem ägäischen Raum. In nur eineinhalb Jahrhunderten gelang es ihnen, ganz Palästina zu erobern und sich auf Dauer in der südlichen Küstenebene festzusetzen. Andere Stämme folgten ihnen: die Edomiter im Süden, die Moabiter östlich des Toten Meeres und die Amoriter längs des Randes der syrischen Wüste. Die Israeliten sahen in ihnen zwar eine Art hebräischer Verwandter, doch siedelten diese Stämme bereits in diesem Gebiet, bevor die Invasion der Israeliten begann. Bis zum Ende der Zeit des Alten Testaments hingen diese Völker der Vielgötterei an.

Sicherlich ist einer der Gründe für die mißliche Lage Palästinas die Tatsache gewesen, daß Ramses II. – er war fast hundert Jahre alt, als er starb – am Ende seines Lebens nicht mehr die Kraft aufbrachte, sein riesiges Reich souverän zu regieren. Merenptah, sein Nachfolger, mußte als erster den Kampf gegen die Seevölker aufnehmen. Es dauerte dann ein Vierteljahrhundert, bis Ramses III. diesen von neuem beginnen konnte. Ramses III. hat den Krieg gegen die Seevölker in großen Reliefs an den Wänden seines Totentempels von Medînet Habu ausführlich darstellen lassen. Ein gehöriges Maß an Prahlerei in bezug auf seine Taten kann ihm sicherlich nicht abgesprochen werden. Er erreichte aber doch Bedeutendes: er warf die Fremden zurück.

Ausschnitt aus der Schlacht von Kadesch in Palästina; aus dem großen Relief im Tempel von Ramses II., Abu Simbel in Nubien. Hier ein ägyptischer Streitwagen mit Wagenlenker und Bogenschütze. Die Hauptperson muß angesichts der königlichen Haarlocke einer der Söhne des Pharaos sein. Über dem Rad mit sechs Speichen sieht man zwei Pfeilköcher.

Welche Gründe für die Wanderungen dieser Völker ausschlaggebend waren, wissen wir nicht. Man nimmt an, daß sie in Europa, vielleicht im Donauraum, begann. Nicht Krieg und Eroberung standen hierbei im Vordergrund. Vielmehr sahen diese Menschen in ihren Heimatländern keine Existenzmöglichkeiten mehr. Sie machten sich deshalb mit ihrer gesamten Habe auf den Weg und suchten nach neuen Ländern, die ihnen bessere Lebensmöglichkeiten bieten konnten. In Palästina und den umliegenden Ländern ereigneten sich damals schwere Erdbeben, die ganze Städte

zerstörten. Mißernten hatten in weiten Gebieten Hungersnöte zur Folge. Diese Ereignisse erschütterten den gesamten Mittleren Osten. Die Existenz eines jeden war ernstlich bedroht. Nun wußten die Hethiter, wie man ein erobertes Land gefügig machen konnte: sobald ein Land besetzt ist, richte eine derartige Zerstörung an, daß es mindestens zehn Jahre dauert, ehe wieder gesät werden kann! Diese Methode wurde später nur allzuoft übernommen.
Im Gegensatz zur weitverbreiteten Meinung sind die Länder rund um das Mittelmeer alles andere als fruchtbar und bieten keine besonders günstigen klimatischen Voraussetzungen für den Bauern, der hier lebt und arbeitet. Die Arbeit ist mühsam und der Ertrag gering. In Zeiten der Ruhe und des Friedens kann man sich behelfen und mit dem Ernteüberschuß sogar etwas Handel treiben. Im Altertum war es allerdings mehr oder weniger Aufgabe des Bauern, den Reichen und Herrschenden ein angenehmes Leben in ihren Palästen zu ermöglichen. Als Gegenleistung konnte er dafür unter deren Schutz in Ruhe arbeiten und Handel treiben, solange die Transportwege einigermaßen sicher waren. Brach jedoch die Macht der Oberschicht zusammen, dann bedeutete dies gleichzeitig das Ende der sicheren Handelsstraßen und letztlich das Ende des Bauerntums.
In Assyrien erschien ein neues, mächtiges Volk auf der politischen Bühne. Durch einen Vertrag mit dem König von Babylon konnten die Konflikte vorläufig noch in Grenzen gehalten werden. Chatti, das Reich der Hethiter, wurde jetzt jedoch vom Norden, Osten und Westen bedroht. Die vielen Kriege hatten die Reserven erschöpft. Auf den Beistand der Bundesgenossen konnte man kaum noch zählen, da diese sich ebenfalls in einer schwierigen Lage befanden. Zu ihnen gehörte die reiche und mächtige Stadt Ugarit, das heutige Ras Schamra, der ein königlicher Kaufmann als Oberhaupt vorstand. Ugarit besaß damals keinen ausgebauten Hafen, wohl aber eine Reede, an der die etwa 150 Schiffe, die die Stadt hatte, sicher ankern konnten. Diese Schiffe fuhren auf ihren

Der Tempel von Medinet Habu in West-Theben, der Totentempel von Ramses III., mit dem außergewöhnlichen Festungsturm, dem sogenannten Migdol, im syrischen Stil. Hier die Innenseite, die wie alle anderen Mauern mit Reliefs versehen ist. Über dem Eingang Ramses III., der seine Gefangenen zu Gott Amun führt. Es sind Hethiter, Amoriter, Sarden, Sikeler und Philister. Der Turmsims hat eine syrische Verzierung. Auf den Innenwänden befinden sich Reliefs mit Haremszenen.

Ramses III. (1198–1166 v. Chr.), der in zwei großen Schlachten die Invasion gefährlicher Feinde vereitelte. Die Einfälle fanden über Land und von der See her statt. Die gut erhaltene Malerei kann man im Grab seines jung verstorbenen Sohnes Amenherchopschef, im Tal der Königinnen in West-Theben, sehen.

Innenwand im ersten Hof an der Seite des ersten Pylons im Tempel von Ramses III. in Medinet Habu. Aus den Reihen der Gefangenen, die zu den Seevölkern gehörten, werden gefesselte Libyer, bewacht von ägyptischen Soldaten, abgeführt. Medinet Habu kann als ein Monument der Erinnerung an ein internationales Ereignis angesehen werden, das die Weltgeschichte einschneidend und bleibend veränderte.

Handelsfahrten nach Byblos und Tyros, nach Sidon und dem Nildelta und vielleicht auch bis nach Zypern und Kreta. Jedenfalls fand man in Palästina Keramiken, die aus den genannten Gebieten stammten. Es handelte sich dabei offensichtlich um eine begehrte Importware. Vor der palästinensischen Küste herrschte in Friedenszeiten ein reger Verkehr von Handelsschiffen.

Nach der Schlacht von Kadesch war Palästina eine ägyptische Provinz geworden, die von Damaskus im Norden bis zum Negev im Süden reichte. Im Gebiet von Israel lagen die Städte sehr nah beieinander, meist nur einige Kilometer voneinander entfernt. Ägyptische Beamte kamen und schätzten die voraussichtlichen Erträge des angebauten Getreides. Danach wurden dann, wiederum von anderen ägyptischen Beamten, die Höhe der Abgaben festgesetzt. Diese Belastungen waren normalerweise nie außerordentlich hoch, doch in unruhigen Zeiten für Palästina stets Grund genug, dagegen zu revoltieren. Vor allem im Verlauf dieser Aufstände, die gnadenlos und brutal niedergeschlagen wurden, erlebten die Städte harte Stunden der Bewährung, besonders dann, wenn der Feind sie bis auf die Grundmauern zerstörte und die Bevölkerung stark dezimierte. Es gab aber auch Städte wie Megiddo oder Bet Shean, die bis zum Ende des 12. Jh. in der Lage waren, den Einfällen der Philister und der Israeliten dank der guten Befestigungsanlagen zu widerstehen.

Die große Bedrohung seitens der Seevölker begann im Jahre 1186 v. Chr. Ramses III. hinterließ uns in seinem Tempel Medînet Habu eine Inschrift, die das Geschehen zur damaligen Zeit beschreibt: »*Die fremden Länder schmiedeten auf ihren Inseln ein Komplott. Plötzlich gerieten alle Länder in Bewegung und zettelten Kriege an. Kein Volk konnte gegen deren Waffen etwas ausrichten ... Die Bevölkerung wurde zugrunde gerichtet ... Sie rückten gegen Ägypten vor ... Sie machten sich zu Herrschern über alle Länder der Welt.*«

Ramses III. begann die Verteidigung seines Landes zu organisieren, denn er sah deutlich, worum es hier ging: »*Ich baute*

Der »Diskos von Phaistos«; auf Kreta gefunden. Eine der piktographischen Inschriften, die spiralförmig angebracht sind, zeigt einen Männerkopf mit gefiedertem Helm, der der Kopfbedeckung der Seevölker (Philister) ähnelt, wie man sie im Tempel von Medinet Habu aus der Zeit von Ramses III. sehen kann. Auf der Scheibe gibt es davon fünf, angefangen von rechts unten. Zeit: Mittelminoisch III, nach 1600 v. Chr.

Keramikmaske aus einem Mumiensarg (?) aus Beth Shean, 12. Jh. v. Chr. Möglicherweise von der ägyptischen Garnison, doch sehr stark abweichend von den viel schöneren ägyptischen Särgen mit den rituellen Darstellungen. Rockefeller-Museum, Jerusalem.

meine Verteidigungslinie in Djahi auf (irgendwo im Süden Palästinas), *mobilisierte die örtlichen Fürsten und die marjannu. Ich errichtete im Nildelta mit Kriegsschiffen einen starken Wall, und auch die Galeeren und Küstenschiffe waren vom Bug bis zum Heck mit tapferen Kriegern bemannt ...«* Dann beschreibt er seinen Erfolg: *»Ihr Same ist nicht mehr, ihre Herzen und ihre Seelen sind für immer und ewig vernichtet.«* Dies dürfte wohl etwas übertrieben sein, wenn auch die Grenze Ägyptens ernsthaft gefährdet war. Die Angreifer wurden jedenfalls zurückgeworfen.

Anschließend folgt die Beschreibung der Seeschlacht: *»Sie, die zur See herankamen, machten Bekanntschaft mit einem Feuermeer* (wahrscheinlich ist die ägyptische Flotte damit gemeint), *und an der Küste erwartete sie ein Wall aus Lanzen. Sie wurden aufs Land geworfen, umringt und am Gestade getötet.«*

Ochsenkarren der in Ägypten einfallenden Seevölker. Relief an der Außenwand des Tempels von Medinet Habu in West-Theben.

An den Tempelwänden sieht man die besiegten Feinde abgebildet; wer sie nun aber eigentlich waren, wissen wir nicht. Der gefährlichste Angriff auf Ägypten fand zu Lande statt. Der Ort des Treffens lag entweder östlich des Nildeltas oder an der Grenze zu Amurru. Der Feind verhielt sich allerdings merkwürdig. Handelte es sich wirklich um ein angreifendes Heer? Warum führte man dann mit Rindern bespannte, zweirädrige Karren mit, auf denen Frauen und Kinder saßen? Hatte man es hier nicht vielmehr mit einem Volk zu tun, das seine Heimat verlassen hatte und nun auf der Suche nach neuem Land war? Auf den Abbildungen sehen wir aber die Streitwagen und Krieger beider Seiten und das bedeutete wohl, daß es hier wirklich um Krieg ging. Die ägyptischen Streitwagen waren, wie bereits erwähnt, mit einem Wagenlenker und einem Soldaten besetzt, die der Feinde dagegen mit drei Männern. Es steht aber fest, daß es keine Hethiter waren.

Auch die Ochsen, die die schweren Transportkarren zogen, geben zu denken. Rinder gab es in Mesopotamien und Anatolien, nicht aber in Palästina. Ganz offensichtlich handelte es sich hier um ein Volk, das aus dem Osten zu einem langen Marsch aufgebrochen war. Der täglich zurückgelegte Weg war gering. Das Vieh mußte grasen und ruhen, so daß man wohl nicht mehr als 15 Kilometer pro Tag schaffte. Die Karren und das sie begleitende und beschützende Heer bildeten die Vorhut eines auf der Wanderung befindlichen Volkes, das letztlich in Palästina Elend und Verwüstung hinterließ.

Die Seeschlacht im Nildelta – dem wahrscheinlichsten Ort der Auseinandersetzung – mußten die Angreifer mit dem Tod bezahlen. Zahllose Krieger ertranken, als die geenterten Schiffe versenkt wurden, oder fielen, als sie an Land kamen, unter den Waffen der Ägypter. Die Überlebenden wurden gefesselt und abgeführt. Ihr weiteres Schicksal war die Zwangsarbeit, u.a. in ägyptischen Kupferbergwerken. Einige Schiffe waren mit Soldaten bemannt, die den gleichen Kopfschmuck wie ägyptische Infanteristen trugen. Man hat sie als Scherden (Sardinier) identifiziert, die sowohl als Söldner auf ägyptischer Seite als auch im Heer der Angreifer kämpften. Die Scherden haben später der Insel Sardinien ihren Namen gegeben.

Auf einen Punkt wollen wir noch besonders hinweisen. Auf der berühmten »Israel-Stele« von Merenpthah sind auch die Israeliten einmal erwähnt. Die Stele stammt aus dem Jahr 1220 v. Chr., und die Israeliten müssen also an dem damals geführten Krieg beteiligt gewesen sein. Bei dem Namen »Israelit« steht nichts über deren Herkunftsland. Das läßt darauf schließen, daß sie zu dieser Zeit noch immer Nomaden waren. Erst als sie sich in Kanaan ansiedelten und das Land in Besitz nahmen, verfügten sie über ein eigenes Territorium. Sie gehörten sicherlich, wie z. B. auch die Assyrer und zahlreiche andere Ethnien, zu den Völkern, die sich gegen die ägyptische Herrschaft wandten.

Die Bibel nennt von all den Seeräubern namentlich nur die Philister, die später für die Israeliten die am meisten gefürchteten und gehaßten Feinde wurden, da sie ihnen den Zugang zur fruchtbaren Küstenebene verwehrten. Längs der Küste besaßen die Philister fünf Städte: Gaza, Askalon, Ashdod, Ekron und Gath. Die zwei letzteren konnte man bislang noch nicht durch Ausgrabungen lokalisieren. Das Bild, das die Bibel von den Philistern entwirft, ist nicht gerade vorteilhaft, wie folgendes Zitat beweist: *»Sie sind nicht beschnitten und haben einen heidnischen Glauben.«* Jede der fünf Städte wurde von einem Fürsten regiert. Neben den Streitwagen spielten die mit eisernen Waffen ausgerüsteten Fußtruppen eine wichtige Rolle. Die Städte der Philister lagen nicht am Meer, sondern befanden sich hinter den Sanddünen und Sümpfen an der großen Heeresstraße, die von Ägypten nach Norden führte und der die Römer später den Namen Via Maris gaben. Außer dem obigen Zitat finden wir in der Bibel keinen Hinweis darauf, daß die Philister ein seefahrendes Volk waren. Gehörten sie also nicht zu den Seevölkern?

Die Phönizier betrieben einen umfangreichen Seehandel, der über die drei bekannten Hafenstädte Byblos, Sidon und Tyros abgewickelt wurde. Inwieweit man sie zu den Seevölkern rechnen kann, ist noch ungeklärt.

Alles in allem bleibt das Auftreten der Seevölker während des 12. Jh. v. Chr. ein düsteres Kapitel in der Geschichte Palästinas. Ägypten konnte durch die entscheidende Schlacht unter Ramses III. die Angreifer zurückschlagen und seine Eigenständigkeit bewahren.

Die Entstehung Israels

Die Entstehung Israels als selbständiger Staat hat eine lange Entwicklung hinter sich. Um das 14. Jh. v. Chr. begann die Wanderung nach dem Lande Kanaan, das den Israeliten durch ihren Bund mit Jahwe, ihrem Gott, verheißen worden war. Die Israeliten waren ursprünglich Nomaden. Auf der Suche nach guten Weidegründen für ihre Herden zogen sie, dem Wechsel der Jahreszeiten folgend, umher. Im Verlaufe des 12. Jh. v. Chr. faßten sie festen Fuß in Kanaan. Zuvor hatten sie die autochthone Bevölkerung des Landes unterworfen. Dies geschah wie üblich mit grausamer und gnadenloser Härte. Vergleiche mit der jüngeren Geschichte des heutigen Israel drängen sich auf.
Die Israeliten siedelten sich auf den verlassenen Ruinen ihrer Vorgänger an. Bald fand man sie überall in der Hügellandschaft. Sie besaßen jedoch noch keine zentrale Organisation, und ihre Siedlungen lagen weit verstreut. Ihre dauerhafte Ansiedlung verdankten sie letztlich den katastrophalen Einfällen der Seevölker und den großen Völkerwanderungen, die rings um sie herum stattfanden. Hätten sich diese Ereignisse nicht abgespielt, dann wäre es durchaus möglich gewesen, daß die Kanaaniter sie wieder vertrieben hätten.
Die gewaltige Kraftquelle der Israeliten war ihr Glaube und eine strenge Sittenlehre. Dies befähigte sie, eine zentralisierte Macht zu errichten. Hierin unterschieden sie sich deutlich von den sie umgebenden Stämmen. Sie waren durch einen heiligen Bund mit Jahwe geeint, der konkret in der Stiftshütte besiegelt worden war. Aus Mesopotamien stammend, waren sie der Überlieferung nach (obgleich dies heute als kaum wahrscheinlich angenommen wird) im Laufe der Jahrhunderte von Ur über Haran und, mit Rücksicht auf ihre Herden, am Rand der Steppe von Nord-Syrien entlang bis nach Kanaan gezogen.
Die autochthone Bevölkerung widersetzte sich der israelitischen Religion, die sie als fremd und gefährlich ansah – worin sie schließlich nicht ganz unrecht hatte. Die dort lebenden Stämme führten ständig kleinere Kriege untereinander, und auch Bürgerkriege gehörten seit Jahrhunderten zum normalen Bild. Die Bauernvölker lebten in ständiger Fehde – dies beweisen die Ausgrabungen –, und nur das Bestreben nach Einigkeit konnte diesem gefährlichen Zustand ein Ende bereiten. Zahllos waren die Versuche, durch einen starken Mann an der Regierung diesem Ziel näherzukommen. Es gelang erst, als Saul um 1020 v. Chr. die Regierung übernahm. Saul war ein tüchtiger Krieger, der wußte, was er wollte. Er

Ur der Chaldäer in Süd-Babylonien am Euphrat. Im 4. Jahrtausend v. Chr. ließen sich hier die Sumerer nieder; die Stadt bestand 3000 Jahre. Der letzte König hieß Nabonid, der 550 v. Chr. die Stadt wiederaufbaute. Während ihrer Blütezeit war Ur eine echte Weltstadt. Sie wird mehrmals in der Bibel erwähnt. Tarah und seine Söhne wurden dort geboren (Genesis 11, 26–28). Hier der Zikkurat von Ur-Nammu, dem Mondgott.

schlug zuerst die Ammoniter in der Schlacht am Jabbok-Fluß. Dieses Volk lebte östlich des Jordans, zwischen dem Toten Meer und dem See Genezareth. Die Ammoniter verehrten die Gottheiten Moloch und Milkom und waren somit geschworene Feinde der Israeliten. Dann wandte sich Saul gegen die Philister, einem permanenten Feind im Westen. Bei dieser Schlacht, die ungefähr im Jahre 1025 v. Chr. in den Bergen von Gilboa stattfand, erlitten die Israeliten eine vernichtende Niederlage, und Saul soll auf der Flucht Selbstmord begangen haben.
Sein Nachfolger David setzte das begonnene Werk fort. David war ein Hirtenjunge aus Bethlehem und trat um 1000 v. Chr. das Erbe Sauls an. Im Jahre 990 v. Chr. brachte er den Philistern eine schwere Niederlage bei. David eroberte drei hebräische Städte in Trans-Jordanien, vertrieb die Aramäer – ein aus Arabien kommender Stamm (mit Aram, dem Sohne Sems, als Stammvater), der zwischen dem Taurusgebirge und Damaskus sowie zwischen dem Euphrat und dem Libanon lebte – und annektierte deren Land bis zum Orontes, der die Grenze bildete. Im Osten soll David das Land bis zum Euphrat unter seine Kontrolle gebracht haben, einschließlich der Syrischen Wüste mit ihren Nomaden. Dies gilt aber als nicht sehr wahrscheinlich. Für ein solch kleines Volk wie die Israeliten dürfte es praktisch unmöglich gewesen sein, einem derart riesigen Gebiet seine Macht aufzuzwingen.
David war ein sehr fähiger Herrscher. Er organisierte sein Reich nach dem ausgezeichneten Vorbild Ägyptens und wollte der Überlieferung nach sogar eine Volkszählung durchführen. Er starb jedoch (ca. 961 v. Chr.), ehe dieses Vorhaben verwirklicht wurde. Sein Volk hatte mit seinem ihm nachfolgenden Sohn Salomo großes Glück. Dieser wurde einer der bedeutendsten Herrscher Israels; er regierte von 961 bis ca. 924 v. Chr. In diese Zeit fällt der Höhepunkt der politischen Macht in der Geschichte des Landes. Salomo verlor zwar die weit entfernt liegenden Gebiete, die David einst unter seine Kontrolle gebracht hatte, aber sie waren auch zu entlegen, um ihnen mit Erfolg die wirtschaftliche Organisation Israels aufzwingen zu können. Salomo hatte darüber seine eigenen nüchternen und realistischen Vorstellungen, was später auch deutlich zum Ausdruck kam. So verbündete er sich u. a. mit Hiram, dem Herrscher von Tyrus. Durch dieses Bündnis wurde der phönizische Handel im Mittelmeer stark gefördert und beide Herrscher hatten großen Gewinn davon.
Eine der bekanntesten Taten Salomos war die Expedition nach dem sagenhaften »Goldland« Ophir, das wahrscheinlich im heutigen Somalia oder den umliegenden Gebieten zu suchen ist. Von dort brachte man wertvolle afrikanische Produkte nach Palästina zurück, wie z. B. Gold und Sandelholz, Elfenbein und kostbare Felle. Ein anderer bedeutender Handelsstützpunkt war Saba, das wahrscheinlich im heutigen Jemen lag. Diese Beziehungen wurden, wenn wir dem Bericht der Bibel glauben dürfen, verstärkt durch den Besuch der Königin von Saba in Israel. Sie soll enorme Schätze mitgebracht haben. Die Expansion des Handels war zwei bedeutenden Neuerungen zu verdanken. In Arabien gelang nun die Domestizierung des Kamels. Das bedeutete eine entscheidende Verbesserung für die Mobilität der Karawanen. Jetzt stand ein Transportmittel zur Verfügung, das schwerere Lasten als der Esel tragen konnte. Außerdem war man mit dem Kamel in der Lage, täglich längere Wegstrecken zurückzulegen. Ein zweiter Punkt war die Entwicklung eines neuen Schiffstyps, der im Vergleich zu den bisherigen mehr Ladung aufnehmen konnte.
Salomo gelang es in der Tat, die Wirtschaft zu hoher Blüte zu führen, was zumindest für das einfache Volk eine Anhebung des Lebensstandards zur Folge hatte. Wir dürfen aber nicht vergessen, daß die Menschen, die damals das »Volk« bildeten, selten oder nie die Blüte eines Landes am eigenen Leib erfah-

Stele von Mesa, dem König von Moab, 850–835 v. Chr.; Höhe 115 cm. Moab liegt östlich des Toten Meeres im heutigen Jordanien. Im Luxor-Tempel in Ägypten wird Moab zusammen mit der Stadt Dibon – wo man die Stele gefunden hat – anläßlich der Übergabe dieser Stadt erwähnt. Zwischen Israel und Moab gab es ständig Streit (Richter 3, 12); auch König Saul kämpfte gegen Moab. Die Stele stammt aus der Zeit des Königs Ahab (2. Buch der Könige Kap. 1, 3–4). König Mesa besaß viele Schafe und mußte dem König von Israel 100 000 Lämmer und 100 000 Widder plus der Wolle als Tribut zahlen. Nach seinem Sieg über die Israeliten mußten diese als Sklaven für den Bau der Bewässerungsanlagen arbeiten. Ebenso wie die Israeliten sah auch er die lenkende Hand Gottes in seinem Sieg.

ren konnten, geschweige denn an dem großen Reichtum teilhatten, der an bestimmten Orten angehäuft wurde. Das Volk war primär dazu da, für die Herrschenden zu arbeiten, und es mußte selbst sehen, wie es mit seiner eigenen Situation fertig wurde. Von einer sozialen Verantwortung seitens der Regierenden konnte keine Rede sein – ganz im Gegenteil.

Im Lande Edom, südlich des Toten Meeres, gab es reiche Kupferminen, die Salomo besser erschließen ließ. Das Kupfer wurde in Ezeon-Geber, am Golf von Akaba, verarbeitet. Archäologische Funde und die großen Halden von Kupfererzschlacke weisen darauf hin, daß die Kupferverhüttung in diesem Gebiet eine lange Tradition besaß. Die Ruinen von Ezeon-Geber kann man heute noch in der Nähe von Elat, einem modernen Badeort des heutigen Israels, sehen. Seine große Bauleidenschaft entfaltete Salomo in Jerusalem. Dort hatte schon David seine königliche Residenz errichten lassen, die zwar klein in der Ausdehnung, aber bedeutend als geistiges Zentrum für das Volk von Israel war. Salomos Pläne erreichten gewaltige Dimensionen. Er entwarf einen prunkvollen Tempel und einen riesigen Königspalast. Beide wurden auch gebaut, und wir werden sie noch näher kennenlernen. Eine praktische Maßregel war mit Rücksicht auf die Sicherheit des Reiches der Ausbau und die Befestigung vieler Städte, sowie die Anlage sogenannter »Streitwagen«-Städte wie z. B. Megiddo. Hier entdeckte man bei Grabungen »Ställe« für ca. 400 Pferde, die offensichtlich als Zugtiere für die Streitwagen gedient haben.

Natürlich kosteten solche gewaltigen Bauvorhaben eine Unmenge Geld. Alles wurde teurer als man geplant hatte. Da man die enormen Kosten nicht mehr aufbringen konnte, ging man dazu über, die benötigten Arbeitskräfte zur Zwangsarbeit (Fron) heranzuziehen. Außerdem forderte man von den Vasallenstaaten größere Tribute als bisher, was natürlich deren Widerstand zur Folge hatte. Die Abgabenforderungen erreichten schließlich derartige Dimensionen, daß nach Salomos Tod im Norden von Israel sofort Aufstände ausbrachen, die 922 v. Chr. letztlich zum Zerfall des Reiches führten.

Zwei unglückliche Jahrhunderte brachen für Israel an. Von Salomos mächtigem Reich blieb nicht viel mehr als ein Rumpfstaat erhalten. Im Norden lag Israel, im Süden der kleinere Staat Juda, so benannt nach dem israelitischen Stamm gleichen Namens. Das unruhige 9. Jh. brachte einige bedeutende Propheten hervor. Zur Zeit der Regierung König Omris, des Gründers der Omridendynastie mit der Hauptstadt Samaria, lebten Elia und sein Nachfolger Elisa. Ihre große Rolle spielten sie während der Regierung von Omris Sohn und Nachfolgers Ahab, der König von Israel wurde. Er regierte von 875 bis 854 v.Chr. und heiratete die berüchtigte Isebel, Tochter des Königs Ethbaal von Tyrus. Ob Isebel wirklich eine Dirne war, wie es im Alten Testament heißt, steht nicht fest. Sicher hat sie großen Einfluß auf Ahab ausgeübt, denn der König führte den Baal-Kult als Staatsreligion ein, was für das Volk unverständlich gewesen sein muß.

Im Jahre 842 v. Chr. ging die Dynastie der Omriden in einem Strom von Blut unter. Es folgte die Jehu-Dynastie. Jehu stellte bald die Ordnung wieder her, rottete gnadenlos jedes Mitglied des Hauses Ahab aus, bereitete dem Baal-Kult ein Ende und führte die Verehrung des Gottes Jahwe wieder ein. Es war eine mächtige Dynastie, die gut hundert Jahre lang an der Macht war. Es gab aber auch unruhige Zeiten. Im Jahre 813 v. Chr. wurde das israelitische Heer durch König Hasael von Damaskus vernichtend geschlagen. Jerobeam II. (783 – 743 v. Chr.) konnte die Syrer allerdings später wieder aus dem israelischen Gebiet vertreiben und den alten Grenzverlauf wieder herstellen. Jerobeam scheint aber, nach der Bibel zu urteilen, ein schlechter Mensch gewesen zu sein. Es heißt da, daß er »*in Sünde lebte*«, was natürlich den Zorn der damals wirkenden Propheten Amos, Jona und Hosea hervorrief.

Die Geschichte des Reiches Juda verlief wechselvoll. So herrschte zu bestimmten Zeiten Wohlstand, dem dann aber wieder sehr magere Jahre folgten. Man lebte gut, wenn unter starken Königen die Karawanenstraßen sicher waren und die mit kostbaren Gütern beladenen Kamele der Midianiter – ein arabischer Stamm, der sich längs des Ostufers des Toten Meeres niedergelassen hatte – bis an das Mittelmeer ziehen konnten. Von den mächtigen Herrschern Judäas müssen wir Asa (912 – 871 v. Chr.), ein Sohn des Königs Abis, erwähnen: er war der dritte König dieser Dynastie. Er befahl in seinem Land die Abschaffung des Götzendienstes, obwohl er kein besonderer Freund Israels war. Mit Syrien schloß er einen Vertrag, um einen Krieg gegen das nördliche Reich anzetteln zu können; aus diesem Grund wurde er vom Propheten Ananias getadelt. Bald wurde er abtrünnig, und als er gegen Ende seines Lebens schwer erkrankte, suchte er keine Zuflucht bei Jahwe mehr. Dies deutet übrigens darauf hin, daß der Glaube an Jahwe in seiner frühen Phase auch schlechte Zeiten durchmachen mußte und noch nicht die beseelende Kraft besaß, die er später innehatte. Auch andere Könige dieser Dynastie zeichnen sich nicht gerade durch Treue zu ihrem Glauben aus. Amazia (797 – 769 v. Chr.) fiel ebenfalls ab und wurde später während einer ihm geltenden Verschwörung ermordet. Sein Sohn und Nachfolger Asarja, auch Usia genannt, hing wieder dem rechten Glauben an, beging aber am Ende seines Lebens einen entscheidenden Fehler, indem er ein Gebot übertrat. Er brachte persönlich das Weihrauchopfer dar und wurde deshalb mit Aussatz bestraft.

Im Jahre 740 v. Chr. läutete schließlich für Israel und Juda die Totenglocke. Im Norden Syriens wurde die Stadt Arpad durch den assyrischen König Tiglatpileser III. erobert, und 738 v. Chr. mußten sowohl Israel als auch Juda erstmals wieder nach langer Zeit Tribut an Assyrien entrichten.

Die neuen Herrscher – Assyrer und Babylonier

Geflügelter Stier mit Menschenkopf aus dem Palast von König Sargon II. in Khorsabad bei Ninive; 8. Jh. v. Chr.; Alabaster, 4,20 m hoch. Louvre, Paris.

Die assyrische Herrschaft hatte für Palästina schlimme Auswirkungen. Für die Assyrer war Sieg gleichbedeutend mit Mord und Totschlag sowie der Plünderung der Städte. Im Jahre 733 v. Chr. verwüsteten sie Galiläa und Gilead und teilten Palästina in Provinzen ein, mit Ausnahme der zwei Stämme von Manasse und Ephraim, deren Siedlungsgebiet ungefähr in der Mitte des Landes lag.

Unter diesen Umständen war die Situation für Manasse allerdings wenig erstrebenswert. Manasse, der Führer des gleichnamigen Stammes, war der Sohn des Königs Hiskia von Juda. Dieser König regierte ungewöhnlich lange und hatte in seinem Land die immer noch lebendige alte Religion wieder eingeführt. Nachdem Manasse jedoch ein Vasall Assyriens geworden war, nahm er auch deren Glauben an. Auf diese Weise fühlte er sich vor der assyrischen Gefahr sicher. Schlimm erging es auch der Stadt Damaskus, die im Jahre 732 v.Chr. unter assyrische Herrschaft kam. Acht Jahre später begannen die Assyrer mit der Belagerung von Samaria und eroberten es kurz darauf. Im Jahre 721 v. Chr. war ganz Israel in den Händen der Assyrer und hatte als politisches Faktum aufgehört zu existieren.

Bald darauf stand Assyrien auf dem Höhepunkt seiner Macht. Das Ende kam unerwartet in Gestalt einer furchtbaren Epidemie, die das Heer gewaltig dezimierte. Für Juda bedeutete das die Rettung. König Hiskia, Sohn des Ahas, erhielt Unterstützung durch Jesaja, einem der größten Propheten Israels, der die Herrschaft dreier Könige erlebte: Jotham, Ahas und Hiskia. Jesaja überzeugte das Volk von der Notwendigkeit, keine Bündnisse mehr mit anderen Völkern einzugehen. Er wußte, wovon er sprach, denn während des Aufstandes gegen die Assyrer hatte König Hiskia ein Abkommen mit Äthiopien geschlossen, das erst »goldene Berge« versprach, schließlich aber keinen Punkt des Vertrages einhielt. Jesaja war auch der Mann, der während des verräterischen Verhaltens von Manasse die Moral des Volkes durch seine flammenden Reden aufrechterhalten hatte.

Ein anderer mächtiger Herrscher Judas war Josia (638 – 608 v. Chr.), der das wirtschaftlich schwache Land noch einige Zeit vor dem endgültigen Zusammenbruch bewahren konnte und sogar einen Teil des alten Gebietes zurückeroberte. Die Macht Assyriens ging schnell dem Ende entgegen. Mit den Medern trat ein neues und mächtiges Land in den Vordergrund, das bald den Kampf gegen Assyrien aufnahm. Dieser Krieg endete mit dem Fall der von den Juden gehaßten Stadt Ninive. Für Josia war das das Signal, einen großen Aufstand zu entfesseln, der schließlich einen derartigen Erfolg hatte,

Links: Sanherib nimmt den Tribut der Israeliten aus der Stadt Lachis entgegen, die links vor ihm niederknien. Assyrisches Relief aus Kuyuneik. Ca. 8. Jh. v. Chr. British Museum, London.

daß auch Ägypten mit in den Kampf eingriff. Josia fiel in einer Schlacht gegen Pharao Necho II. (609 - 594 v. Chr.), der zum mächtigsten Nachfolger der Assyrer emporgestiegen war.

Aus dem Osten drohte wiederum erneut Gefahr. In Babylon gewannen die chaldäischen Könige schnell an Macht, und kurz darauf wurde das gänzlich geschlagene Assyrien zwischen Babylon und Medien aufgeteilt. Nebukadnezar setzte sich mit seinem Heer in Marsch und eroberte in mehreren schnellen und erfolgreichen Feldzügen Syrien und Palästina. Im Jahre 586 v. Chr. wurde Jerusalem eingenommen und der Tempel vollständig zerstört. Die Lage in den von Babylon besetzten Gebieten war jedoch keineswegs entspannt. Das geschlagene Ägypten intrigierte beständig und versuchte auch in Palästina die dort lebenden Stämme dazu zu überreden, sich zusammenzuschließen und einen Aufstand zu wagen. Es existierte wohl so etwas wie eine antibabylonische Koalition, aber auch hier zeigte sich erneut die Schwäche Palästinas. Die Stämme waren unfähig, eine stabile Einheit zu bilden. Stets brachen die Bündnisse durch eigenes Verschulden wieder auseinander, und nur allzu oft bereiteten ihnen die Besatzungstruppen ein schnelles Ende.

Für die Juden ereignete sich in dieser Zeit eine große Katastrophe. Nach der Eroberung Jerusalems wurden zahllose Juden in die Gefangenschaft nach Babylon verschleppt. Es waren dies vor allem die Reichen und Gebildeten, so daß das Land seines wichtigsten Bevölkerungsteils beraubt wurde. In dieser Zeit spielte der Prophet Jeremia eine bedeutende Rolle. Jeremias Wirken fiel in die Regierungszeit von König Josia und König Zedekia, den Nebukadnezar eingesetzt hatte. Zedekia inszenierte später einen Aufstand gegen Babylon. Dabei wurde er festgenommen, geblendet und in die Gefangenschaft abgeführt.
Jeremia hatte seine Berufung zum Propheten bereits in jungen Jahren erhalten. Er predigte vor allem gegen die Vielgötterei und die Götzenanbetung, die die babylonische Regierung wieder eingeführt hatte. Jeremia prophezeite auch den Untergang Jerusalems und die Zerstörung des Tempels. Er floh schließlich nach Ägypten, wo er auch starb. Jeremias Warnungen vor der Politik Judas wurden nur von wenigen ernst genommen, doch er hatte richtig vorausgesagt: Juda wurde erobert und nahezu die gesamte Bevölkerung ermordet.

Alabaster-Relief der Belagerung einer Stadt aus der Zeit von Tiglatpileser III., 8. Jh. v. Chr.

Alabaster-Relief von Assurbanipal, König von Assyrien. Ca. 850 v. Chr. Er trägt einen Kiefernzapfen (?) in seiner Hand. Aus der Stadt Nimrud. Israel-Museum, Jerusalem.

Eine neue Besatzungsmacht – Die Perser

Assurbanipal mit seinem Wagenlenker und Gefolge. Aus seinem Palast in Ninive. Alabaster, 80 cm hoch. Louvre, Paris.

Für das einst so mächtige Babylon kam das Ende im Jahr 539 v.Chr. Ein neues und mächtiges Land befand sich auf dem Weg zur Weltmacht: Persien, das unter König Kyros II. die Herrschaft über Lydien, Medien und Babylon errungen hatte. Damit war Kyros Herrscher über das größte bis dahin existierende Reich. Für Palästina bedeutete dies vor allem zu Beginn eine Wende zum Guten. Eine der ersten Taten von Kyros war der Wiederaufbau Jerusalems und der Bau eines neuen Tempels. Viele Juden kehrten aus der babylonischen Gefangenschaft zurück und halfen tatkräftig mit an der Errichtung des neuen Heiligtums. Darius I. folgte Kyros auf den Thron. Während seiner Regierungszeit ereigneten sich in diesem Riesenreich zahlreiche Aufstände und Bürgerkriege. Die Juden nutzten diese Lage insofern aus, als sie unter dem Einfluß der feurigen Propheten Sacharia und Haggia einen mächtigen Tempel errichteten. Haggia war aus der Verbannung zurückgekehrt und hatte sich sofort für den Wiederaufbau des Heiligtums eingesetzt.
Der neue Tempel war im März 515 v. Chr. fertiggestellt – Tage großer Freude für Israel. Diese fanden allerdings bald ein Ende, denn die Perser waren mißtrauisch geworden, und die Verwaltung war nicht mehr länger gewillt, den Juden weitere Vergünstigungen zu gewähren. Dieser unangenehme Zustand dauerte nicht weniger als 20 Jahre. Dann faßte im Jahre 455 v. Chr. Nehemia, ein jüdischer Günstling am persischen Hof, den Entschluß, das traurige Los der Israeliten zu erleichtern. Nehemia war Mundschenk des Königs Artaxerxes und genoß dessen Vertrauen. Er bat seinen König um die Erlaubnis, an der Spitze einer Gruppe von Juden nach Jerusalem gehen zu dürfen. Artaxerxes willigte ein. Leider gibt es keine zuverlässigen Dokumente über den weiteren Verlauf dieser Mission. Wahrscheinlich kehrte auch der berühmte Schriftgelehrte Esra dank der Fürsprache Nehemias nach Palästina zurück. Er spielte dort eine entscheidende Rolle, indem er viele notwendige Reformen einleitete, die den jüdischen Glauben und den Staat zu neuem Leben erwecken sollten. Diesen beiden Männern, die in ihrem Charakter so verschieden waren, gelang es, durch ihr gemeinsames Wirken eine Stärkung des Glaubens herbeizuführen, der das Judentum befähigte, seine Selbständigkeit über die Jahrhunderte zu bewahren.
Um das Jahr 400 v. Chr. ergaben sich neue Schwierigkeiten. Zur Zeit des Hohenpriesters Jochanan bemühte sich Persien um die Kontrolle der priesterlichen Führungsschicht, was natürlich zu vielerlei Unstimmigkeiten führte. Die Priester von Juda waren mächtig; so besaßen sie unter anderem das Recht,

eigene Münzen zu prägen. Die Perser hatten richtig erkannt, daß sich hier ein Staat im Staate zu entwickeln begann. Auch Samaria und Amurru hatten in Samballat und Tobias zwei Gouverneure, die Jahwe verehrten. Sie waren Amoriter, schwierige Männer, die aus der Verbannung zurückgekehrt waren. Aus uns unbekannten Gründen versuchten beide alles in ihrer Macht Stehende zu tun, um den Wiederaufbau des Tempels in Jerusalem zu verhindern.

Im Jahre 343 v. Chr. verwüstete der persische König Artaxerxes III. Achos große Teile Palästinas. Dies geschah im Zusammenhang mit seinen Plänen, das unabhängige Ägypten wieder unter persische Herrschaft zu bringen. Die Perser wurden jedoch bald von einem Herrscher bedroht, wie ihn die Welt bisher noch nicht erlebt hatte. Es war Alexander der Große, König von Makedonien, der über ein noch viel größeres Reich regieren sollte, als es sich die Perser jemals vorstellen konnten.

An der Spitze seiner makedonischen Truppen eroberte der junge Krieger Phönizien. Für ihn war Palästina nicht viel mehr als eine Durchgangsstation auf dem Wege nach Ägypten, das formal immer noch persische Provinz war.

Alabaster-Relief von angreifenden Soldaten.
Ninive, 7. Jh. v. Chr. Louvre, Paris.

Die Ptolemäer

Nach der berühmten Schlacht von Issos (333 v. Chr.), in der er die Perser unter Darius schlug, konnte Alexander ernsthaft daran denken, nun auch Ägypten zu erobern. Damit die persische Flotte nicht die phönizischen Häfen als Stützpunkte für ihre Angriffe benützen konnte, besetzte und verwüstete er die Städte längs der Küste. Die Juden hatten jedoch nichts von ihm zu befürchten. Er beließ ihnen ihre Freiheit und ihre Religion. Der Hohepriester von Juda verblieb an der Spitze des Staates. Ihm zur Seite stand wahrscheinlich ein Ältestenrat.
Als Alexander im Jahre 323 v. Chr. am Fieber starb, kam die Expansion zum Stillstand und das riesige Reich begann zu zerfallen. Nach seinem Tod fielen Phönizien, Syrien und Palästina an General Ptolemäus, dem Gründer der gleichnamigen Dynastie, die nahezu 300 Jahre über Ägypten herrschte und deren letzter Regent die berühmte Cleopatra war. Ptolemäus war ein geschickter Diplomat, der die politischen Spielregeln kannte. Im Jahre 323 v.Chr. war er Satrap von Ägypten geworden und bestieg im Jahre 305 als König den uralten Thron der Pharaonen. Er war jedoch nicht der einzige König, der seine Ansprüche auf die Macht geltend machte. Alexander hatte drei Nachfolger: Ptolemäus, Seleukos und Antigonos. Sie alle waren Generäle in seinem Heer gewesen. Antigonos wäre es im Jahre 301 beinahe gelungen, die Alleinherrschaft über Alexanders Reich zu erringen. Ptolemäus und Seleukos schlugen ihn jedoch in der Schlacht bei Ipsos in Phrygien. Obwohl Ptolemäus mit seinen Truppen bei dieser Schlacht zu spät erschien, bekam er dennoch das von ihm begehrte Ägypten. Seleukos, der die tragende Rolle bei Ipsos gespielt hatte, bestritt allerdings den Anspruch Ptolemäus auf Phönizien und Syrien und besetzte das zuletzt genannte Land.
Dieser Streit hatte eine Auseinandersetzung zur Folge, die ein Jahrhundert lang dauerte und in deren Verlauf nicht weniger als fünf Schlachten zwischen den Königshäusern der Ptolemäer und der Seleukiden ausgefochten wurden. Um 200 v. Chr. kam dann Palästina endgültig unter seleukidische Herrschaft und der Streit fand ein Ende. Die von Ptolemäus festgelegte Grenze im Norden des Königreichs lag ungefähr in der Nähe des heutigen Tripoli im Libanon.
Über die ptolemäische Verwaltung des südlichen Teils von Palästina weiß man bis jetzt wenig. Jedenfalls besaßen die lokalen Stammesfürsten relativ viel Macht und Verfügungsrechte und dadurch dürfte sich die Lage im Land wenig verändert haben. Der nördliche Landesteil, Syrien und Phönizien, erhielt eine nach griechischem Vorbild ausgerichtete Verwaltung.

Es fällt auf, daß wir wenig über die politischen, aber viel über die wirtschaftlichen Zustände Palästinas wissen. Diese Tatsache verdanken wir einem gewissen Josephus aus der Familie des Hohenpriesters Onias, der zur Zeit von Ptolemäus III. Euergetes I. (246 - 221 v. Chr.) lebte und dessen Aufzeichnungen erhalten geblieben sind. Josephus' Aufgabe war es, die Steuern einzuziehen, die in Form von landwirtschaftlichen Produkten entrichtet werden mußten. Daneben kannte man noch weitere zusätzliche steuerliche Belastungen, die durch Erlasse von Ägypten aus erhoben wurden.
Auch über das Wirtschaftsleben und den Handel Palästinas in der Mitte des 3. Jh. sind wir gut unterrichtet. Zu dieser Zeit lebte in Ägypten ein Mann namens Zenon, dessen umfangreiche Korrespondenz uns darüber Aufschluß gibt. Zenon war der Minister und Vertraute von Ptolemäus II. Philadelphos (285 - 246 v. Chr.). Im Jahre 259 v. Chr. schickte ihn sein König nach Palästina, um dort dessen Handelsinteressen zu vertreten. Ein Großteil des Handels bestand im Ankauf von Sklaven. Vor allem mit Frauen, von denen etliche für die Prostitution bestimmt waren, betrieb man einen lebhaften Handel zwischen Palästina und den ägyptischen Hafenstädten. Neben Sklaven wurde auch mit Öl, Wein - Ägypten baute seit der Pharaonenzeit ausgezeichnete Weine an - und Getreide gehandelt. Der ägyptische Staat hatte das Monopol auf alle eingeführten Güter. Es hat den Anschein, daß Palästina unter der ptolemäischen Regierung keine große wirtschaftliche Selbständigkeit besaß.
Mittlerweile führte man im Land eine Verwaltungsreform durch. Die Städte (*polis*) an der Küste, wie Askalon oder Joppe, wurden vollständig hellenisiert. Die Landbevölkerung lebte von nun an in den *komai*, was soviel wie Dorf bedeutet. Im Gegensatz zu den Seleukiden zeigten die Ptolemäer wenig Interesse an der Landwirtschaft. Ihnen ging es mehr um die Kontrolle des Geldwesens. Sowohl in Joppe als auch in Askalon war das Geld der ptolemäischen Könige im Umlauf. Das gemeine Volk hat die Bronzemünzen allerdings nicht als Zahlungsmittel benutzt, und so dürfte der gesamte Geldhandel in den Händen der Reichen gelegen haben.
Der jahrhundertealte Streit zwischen den Ägyptern und den Seleukiden wurde von neuem entfacht, als Antiochos III. den Thron bestieg. Nicht zufrieden mit seinen nördlichen Besitzungen, wollte er auch Süd-Syrien und Palästina unter seine Herrschaft bringen. In Ägypten residierte eine schwache Regierung, und somit konnte er die Grenze beträchtlich nach Süden vorschieben. Gegen Ptolemäus IV. erlitt er jedoch unvermutet im Jahre 217 v. Chr. bei Raphia eine schwere Niederla-

ge. Anschließend brachen in seinem Reich mehrere Aufstände und innere Unruhen aus. Es dauerte bis zum Jahre 200 v. Chr., ehe er wieder einen Angriff auf Ägypten wagen konnte. Hier saß Ptolemäus V. Epiphanes, noch ein Kind, auf dem Thron, und die Macht lag in Händen einiger einflußreicher Minister, deren erstes Ziel es war, sich selbst zu bereichern. Die Heere der streitbaren Gegner stießen an der Nordgrenze von Galiläa aufeinander und die Ägypter erlitten eine Niederlage. Das gesamte Gebiet nördlich des Sinai fiel an die Seleukiden, und Palästina geriet wieder unter eine neue Fremdherrschaft.

Die Ptolemäer hatten nach dem ägyptischen Vorbild regiert. Die Seleukiden jedoch waren Herrscher über riesengroße Gebiete, und dies erforderte natürlich eine vollkommen andere Art der Verwaltung. Die ansässige Bevölkerung wurde von ihnen nicht unterdrückt, und so verbesserte sich sogar deren Lage, was letztlich auch für die Herrscher von Vorteil war. Man sollte daher annehmen, daß die Seleukiden in Palästina beliebt waren, aber genau das Gegenteil war der Fall. Gerade in diese Zeit fiel der große Aufstand des jüdischen Volkes, der bekannt geworden ist als der Aufstand der Makkabäer. Die Makkabäer gründeten eine Dynastie, die von 166 bis 63 v. Chr. regierte und die während dieser Zeit die Glaubensfreiheit und die politische Unabhängigkeit Judas bewahren konnte. Es ist möglich, daß es zwei Gründe für den Aufstand gab. Zum einen war der seleukidische König schwach und, wie man annimmt, ein Neurotiker, der durch sein Wesen großen Schaden anrichtete. Politisches Feingefühl scheint er auch nicht besessen zu haben. Der zweite Grund könnte gewesen sein, daß die Regierung dringend Geld benötigte. Die Ursache

Ptolemäische Königin, ca. 100 v. Chr. Kalkstein, 80 cm hoch. Im Museum von Alexandria, Ägypten.

hierfür war der verlorene Krieg gegen Rom. Im Jahr 189 v. Chr. wurde der Kampf mit den ständig weiter vorrückenden Römern beendet und es brachen harte Jahre an. Der römische Sieg über die Seleukiden bedeutete den Verlust von ganz Klein-Asien. Die Lage wurde noch dadurch verschlimmert, daß die Seleukiden jährlich 15 000 Talente als Kriegsschuld aufbringen mußten. Deshalb sollte Jerusalem den Tempelschatz herausgeben. Der Mann, der den Auftrag dazu erhielt, war Heliodoros, ein Minister von Seleukos V. (187 – 175 v. Chr.).

Dieser Plan mißlang jedoch.

Die Lage verschlimmerte sich, nachdem im Jahre 175 v. Chr. Antiochos Epiphanes auf den Thron kam und sich zum Ziel setzte, die Macht der Seleukiden wieder zu erweitern. Er wollte u. a. auch Ägypten besetzen, um so den Verlust der östlichen Gebiete wieder auszugleichen. Er beging jedoch einen Fehler, als er einen von ihm abhängigen nicht-jüdischen Hohenpriester einsetzte. Antiochos wollte letztlich dem jüdischen Glauben endgültig ein Ende bereiten und die Juden aus Jerusalem vertreiben. Aus diesem Grund begann er auch den Feldzug gegen Ägypten im Jahre 169 v. Chr., um daran anschließend über Jerusalem nach Syrien zurückzukehren. Die geplante Station in Jerusalem sollte natürlich dem Tempelschatz gelten. Antiochos' Einfall in Ägypten wurde jedoch durch die dort stationierten Römer gestoppt. Nach dieser Demütigung sandte er einen Beamten mit dem Auftrag nach Juda, allen Städten höhere Steuerlasten aufzubürden. Auf diese Weise wollte er seine Verluste wieder ersetzen.

Dieser Beamte ging aber noch einen Schritt weiter. Durch eine List fiel ihm Jerusalem in die Hände und wurde durch seine Begleittruppen weitgehend zerstört. Oberhalb der Zitadelle ließ er dann eine Festung errichten, die die Griechen »Akra« nannten. Sie wurde für die Juden zum Symbol ihrer Sklaverei. Es folgten höhere Steuern und ein massiver Angriff auf den jüdischen Glauben. Viele religiöse Riten durften ab sofort nicht mehr ausgeübt werden. Man verbot die Beschneidung, und die Feier des Sabbath konnte mit dem Tod bestraft werden. Für die frommen Juden war dieser Eingriff in ihre Religion unannehmbar. Zunächst begann man erst heimlich, dann aber offen Widerstand zu leisten.

Im Dezember 167 v. Chr. geschah dann das Unfaßbare. Im Tempel von Jerusalem wurde ein Zeus-Altar aufgestellt – eine Schändung, die niemand tolerieren konnte. Dieses Ereignis gab den Ausschlag für den Widerstandskampf der Söhne des alten Priesters Mattathias. Judas Makkabäer stellte sich an die Spitze der Bewegung. Der Widerstand erfaßte jedoch nicht das ganze Volk, denn schließlich hatte die 150jährige griechische Herrschaft, seit dem Tod Alexanders des Großen, einen prägenden Einfluß auf die Menschen ausgeübt. Vor allem die obere Bevölkerungsschicht hatte viele griechische Sitten und Gebräuche angenommen. Sie war es auch, die z. B. den Bau von Gymnasien nach griechischem Vorbild forderte. Diese Menschen hatten nur noch schwache Beziehungen zu ihrem jüdischen Glauben und blieben deshalb dem König gegenüber loyal.

Judas Makkabäer schien der geeignete Mann für den Aufstand zu sein, da er auch über militärische Führungsqualitäten verfügte. Die seleukidische Regierung entsandte ein viel zu schwaches Heer, und nach drei Jahren erbitterten Kampfes konnten die Makkabäer alle unerwünschten Gegenstände aus dem Tempel wieder entfernen. Die »Akra« blieb jedoch im Besitz der Seleukiden. Nach dem Tod von Antiochos Epiphanes brach aufgrund der großen Zahl von Thronfolgern eine unruhige Zeit herein, in der jeder nach möglichst vielen Verbündeten suchte. Die jüdischen Hohenpriester ließen sich bestechen und stellten sich auf die Seite der syrischen Könige. Für Judas Makkabäer hatte diese verworrene Lage, in der von einer funktionierenden Verwaltung Palästinas kaum die Rede war, viele Vorteile: er konnte seine Macht aufrechterhalten, und es gelang später seinen Nachfolgern, eine Erbdynastie zu gründen.

Im Jahre 163 v. Chr. schloß der seleukidische Regent Tryphon ein Abkommen mit den Juden. Der Grund dafür war seine Befürchtung, daß auch in dem bereits unruhigen Syrien ein Mitbewerber um die Herrschaft auftauchen könnte. Die Juden erhielten zwar ihre Glaubensfreiheit wieder, doch ein Vertreter der Seleukiden wurde als Hohepriester eingesetzt. Schon aus diesem Grund war mit einem erneuten Aufstand zu rechnen. Judas Makkabäer nahm den Kampf wieder auf und errang einen bedeutenden Sieg über den seleukidischen General Nikanor, der in diesem Kampf getötet wurde. Sein Nachfolger, General Bacchides, belagerte Jerusalem. Während dieses Kampfes, im Jahre 161 v. Chr., verlor Judas Makkabäer sein Leben.

Makkabäer, Hohepriester und Fürsten

Ihre Schwäche und Uneinigkeit machten es der Seleukiden-Dynastie praktisch unmöglich, vernünftig über Palästina zu regieren. Die Nachfolge von Judas Makkabäer trat dessen Bruder Jonathan an, der außerhalb von Jerusalem eine provisorische Regierung aufstellte, die ein Gegengewicht zur offiziell anerkannten Regierung in der Stadt selbst darstellen sollte. Er wollte damit auch zeigen, daß jeder, der sich der Partei der Makkabäer anschloß, Macht und Einfluß gewinnen könnte. Da Alexander Balsas neben dem legitimen Thronfolger Demetrius I. einer von zwei Anwärtern auf den seleukidischen Thron war, vergab er im Jahre 153 v. Chr. den Titel des Hohenpriesters an Jonathan. Außerdem verlieh er ihm den Rang eines seleukidischen Höflings, was mehr oder weniger die Einsetzung legitimieren sollte. König Demetrios gewährte später den Juden, auf Bitten von Jonathans Nachfolger Simon, Abgabefreiheit. Zur gleichen Zeit wurde Simon der offiziell anerkannte weltliche Herrscher. Damit brach eine neue Epoche an, denn Simon hatte nun, ab 143 v. Chr., das Recht, alle offiziellen Dokumente zu unterzeichnen.

Simon war ein energischer Herrscher. Er zwang die Besatzung der »Akra«, sich zu ergeben, und die jüdische Bevölkerung ehrte ihn dadurch, daß sie ihm und allen seinen Nachkommen so lange das Priesteramt übertrug, bis wieder ein »offizieller Prophet« auftreten würde. Auf diese Weise entstand eine Dynastie von Priesterfürsten, die von nun an als weltliche Erbfolgeherrscher das Land regierten. Auch der seleukidische König erkannte Simon an und gestand ihm das Recht zu, eigene Münzen zu prägen.

Das Leben in Palästina verlief auch unter den Nachfolgern von Simon friedlich, bis König Antiochos Sidetes, ein machtbesessener Fürst, den seleukidischen Thron bestieg. Sein erstes Ziel war die Rückeroberung Palästinas. Er fiel mordend und plündernd über das Land her und belagerte schließlich Jerusalem. Er stellte harte Übergabebedingungen, denen der Hohepriester-Fürst Hyrkanos letztlich nachgab. Der plötzliche Tod von Sidetes versetzte Hyrkanos jedoch in die Lage, große Gebiete außerhalb von Judäa zu erobern. Am Ende seines Lebens war er auch Herr über das Land Samaria, das er aufs schrecklichste verwüstete. Er blieb solange an der Macht, bis er einen Fehler beging und Streit mit den Pharisäern begann, einer sehr tiefgläubigen Gruppe, die die Gesetze streng befolgte, und deren Führer zunächst zu den bedeutendsten Anhängern der Makkabäer gehörten. Hyrkanos entschied sich für die Partei ihrer viel gemäßigteren Gegner, den Saduzäern. Damit verleugnete er den revolutionären

Die Burg Antonia in Jerusalem (Modell), von Herodes dem Großen erbaut und nach dem Kaiser Marcus-Antonius benannt. Die Türme waren 35 m hoch.

Ursprung der Makkabäer, und es begann wieder eine Zeit mit schnell aufeinanderfolgenden Kriegen. Der Nachfolger von Hyrkanos konnte das Gebiet der Makkabäer noch ausdehnen.

Die nächsten Herrscher der makkabäischen Dynastie blieben erbitterte Feinde der Pharisäer. Dies änderte sich erst, als Salome Alexandra, die Witwe eines verstorbenen Königs, die Thronfolge antrat. Sie ließ sich im Gegensatz zu ihren Vorgängern wieder von den einflußreichen religiösen Funktionären aus den Reihen der Pharisäer beraten. Nach ihrem Tod im Jahre 67 v. Chr. stritten sich ihre beiden Söhne um die Erbfolge. Der Streit wurde von Hyrkanos II. gewonnen, nachdem ihn sein Ratgeber Antipater ermutigt hatte, auf seine ihm zustehenden Rechte zu beharren. Antipater war übrigens der Vater des zukünftigen Königs Herodes des Großen.

Bald darauf erschien Rom auf der politischen Bühne. Pompeius der Große eroberte das Reich der Seleukiden und widmete sich auch der Palästina-Frage, indem er versuchte, zwischen den feindlichen Brüdern Frieden zu stiften. Nachdem Pompeius Jerusalem belagert und eingenommen hatte, setzte er Hyrkanos II. in das Amt des Hohenpriesters ein, doch durfte er nicht mehr wie seine Vorgänger den Königstitel tragen. Für die Juden brach eine beschwerliche Zeit an, da sie wieder Tribut entrichten mußten und ihr Land verkleinert wurde. Eine Reihe von Städten fiel jetzt nicht mehr unter die Herrschaft der Makkabäer, sondern unter die der Syrer, über die Pompeius einen neuen Prokurator bestellt hatte. Nach dem Tod von Pompeius brachen für Antipater jedoch bessere Zeiten an, und seine Macht sowie die seiner Angehörigen breitete sich schnell aus. Der schwache Hyrkanos II. war seitdem eine Marionette in ihren Händen.

Antipater wurde ein einflußreicher Mann. Er erwies Julius Caesar einige große Dienste und erhielt als Anerkennung dafür das römische Bürgerrecht. Er wurde Prokurator (Provinzstatthalter) von Judäa und seine Söhne Gouverneure von Galiläa und Jerusalem. Im Jahre 40 v. Chr. traten neue Schwierigkeiten auf. Palästina wurde unerwartet von den Parthern besetzt. Antigonos, der dem Gesetz nach zum Geschlecht der Makkabäer gehörte, erlangte die Gunst der neuen Herren und erhielt von ihnen den Titel »König und Hoherpriester von Jerusalem«. Dagegen verloren die Söhne Antipaters ihre Macht. Einer von ihnen verübte Selbstmord, der andere, mit Namen Herodes, flüchtete nach Rom. Und hier nahm sein Leben nach allen bisherigen Schwierigkeiten eine unerwartet günstige Wende.

Graviertes Elfenbeinmesser aus Megiddo, zwischen 1500 und 1200 v. Chr. Abgebildet ist ein Triumphzug. Der König sitzt auf dem Thron mit Sphinxen als Seitenlehnen; vor ihm eine Prinzessin oder Göttin mit Lotusblumen, dahinter ein leierspielendes Mädchen. Rechts davon ein Soldat mit Gefangenen und ein von Pferden gezogener Streitwagen. Hinter dem König Höflinge mit einem Becher und einem großen Pokal. Rockefeller-Museum, Jerusalem.

Die Familie Herodes

Herodes weilte erst kurze Zeit in Rom, als es ihm durch die Unterstützung von Octavian und Marcus Aurelius gelang, vom Senat als König von Judäa (40 v. Chr.) anerkannt zu werden. Er konnte daher nach Palästina zurückkehren. Im Jahre 39 v. Chr. vertrieb er mit Hilfe römischer Truppen die Parther, die jedoch weiterhin in Palästina hohes Ansehen genossen. Als nächstes wandte er sich gegen den von den Parthern eingesetzten Antigonos, den er ebenfalls mit Unterstützung der römischen Soldaten bezwang. Dann besetzte Herodes Jerusalem. Durch die Heirat mit einer Nichte von Antigonos wollte er die Gunst der Bevölkerung Palästinas erobern. Antigonos wurde übrigens später auf Befehl von Marcus Antonius hingerichtet.

Mit der Ankunft des römischen Günstlings Herodes brach für Palästina wieder eine friedliche Zeit an. Herodes regierte 33 Jahre lang und brachte dem Land einen beträchtlichen Wohlstand. Kaiser Augustus gab ihm die jüdischen Gebiete zurück, die Pompejus ihm zuvor abgenommen hatte, und Herodes regierte sie auf typisch hellenistische Art und Weise. Im Alter bekam er Schwierigkeiten mit seiner Familie, da seine Nachfolge komplizierte Probleme aufwarf. Dies lag daran, daß er im Laufe seines Lebens mit zehn Frauen Kinder zeugte, die jetzt untereinander um das Erbe stritten. Es muß in diesen Jahren gewesen sein, in denen er nach der christlichen Überlieferung der grausame Herrscher wurde. Sein Tod führte zur Aufsplitterung der Herrschaft unter seinen Nachfolgern. Für die Römer war das Anlaß genug, jetzt eine römische Verwaltung in Palästina zu errichten. Herodes hatte drei Söhne, die Anspruch auf seine Nachfolge erheben konnten. Im Jahre 3 v. Chr. setzte Kaiser Augustus sie als Verwalter in drei Gebieten ein. Archelaos erhielt Judäa, Samaria und Idumäa (also Mittel- und Südpalästina) und den Titel Ethnarch (Großfürst), Antipas bekam Galiläa und Peräa (Trans-Jordanien) mit dem Titel Tetrarch (Kleinfürst), während Philippos, der friedlichste der drei Söhne, gleichfalls mit dem Titel Tetrarch, Decapolis und Damaskus erhielt, über welches er bis zu seinem Tod im Jahre 34 n. Chr. regierte. Antipas hatte weniger Glück. Er wurde 39 n. Chr. vom römischen Kaiser Caligula abgesetzt und in die Verbannung geschickt, da er mit den Feinden Roms verhandelt hatte. Archelaos regierte nur zehn Jahre. Aufgrund von Protesten seiner Untertanen setzte man ihn im Jahre 6 n. Chr. ab, und Pontius Pilatus übernahm als Prokurator die Verwaltung über Süd-Palästina. Er regierte von 26 bis 36 n. Chr. und verlor sein Amt nach einem von ihm veranlaßten unnötigen und unverständlichen Massenmord an den Samaritanern. Nach seiner Absetzung wurden die einzelnen Verwaltungsbezirke unter Herodes Agrippa I., einem Günstling von Kaiser Caligula, zusammengelegt. Nachdem man Antipas im Jahre 39 n. Chr. entfernt hatte, erhielt Agrippa auch dessen Gebiet. Nach dem Tod von Agrippa im Jahre 44 n. Chr. geriet das gesamte Königreich unter römische Herrschaft. Es wurde zu einer Provinz des römischen Reiches mit einem Prokurator an der Spitze.

Eine miserable Verwaltung führte bald überall zu kleineren Aufständen und Unruhen. Die Organisation der Juden untereinander war besser denn je und sie hatten auch Erfolg bei einer Aktion gegen den Statthalter von Syrien, der mit zwei Legionen dem in Schwierigkeiten geratenen Prokurator zur Hilfe kommen wollte. Die Gegenaktion der Römer ließ nicht

Die Festung Herodium, erbaut von Herodes, nahe Bethlehem. Der Außenumfang beträgt 60 m. Die Festung war während des 1. und 2. jüdischen Aufstandes besetzt. Später wohnten hier christliche Eremiten. Das Herodium war ein Palast mit Badehaus, Synagoge und Gartenanlage. Agrippa suchte es 14 v. Chr. auf. Das Grab von Herodes befindet sich wahrscheinlich im Nordturm (rechts unten).

Dieser Stein ist der erste archäologische Beweis für die Existenz von Pontius Pilatus: man kann auf ihm die Namen von Kaiser Tiberius und Pontius Pilatus lesen. Der Stein wurde bei den Reparaturen des Theaters von Caesarea im 2., 3. und 4. Jh. n. Chr. erneut verwendet. Pontius Pilatus trägt hier den Titel »Praefectus Iudaeae«. Der Stein steht heute am Eingang des restaurierten Theaters von Caesarea.

lange auf sich warten. Im Jahre 67 n. Chr. kam Vespasian, der künftige Kaiser, mit seinem Sohn Titus nach Palästina. Sie führten ein Heer von 60 000 Mann an, und die Lage der Juden wurde kritisch. Die Römer eroberten im Jahre 67 n. Chr. Galiläa, dann Judäa in drei Feldzügen, mit der Besetzung Jerusalems im Jahre 70 n. Chr. Dabei wurde der Tempel völlig zerstört und Jerusalem der permanente Standort einer römischen Legion. Im Jahre 73 n. Chr. war jeglicher Widerstand der Juden gebrochen. Palästina war jetzt die Provinz Judäa, verwaltet von einem Legaten im Rang eines Senators, der die 10. Legion befehligte. Unter dem Titel *Legatus Augusti pro praetore provinciae Judaeae* bereitete er der alten Geschichte des jüdischen Landes ein Ende.
Hiermit sind wir am Schluß des geschichtlichen Überblicks. Man wird Namen vermißt haben wie die der Erzväter, Moses und Aaron, Joseph und viele andere. Wir werden ihnen aber in den folgenden Abschnitten dieses Buches begegnen, und zwar an den Stätten ihres Wirkens. Da ihre Namen in der alten, außerbiblischen Geschichtsschreibung nicht erwähnt werden, haben wir uns mit ihnen in den vorangegangenen Kapiteln auch nicht beschäftigt.

Münze mit dem Bildnis von Herodes aus Chalkis. Ha'aretz-Museum, Ramat Aviv bei Tel Aviv.

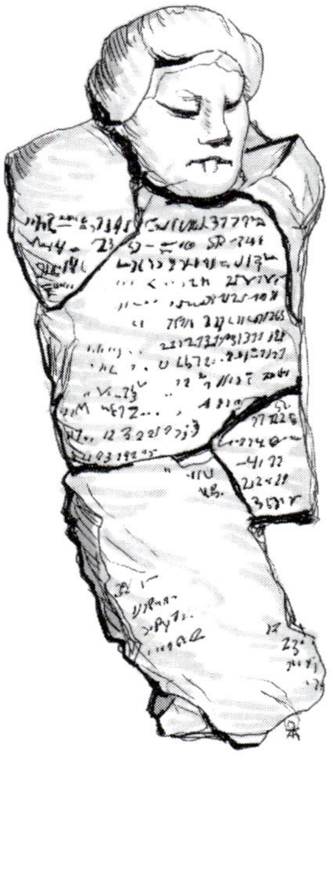

Ächtungstexte aus Ägypten erwähnen vielfach israelitische Ortsnamen. Hier eine kleine Figur, die die Gestalt eines Feindes darstellt, mit einem umfangreichen Ächtungstext. Bei der rituellen Verfluchungszeremonie wurde die Figur in Stücke zerschlagen und vergraben. Oft nahm der Pharao selbst die Zeremonie vor.

Die moderne Betrachtungsweise der Bibel

Die sehr kurzgefaßte Geschichte von Israel und Palästina in den vorhergehenden Kapiteln soll uns als Hintergrund für das biblische Geschehen dienen. Es besteht ein großer Unterschied zwischen dem früheren und dem heutigen Verständnis und der Interpretation der Bibel, der sogenannten Bibelkritik. Allerdings gibt es noch genug Menschen, die die Aussagen der Bibel wörtlich nehmen und sie als geschichtliche Ereignisse auffassen (und die z. B. glauben, daß die Erde erst 4000 v. Chr. entstanden sei). Die Ansichten der modernen Theologen stimmen darin überein, daß die Bibel niemals als ein von Gott inspiriertes Werk geschrieben wurde.
Die Bibel ist auch nicht länger »das älteste Buch der Menschheit«, sondern verhältnismäßig jungen Datums. Man kann das daran veranschaulichen, daß die Erzählungen des Alten Testaments, zeitlich betrachtet, genauso weit von den alten Hochkulturen, wie Ägypten und Mesopotamien, entfernt liegen, wie von uns heute: etwa 2500 Jahre! Wir müssen die Bibel eingebettet sehen in einen unendlich breiten Strom von Überlieferungen verschiedenster Herkunft und Form. Die Kenntnisse, die wir von anderen Ländern, wie z. B. Ägypten und den Reichen am Euphrat, besitzen, geben uns die Möglichkeit, ein biblisches Zeugnis mit den Aussagen aus eben diesen Ländern zu vergleichen und zu überprüfen. Beispielhaft ist hierfür die Geschichte von Joseph und der Frau des Potiphar. Sie ist ursprünglich eine alte ägyptische Erzählung, die als das »Märchen von den zwei Brüdern« bekannt ist und in der bereits eine solche Begebenheit geschildert wird.
Die Bibel muß als ein Konglomerat von Glaubensbekenntnissen, Gesetzen und historischen Überlieferungen angesehen werden, die ein Volk als lebendige Tradition bewahrt hat, das davon immer aufs höchste betroffen war und darin verhaftet blieb. Die Sprache, in der sie ursprünglich geschrieben wurde, ist Hebräisch. Früher war man der Ansicht, daß von den 39 Büchern der Bibel fünf von Moses stammen und die restlichen 34 in Kanaan entstanden sind. Diese Auffassung muß nach hundertjähriger moderner Bibelforschung aufgegeben werden. Man hat festgestellt, daß im Verlauf vieler Jahrhunderte umfangreiche Veränderungen am Text vorgenommen worden sind, daß ein großer Teil des Bibelmaterials zahllose Wiederholungen enthält, daß die Erzählungen endlos verändert und der jeweiligen Zeit mit ihren verschiedenen Auffassungen und Vorurteilen angepaßt wurden.
Als Beispiel kann man den Pentateuch anführen, den man auf hebräisch »Thora« (Gesetz) nennt. Pentateuch ist griechisch und bedeutet soviel wie »die fünf Bücher« oder »Fünfbuch«.

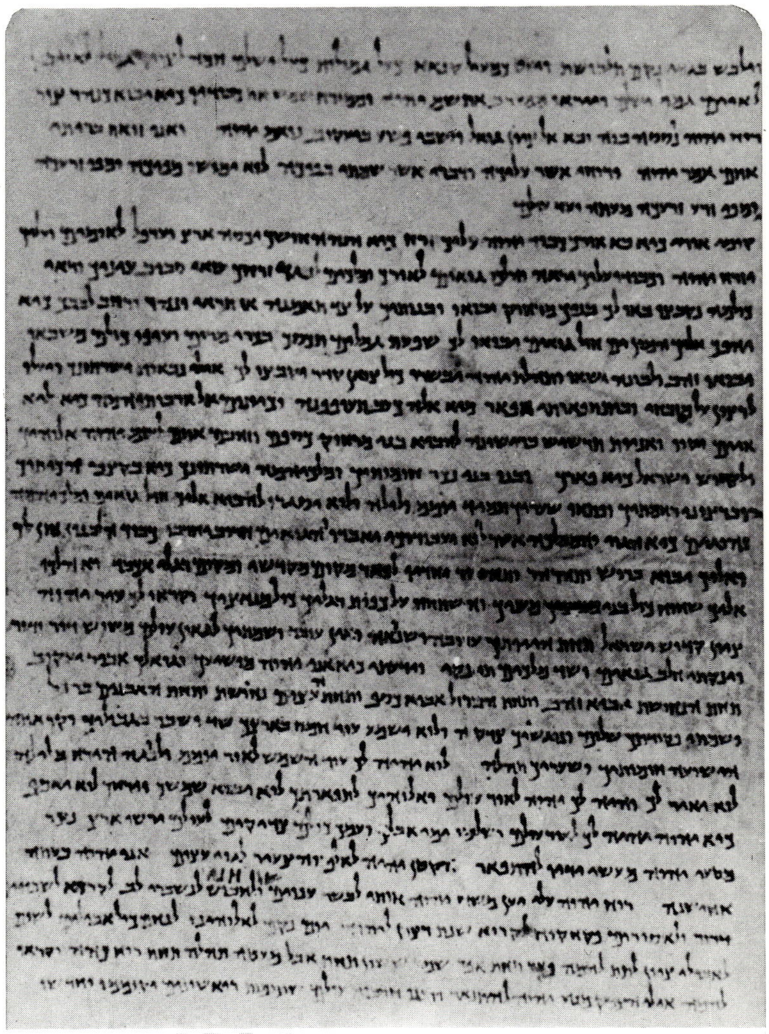

Die Jesaja-Rolle von Qumran.
Israel-Museum, Jerusalem.

Es setzt sich aus fünf Büchern zusammen. Es sind dies, in latinisierter Schreibweise, die Genesis, Exodus, Leviticus, Numeri und Deuteronomium. Viele Menschen müssen an der Zusammenstellung mitgewirkt haben. Der Pentateuch ist in etwa eine Anthologie heiliger Bücher über Theologie und ethische Gesetzgebung. Gleichzeitig berichtet er von der Geschichte des israelitischen Volkes. Über ihrer Geschichte sehen die Juden die sie regierende Hand Gottes. Die

Gott Adad aus der Zeit von Tiglatpileser III. (745–727 v. Chr.) ist der Wettergott und hält Blitzsymbole in seiner Hand. Er steht auf einem Stier, seinem mythischen Begleittier. Basalt, 1,35 m hoch. Provinzielle assyrische Kunst. Louvre, Paris.

geschriebenen Berichte geben uns einen Einblick in das Leben dieser so weit zurückliegenden Zeit.
Inwieweit ist nun die Archäologie davon betroffen? Aus den zahllosen Ausgrabungen im Gebiet zwischen Euphrat und Nil haben sich viele Erkenntnisse ergeben, die sowohl für als auch gegen die biblischen Berichte sprechen. Es sind Belege, die man unmöglich in Frage stellen kann, da sie uns in bildlicher Darstellung und in schriftlicher Form den Zeitpunkt mitteilen, zu dem sie entstanden sind. Aufgrund der Ausgrabungen und der gemachten Funde können große Teile der biblischen Zeit rekonstruiert und auf ihre Übereinstimmung mit den damaligen Verhältnissen überprüft werden. Man erhält auf diese Weise direkt oder indirekt Informationen über die biblischen Geschehnisse, über die Zeit, in der sie stattfanden und über den Hintergrund, vor dem sich das Leben der alten Hebräer abspielte.
Es stellte sich heraus, daß die biblischen Ereignisse nicht immer in der beschriebenen Folge oder in der geschilderten Art und Weise stattgefunden haben und daß deshalb die gesamte Chronologie ungesichert ist und revidiert werden muß. Dadurch gerät wiederum die Reihenfolge der biblischen Geschichtsschreiber in Unordnung... Ein gutes Beispiel hierfür sind die Erzväter. Sind wirklich ungefähr vier Jahrhunderte verflossen zwischen dem Augenblick ihres historischen Auftretens und dem darauf folgenden Einfall in Kanaan, ihrem »gelobten Land«? War die Inbesitznahme von Kanaan wirklich die Folge des schnellen, gnadenlosen und auffällig kurzen Feldzuges von Josua?
Die biblische Archäologie ist alles andere als ein einfaches Forschungsgebiet. Der biblische Archäologe muß diszipliniert arbeiten und streng wissenschaftlich denken können, ohne schnell Schlußfolgerungen zu ziehen, die augenscheinlich so gut in das Gesamtbild passen, um den historischen Hintergrund, die kulturellen Erscheinungen und die Ereignisse der Bibeltexte zu erklären. Es ist nicht einfach, Schlußfolgerungen zu ziehen. Dies geschah nur allzu oft in den vergangenen Jahrzehnten. Untersuchungen bei Jerusalem, beiderseits des Jordan und im Süden Israels haben liebgewonnene Erkenntnisse umgestürzt und durch weniger anziehende ersetzt, für die es bislang keine archäologischen Beweise gab.
Im Deuteronomium (Kap. 31, 9) wird berichtet, daß Moses der Verfasser des Pentateuch ist. Dieser Ansicht wurde bereits im 17. Jh. widersprochen, und heute weiß man, daß der Pentateuch das Werk von mehreren Verfassern und Bearbeitern ist. Es ist ein sehr uneinheitliches Buch, das von verschiedenen Urhebern stammt. Mündliche Überlieferungen wurden hier zusammengestellt, umgearbeitet und erweitert, und immer wieder andere Schulen redigierten den Text. Die Folge davon kann man sehr gut feststellen. Der Pentateuch enthält zahlreiche Wiederholungen und inhaltliche Widersprüche, und auch vom Stil her sind viele Texte dem jeweiligen Zeitgeschmack angepaßt worden.

Wie konnte die Bibel aufgrund dieser Verschiedenartigkeit der Texte zu dem Werk werden, wie es uns heute vorliegt? Man nimmt an, daß es vier Quellen gab. Jede von ihnen lieferte eine eigenständige Geschichte oder Vorlage eines Verfassers oder Bearbeiters, die zeitlich aufeinander folgten. Allein oder zusammen mit anderen schufen sie schließlich aus den zahllosen Einzelteilen ein Ganzes, eine Einheit. Es hat sich herausgestellt, daß die in der Bibel angeführten Fakten ziemlich zuverlässig sein können, trotz der oft falschen Zeitangaben. Man kann diese heute einfach anhand moderner Informationen revidieren, wobei der Bericht als solcher bestehen bleibt, historisch aber verschoben wird. Mitunter muß auch die biblische Überlieferung neu geordnet werden, besonders dann, wenn die erbrachten historischen Fakten dem Wortlaut der Bibel widersprechen oder ihn unmöglich erscheinen lassen. Daß viele Menschen damit Schwierigkeiten haben, versteht sich von selbst.

Der Schöpfungsbericht

Die Genesis berichtet in ihrer anschaulichen Sprache von der Erschaffung der Welt. Wir hören von der Entstehung des Himmels und der Erde, von der Erschaffung der Lebewesen und des Menschen, des antediluvialen Menschen, der vor der Sintflut lebt und von der neuen Erdbevölkerung, die nach der fürchterlichen Katastrophe entstanden ist. Die Sintflut soll wirklich stattgefunden haben und ein großer Teil der damals lebenden Menschen soll dabei umgekommen sein. Solche Flutkatastrophen haben sich überall auf der Welt ereignet. Auch in unserer Zeit bleiben die Menschen davon nicht verschont, man denke nur an die verheerende Flut in China zu Beginn unseres Jahrhunderts, als die Flüsse die durch den Regen verursachten Wassermassen nicht mehr aufnehmen konnten und riesige Gebiete überfluteten. Die Erzählung von der Sintflut ist weltweit verbreitet, vor allem in den Gebieten, in denen die schweren Regenfälle des Diluviums während der Eiszeit niedergingen. Wir haben bereits davon gehört, wie der frühe Mensch aus diesen Regengebieten deshalb vertrieben wurde.

Die Entstehung des »neuen Menschen« nimmt ihren Anfang mit Noah, nachdem er als einer der wenigen guten Menschen, die zu dieser Zeit gelebt haben sollen, mit dem Bau der Arche zur Rettung von Mensch und Tier begonnen hatte. Die Erzählung von Noah findet man auch in der Genesis, aber nicht nur dort. Von Noah stammen die späteren Erzväter ab, die eine bedeutende Rolle in der Geschichte des israelitischen Volkes spielen sollten.

Die in der Bibel erzählte Schöpfungsgeschichte stammt ursprünglich aus Mesopotamien und wurde in die israelitische Tradition übernommen und den religiösen Vorstellungen angepaßt. Archäologische Funde von Tontafeln aus antiken Bibliotheken in Mesopotamien bestätigen diesen Vorgang, der in so vielen Kulturen seine Parallelen dazu findet. Die Sintflut – eine durch übermäßigen Niederschlag verursachte Überschwemmungskatastrophe größeren oder kleineren Ausmaßes – wird auf diesen Tontafeln erwähnt und in vielen Versen beschrieben. Eines der bedeutendsten Zeugnisse ist das Gilgamesch-Epos. In diesem Heldengedicht, das ein sehr viel höheres Alter als die Bibel aufweist, wird davon berichtet, wie Gilgamesch dem Helden Utanapischtim aus Babel begegnet. Dieser erzählt ihm, daß er sein Leben Ea verdankt, dem Gott der Weisheit, der ihn in einem Traum – wieder ein Motiv, wie es uns fast überall in der Welt begegnet – vor der Sintflut warnt. Utanapischtim muß ein großes Schiff bauen, also eine Art Arche, in das er sich und die von ihm ausgewählten Tiere begeben soll, um sich vor der Flut zu retten. Außerdem verleiht ihm der Gott Unsterblichkeit. Der Held folgt dem Rat und rettet sein Leben vor den endlosen Wassern. Nach einiger Zeit sendet er Vögel aus, die nach trockenem Land suchen sollen und es schließlich auch finden. Die Parallelen zur biblischen Noah-Erzählung sind mehr als deutlich! Die Gründe, warum die Flut über die Menschen hereinbricht, sind jedoch sehr verschieden. In der mesopotamischen Überlieferung ist es eine Laune der Götter, bei den Juden straft Gott die Menschen, weil sie der Sünde verfallen sind.

Büste eines sumerischen Fürsten aus Mesopotamien; ca. 2500 v. Chr.; Diorit. Rijksmuseum van Oudheden, Leiden.

Von der in einer Schlucht gelegenen Quelle des En-Gedi sieht man, wie sich der Bewuchs dieser schönen Oase bis an das Tote Meer erstreckt.

Wie gelangte nun diese Geschichte in das Traditionsgut der Israeliten? Man nimmt an, daß das hebräische Epos über den Helden Noah erst in mündlicher Form überliefert worden ist und, wie so oft, an die eigene Tradition angepaßt wurde. Die Erzählung soll jedoch kein direkter Import aus Mesopotamien gewesen sein, da sie bereits in der alten heidnischen kanaanäischen Literatur vorkommt, die den Hebräern wiederum bekannt war. Wir wissen dies vom Fund einer Tonscherbe, die man in einer kanaanäischen Wohnsiedlung in Megiddo (aus dem 14. Jh. v. Chr.) fand und auf der ein kleiner Abschnitt des umfangreichen Gilgamesch-Epos steht. Ein zweiter Beweis ist eine in Ugarit gefundene, aber aus Nord-Kanaan stammende Tonscherbe, die ebenfalls die Sintfluterzählung enthält.

Eine andere merkwürdige Tatsache sind auch die sogenannten Königslisten, die die Dynastien verzeichnen, die im alten Sumer geherrscht haben. Die nach der Schöpfung und vor der Sintflut lebenden Generationen sind an die »nachsintflutlichen« Könige angekoppelt worden. Damit die zeitliche Abfolge einigermaßen stimmt, hat man den ersten Herrschern unvorstellbar lange Regierungszeiten zuordnen müssen; wir haben also auch hier wieder das Verfahren des Eingreifens in eine bestehende Tradition, um diese zu erklären. Die Erzählungen vom Garten Eden, die Vertreibung des ersten Menschenpaares aus diesem »Paradies« und der Bericht über den Turmbau von Babel stammen ebenfalls aus Mesopotamien. Der Name »Eden« kommt aus dem Sumerischen des 3. bzw. 2. Jahrtausends v. Chr. Dieser »Garten«, ein besonders schönes und fruchtbares Land, muß im heutigen Süd-Irak gelegen haben. Die Erzählung von der Vertreibung des ersten Menschenpaares aus diesem Paradies ist erheblich älter als die Bibel.

Der Turmbau von Babylon und die Sprachverwirrung sollen erklären, warum es so viele verschiedene Sprachen auf der Welt gibt. Den Turm von Babel gab es tatsächlich. Es handelte sich um einen gewaltigen Ziegelbau (Zikkurat), einen Tempelturm, an dem Menschen aus den verschiedensten Ethnien, die sich untereinander oft nicht verständigen konnten, mitgearbeitet haben – entweder freiwillig oder, was typisch für diese Zeit war, als Zwangsarbeiter. Die Erzählung stammt etwa aus dem 11. Jh. v. Chr. und dürfte mit den Karawanen nach Kanaan »gewandert« sein. Die Erzählforschung hat gezeigt, daß Karawanen eine wichtige Funktion als Traditionsübermittler spielten. An den abendlichen Lagerfeuern wurden immer irgendwelche Geschichten erzählt, die auf diese Weise oft weite Strecken »zurücklegten«.

Auch Namen haben ihre Geschichte und können deshalb für die Forschung von Nutzen sein, wie folgendes Beispiel beweist. Der Großvater und der Bruder Abrahams, des ersten Erzvaters, hießen Nahor. Dieser Name ist identisch mit dem der antiken Stadt Nahur, die auf den Mari-Tafeln (18. Jh. v. Chr.) verzeichnet ist. Nahur lag in der Nähe von Haran, westlich eines Seitenflusses des Euphrats. Der Urgroßvater von Abraham hieß Serug und auch dies ist ein Ortsname. Orts- und Eigennamen wurden häufig miteinander vertauscht und synonym gebraucht. Die Namen Nahor und Serug lassen erkennen, daß Abraham und seine Angehörigen lange in diesem Gebiet gelebt haben müssen.

»Ur der Chaldäer« ist wieder etwas anderes. Ur war ein sumerisches Zentrum, hatte aber mit den Chaldäern nichts zu tun. Die Existenz von Ur ist tausendfach bewiesen durch Tontafeln, aber war Ur wirklich das Ursprungsland der Erzväter? Dies scheint wenig wahrscheinlich. Dagegen ist bewiesen, daß sie in Haran lebten, und man kann dies als ihr historisches Herkunftsland betrachten. Die Wanderung von Ur nach Haran und weiter nach Kanaan erscheint angesichts der gewaltigen Entfernung als nicht sehr wahrscheinlich.

Daneben besitzen wir noch die Tontafeln aus Ebla, Tell Mardikh, von denen man mehr als 14 000 Stück gefunden hat. Der Tell liegt circa 45 Kilometer von Aleppo entfernt. Die Tafeln stammen aus dem Ende des 3. Jahrtausends v. Chr. und man hat auf ihnen die Namen der damals existierenden Städte gefunden – Megiddo, Hazor, Urusalim (das ist Jerusalem) – so daß das Alter und die Existenz dieser bedeutenden Städte damit bewiesen ist. Ebla war die Hauptstadt eines früh-kanaanäischen Reiches, deren Kultur typisch für den Nahen Osten war. Die auf den Tafeln gefundenen Gesetze von Ebla gleichen weitgehend denen von Mesopotamien. Lange vor dem Auftreten der Erzväter unterhielten also Palästina und Syrien Beziehungen zu den Ländern am Euphrat, und das bedeutet auch, daß auf religiösem und kulturellem Gebiet ein gegenseitiger Austausch stattgefunden hat. Die Traditionen von Sumer und Akkad müssen den Israeliten bekannt gewesen sein, da sie Zugang zu ihnen hatten.

Die Abstammung der Erzväter

In der Genesis gibt es zwei genealogische Kapitel, die die Abstammung der Erzväter erklären. Es ist durchaus möglich, daß es sich dabei um einen Urtext der alten Überlieferung von Abrahams aramäischer Herkunft handelt. Die ausführliche Genealogie Abrahams dient als eine Art Brücke zur eigentlichen Erzählung über die Erzväter.
Da Kanaan eine so wichtige Rolle in der Geschichte Israels gespielt hat, müssen wir uns diesem Land ausführlicher widmen. Zu der Zeit, als die Erzväter zur Eroberung dieses in ihren Augen unvorstellbar reichen Landes auszogen, entstand möglicherweise durch die Kundschafter Abrahams ein Bericht über dieses Land. Kanaan war ein Land, das auf einem sehr hohen kulturellen Niveau stand. Betrachtet man die materielle und wirtschaftliche Seite, dann waren die Kanaanäer den alten Hebräern weit überlegen, die damals als Nomaden mit ihren Herden längs der Grenze des syrischen Berglandes umherwanderten. Kanaan besaß mächtige befestigte Städte und der Bibel zufolge »große starke Völker«. Das nicht besonders fruchtbare Land machte auf die Kundschafter jedoch den Eindruck eines Landes, in dem »Milch und Honig fließt«.
Wie sah es aber in Kanaan wirklich aus? Es war in der Tat ein kulturell hochentwickeltes Land mit vielen Städten, mit Karawanen, die dort Handel trieben, und mit Straßen, auf denen viele Völker entlangzogen. Die Landwirtschaft war den Umständen entsprechend gut entwickelt. Die biblische Beschreibung soll einem anonymen israelitischen Historiker zu verdanken sein, der allerdings erst viel später dort lebte. Zur Zeit der Erzväter war Kanaan von Ägypten unabhängig. Dies verdankte es den Hyksos, die Ägypten erobert hatten. Die aus den Reihen der Hyksos ernannten Pharaonen wurden die »Hirtenkönige« genannt.
Die Hyksos waren ein Nomadenvolk, das über ausgezeichnete Waffen verfügte, die denen der anderen Völker weit überlegen waren. Ägypten war in dieser Zeit durch innenpolitische Schwierigkeiten derart geschwächt, daß es für die Hyksos leicht war, das Land mit ihren modernen Waffen zu erobern. Lange Zeit nahm man an, daß die Hyksos selbst die Erzväter gewesen sein könnten. Man bezog sich dabei auf zwei Bibelstellen: in Numeri (13,22) heißt es, daß Hebron »sieben Jahre vor Zoan« (das ist das von Ramses I. erbaute Tanis) erbaut worden war. Das kann man als einen chronologischen Hinweis auffassen. Die zweite Textstelle steht in Exodus (12,40); danach sollen die Israeliten 430 Jahre in Ägypten in der Gefangenschaft gelebt haben. Diese Aussagen sind jedoch zu dürftig, als daß man daraus schließen könnte, daß die Erzväter mit den Hyksos identisch seien. In den vorhergehenden Kapiteln haben wir davon berichtet, wie neue, mächtige ägyptische Führer der Herrschaft der Hyksos ein Ende setzten. Mit der 18. Dynastie beginnt, unter ägyptischen Pharaonen, das Neue Reich (1580 – 1085 v. Chr.). Übrigens glichen sich die Hyksos stark an die ägyptische Lebensweise an und handelten so, als ob sie selbst Ägypter gewesen wären. Im Gegensatz zu anderen Fremdherrschern plünderten sie das Land nicht aus. Obwohl den Ägyptern die Sitten und Bräuche dieses asiatischen Volkes stets fremd blieben, haben sie doch eine Reihe Kulturgüter von diesen übernommen: Die Hyksos führten den von Pferden gezogenen Streitwagen ein, den starken asiatischen Bogen, einen neuen, aus Bronze gefertigten Dolchtyp und Schwerter. Für Palästina bedeuteten die neuen Waffen auch eine erneute ägyptische Fremdherrschaft.
Als Abraham seinen Einzug ins »Gelobte Land« begann, kam er in ein kulturell hochentwickeltes Land, in dem man den Gott Baal verehrte. Die biblische Legende von Abrahams Wanderung hat einen wahren Kern, der aber in einigen Punkten sorgfältig korrigiert werden muß. Das Bild, das die Bibel hier von Kanaan entwirft, stammt aus der Zeit der Richter und des Beginns des israelitischen Königreiches, also aus einer sehr viel späteren Zeit! Die Israeliten besaßen aufgrund ihrer mündlichen Überlieferungen vage Erinnerungen an die Entstehung ihrer Stämme, an ihre Abstammung aus Mesopotamien und an ihre alten Traditionen, Namen und Genealogien.
Diese Dinge spielten eine große Rolle für die Verfasser der Bibeltexte.

Relief aus dem Grab von Horemhep, ca. 1330 v. Chr. Die Anführer der Levantiner oder Syro-Palästinenser, die Horemhep auf seinem Feldzug gefangennahm, bitten flehentlich um Gnade. Sie werfen sich sogar zu Boden. Es ist wohl eine der eindrucksvollsten Darstellungen dieser Völker, die bisher gefunden wurden. Rijksmuseum van Oudheden, Leiden.

Wer waren die Chapiru?

Zahlreiche Dokumente aus dem Gebiet zwischen Ur und Ägypten berichten seit dem Ende des 3. Jahrtausends v. Chr. bis zum 11. Jh. v. Chr. immer wieder von Menschen, die Chapiru oder Apiru hießen. In ägyptischen Texten des 19. Jh. v. Chr. werden sie als rebellische Fürsten bezeichnet. Aber auch Städte bei Pella, am Ostufer des Jordans, gegenüber von Beth Shean, sollen ihre Namen getragen haben. Daneben werden sie auf einem Teil der 20 000 Tontafeln erwähnt, die aus den Ruinen des Palastes von König Zimri-Lim, dem Amoriter, stammen. Dieser König herrschte im 18. Jh. v. Chr. über Mari, das am Oberlauf des Euphrats lag. Es existiert auch ein Brief mit der Warnung, daß einer aufständischen Stadt nicht weniger als 2000 Soldaten zu Hilfe eilten, die angeblich im »Lande Chapiru« rekrutiert wurden.
Die Chapiru müssen lange Zeit als besonders bedeutende Menschen gegolten haben, die wichtige Funktionen innehatten. Wer waren diese Menschen? Handelte es sich bei ihnen um ein Volk? Waren sie eine besondere soziale Klasse? Wir wissen es nicht, und trotz der umfangreichen Materialien, die uns zur Verfügung stehen, steht eine Klärung noch aus. Die einen halten die Chapiru für ungebildete Nomaden. Andere sind der Auffassung, daß es sich bei ihnen um Kaufleute handelt, die den Karawanen, die durch den Mittleren Osten gezogen sind, ihre Dienste erwiesen haben. Ferner sollen sie auch Karawanen zusammengestellt und begleitet haben - eine nicht unbedeutende Leistung! Daneben beschafften sie die Esel, die Lasttiere einer jeden Karawane in dieser Zeit. Auch die Führer sollen sie ausgewählt haben, bzw. selbst als solche in Erscheinung getreten sein. Man nahm an, daß die gesamte Organisation und Ausrüstung einer Karawane in ihren Händen lag.
Heute glaubt man allerdings, daß die Chapiru keine ethnische Einheit bildeten und ebensowenig feste Ansiedlungen besaßen. Sie wurden vielmehr in jener Zeit als Menschen zweiter Klasse angesehen, die nicht in der Lage waren, sich zu organisieren. Wohl aber fürchtete man sie und sie scheinen einige Schwierigkeiten verursacht zu haben. Die Tatsache, daß über mehr als tausend Jahre nichts Positives über sie berichtet wird, bezeugt dies sehr deutlich.
Von den 385 Amarna-Briefen, die aus der Zeit der Regierung von Amenophis III. und Echnaton stammen, befassen sich nicht weniger als 150 mit den Vasallenkönigen Kanaans, die an Ägypten Tribut in Form von landwirtschaftlichen Produkten entrichten mußten. Auch hier werden die Chapiru wieder genannt, mit denen offenbar viele Pharaonen im Streit lagen. Auf einer bei Beth Shean gefundenen Stele von

Statue von Pharao Ramses II. (1290–1223 v. Chr.) aus dem Tempel von Gerf Hussein in Nubien. Er ist der bekannteste der Pharaonen, vor allem wegen der Schlacht von Kadesch. Der anschließend geschlossene Friede lieferte ihm Palästina in die Hände, während Syrien bei den Hethitern verblieb. In Ägypten ist er besonders durch seine rege Bautätigkeit berühmt geworden. Die Archäologen nehmen an, daß zu seiner Zeit Schlachten im Land der Schosu und am Berg Seir – dem späteren Edom – stattfanden, und daß er viele, auch befestigte Städte, vernichtete, wie z. B. Bozra in Süd-Moab. Welche Rolle er während des Exodus spielte, ist ungewiß.

Sethos I. (1308 - 1290 v. Chr.) ist die Rede von einem Einfall der Chapiru; Sethos nennt sie »armselige Asiaten«. Bereits eineinhalb Jahrhunderte zuvor nahm Amenophis II. (1450 - 1425 v. Chr.) während eines Feldzuges nicht weniger als 3600 Chapiru gefangen. Auch Ramses II. machte unter den Chapiru viele Gefangene, als er in Kanaan auf sie stieß. Sie mußten fortan als Zwangsarbeiter in Ägypten ihr Leben fristen. Nach wieder anderen Amarna-Briefen hatten die Stadtstaaten Kanaans unter schweren Angriffen der Chapiru zu leiden. Die Kanaaniter klagten über furchtbare Plünderungen und Mordtaten und baten deshalb Ägypten um Hilfe.

Es dürfte klar sein, daß ein Volk, über welches man von Ägypten bis Mesopotamien und von Syrien bis Klein-Asien klagte, ein gefährlicher Machtfaktor gewesen sein muß. Nach ihren Namen und ihren Hauptsiedlungsgebieten zu urteilen, waren sie akkadische Churriter oder ein Zweig dieses Volkes. Sie waren sicherlich kein Teil der lokalen Bevölkerung, sondern Menschen ohne Status, die keine Bürgerrechte in den Gemeinschaften besaßen, in denen sie lebten.

Seit dem 19. Jh. v. Chr. läßt sich anhand von Dokumenten aus Ägypten, Nord-Syrien und Mesopotamien feststellen, daß Verbindungen zwischen den Ibrim (Hebräern) und den landlosen Chapiru bestanden haben müssen. Waren nun die Hebräer eine Untergruppe der Chapiru? Auch sie zogen mit ihren Herden von Land zu Land, und auch sie besaßen kein eigenes Territorium, ehe sie sich schließlich in Kanaan niederließen. Es ist aber erwiesen, daß die Chapiru nicht von Abraham abstammten. Auf der anderen Seite ist es aber durchaus möglich, daß die Kanaaniter die Erzväter fälschlicherweise als Chapiru betrachteten und sie später, als sie im 14. Jh. v. Chr. ein eigenes Siedlungsgebiet erobert hatten, mit diesem Namen bezeichneten.

Die Erzväter und der Exodus

Im 3. Jahrtausend v. Chr. bildete das kanaanäische Gebiet eine große kulturelle Einheit, die sich längs des Mittelmeeres erstreckte und auch weit ins Landesinnere hineinreichte. Möglicherweise bereiteten die Erzväter durch ihre Invasion dem ein Ende. Die Folge war ein vollständiger Bruch in der Entwicklung des Landes und seiner Bewohner. Überall begegnet man den Zeugnissen des tragischen Endes dieser Stadtkulturen. Archäologisch nachvollziehen läßt sich dies an den Städten Ugarit, Byblos, Megiddo, Jericho, Lachis und Gaza. Nur Byblos und Megiddo scheinen sich später wieder etwas erholt zu haben. Anhand von Ausgrabungen in den entdeckten Gräberfeldern ließ sich feststellen, zu welcher Zeit sich diese Katastrophe ereignete und wer sie verursacht hatte. Zu jener Zeit lebten außerhalb der Städte große Gruppen von Nomaden, die mit ihren Herden im Rhythmus der Jahreszeiten umherzogen, aber stets zu bestimmten Zeiten in ihr Stammesgebiet zurückkehrten. Eines ihrer Zentren war übrigens Jericho. Die einzelnen Nomadengruppen unterschieden sich z. B. durch ihre Bestattungsformen und ihre Keramik. Fest steht auch, daß die Amoriter, zu denen auch die Israeliten gehörten, im 3. Jahrtausend v. Chr. mit Byblos in Verbindung standen.
Diese zuweilen alles vernichtenden und mordenden Nomaden können sehr gut jene gewesen sein, die nun, unter dem Namen »Erzväter«, ihr gelobtes Land in Besitz nahmen. Damals bildeten diese Nomaden eine mächtige und bedeutende Einheit. Der kulturelle Einschnitt war in den verschiedenen Teilen des Landes von unterschiedlicher Dauer. So erholte sich der Norden schon nach zwei Jahrhunderten, während der Süden fast doppelt solange dazu brauchte. Im Verlauf des 2. Jahrtausends v. Chr. blühte das Stadtleben wieder auf; die Nomaden hatten sich an den Rand der Wüste zurückgezogen. Die biblischen Erzählungen orientierten sich daher an der Dauer dieser »kulturlosen Zeit«, während der die Erzväter an der Spitze ihrer Stämme standen. Hazor und Megiddo entwickelten sich wieder zu großen und bedeutenden Städten. Nur Jericho scheint, im Gegensatz zum etwas übertriebenen Bericht von Josua, seine frühere Position nicht mehr ganz erreicht zu haben. Hier sei darauf hingewiesen, daß Josua entgegen seiner Behauptung diese Stadt nicht eroberte, und zwar aus dem einfachen Grund, weil sie zu seiner Zeit nicht mehr existierte. Ausgrabungen haben dies eindeutig bewiesen. Jericho ging im 16. Jh. v. Chr. unter, und die Erzväter waren bereits überall in die bewohnten Gebiete eingedrungen und übernahmen langsam die Kultur der dort ansässigen Bevölkerung.

Der Sinai, ein großes Wüstengebiet in Form eines Dreiecks zwischen dem Golf von Suez und Akaba, ist der Ort vieler wichtiger, auch biblischer Ereignisse gewesen. Der Berg Horeb ist der Berg der Gesetzgebung (Exodus 3, 1). Die höchsten Gipfel sind etwa 2800 m hoch. Die Ägypter hatten im Sinai Türkis- und Kupferbergwerke angelegt. Die Route von Moses ist sehr schwer nachzuvollziehen, da man moderne Orte nicht mit denen in der Bibel identifizieren kann. Auf dem Photo der Dschebel Musa (»der Berg Moses«).

Reliefs mit den Namen eroberter Städte der Hethiter im Tempel von Ramses II. in Abydos. Die Qualität dieser noch heute farbigen Reliefs ist außerordentlich gut. Die Ovale repräsentieren befestigte Städte. In jedem steht der Name der betreffenden Stadt; dahinter jeweils ein gefesselter Gefangener.

Cañon bei Masada am Toten Meer. In diesem unwirtlichen Gebiet fand auch zum Teil der Exodus statt.

Der kanaanäische Glaube dieser Zeit beruhte auf einem Fruchtbarkeitskult. Es gab ein Pantheon mit 30 Göttern, denen man teilweise menschliche Eigenschaften zuschrieb, wie aus den Funden in Ugarit hervorgeht. Jede Stadt verehrte einen eigenen, von ihr bevorzugten Gott. An der Spitze aller Götter stand El; dieses Wort bedeutet soviel wie »Schöpfer der Geschöpfe«. Daneben wurde er auch »der Stier« oder »der Krieger« genannt. Ihm zur Seite stand seine Frau Ascherat. Später mußte El dem Gott Baal weichen. Baal war mit seiner Schwester Anat vermählt. Die Geschwisterehe eines Gottes oder eines Gottkönigs – wie sich Pharaonen auch bezeichneten – war zu dieser Zeit nichts Außergewöhnliches. Man verband damit die Absicht, durch diese bewußt inzestuösen Beziehungen das »göttliche« Blut rein zu erhalten.
Wie wir gehört haben, verehrten in Kanaan große Teile der Bevölkerung Fruchtbarkeitsgottheiten. Der Glaube der Erzväter stand dazu in krassem Gegensatz: bei ihnen gab es nur ein einziges höchstes Wesen, eine persönliche, stammesgebundene Gottheit, die das Volk auf seinen Wanderungen begleitete und ihm Rat, Schutz, Hilfe und Wohlergehen gewährte. Das »gelobte Land« stellt das Verbindungsstück zwischen den Erzählungen der Genesis und des Exodus dar, einschließlich des Buches Josua.
Genesis und Exodus können unmöglich als eine Art von Geschichtsbüchern angesehen werden, und es besteht sehr wahrscheinlich keine genetische Verbindung zwischen den Erzählungen beider Bücher. Die Zeitspanne, die zwischen ihnen liegt, ist zu groß, und die Zeiträume, die beide Bücher behandeln, sind zu lang, als daß sie jemals zu Annalen verarbeitet hätten werden können. Und das bringt uns zu dem Mann (bzw. Männern), der im 10. Jh. v. Chr. alle Erzählungen, die noch bei den Stämmen lebendig waren, zu einem Bericht zusammenfaßte. Israel hatte sich bereits als Königreich konstituiert, und die Zeit der Erzväter lag mittlerweile Jahrhunderte zurück. Möglicherweise gab es sogenannte Erzählzyklen. Ein Zyklus befaßte sich mit Abraham und Isaak, ein zweiter mit Jakob; Abraham stammte aus Mesopotamien, Jakob aus Trans-Jordanien. Während der Bearbeitung der verschiedenen Zyklen wurden nun künstlich Familienverbindungen erstellt, die den Zweck hatten, das Ganze inhaltlich zu festigen und glaubwürdig zu machen. An verschie-

denen Stellen sind die Erzählungen historisch, an anderen wieder nicht. Es ist also nicht leicht, dies eindeutig herauszufinden. Eines dürfte jedoch absolut feststehen: die Berichte der Erzväter stammen nicht aus Palästina.
Was den Exodus (Auszug aus Ägypten) anbelangt, so gibt es auch hier zahllose Theorien, von denen nicht wenige um die Kernfrage kreisen, wo, wann und warum er stattgefunden hat. Wie lange blieben die Hebräer in Ägypten? Der Bibel zufolge mindestens 400 Jahre. Dort heißt es aber auch, daß sie nach vier Generationen, das sind ungefähr 100 Jahre, wieder nach Kanaan zurückkehrten. Die Geschichte über den Auszug ist nicht historisch, und daneben gibt es nichts, worauf man zurückgreifen könnte, da es sich um Ereignisse handelt, die außer in der Bibel sonst nirgends dokumentiert sind. Hinzu kommt, daß die Inbesitznahme Kanaans nach der biblischen Tradition in diese Zeit zurückverlegt wird. Wir haben es also sicherlich mit einer mytho-poetischen Überlieferung zu tun. Auch die Ägypten-Frage bereitet Schwierigkeiten. Fiel Josephs Wanderung (falls er eine historische Person war) nach Ägypten und sein spätes Wirken am dortigen Hof in die Zeit der Hyksos-Herrschaft? Dies stimmt aber wiederum zeitlich nicht mit dem Auszug der Israeliten überein, der sich während der Regierung von Ramses II. (1290 - 1224 v. Chr.) abgespielt haben soll. Es steht fest, daß bereits im 13. Jh. v. Chr. asiatische Nomaden regelmäßig mit ihren Herden nach Ägypten zogen, denn wir finden sie in den Gräbern von Beni Hasan abgebildet. Es waren saisonal gebundene Wanderungen zu den Weidegründen des Viehs, die diese Nomaden nach Ägypten geführt haben. Es besteht aber auch die Möglichkeit, daß die Nomaden in ihren angestammten Gebieten aufgrund von Dürreperioden nicht mehr genug Weideflächen vorfanden und deshalb bis nach Ägypten zogen. Die jahreszeitlich bedingten Wanderungen fanden jedes Jahr statt und führten über eine Länge von bis zu 800 Kilometern. Waren nun die Erinnerungen an derartige Wanderzüge (nach Ägypten?) die Grundlage für die Exodus-Geschichte? Sie könnten dann als spannende Erzählungen während der endlos langen Wanderungen mündlich weitergegeben und so überliefert worden sein. Ähnliche Erzählungen kennen sogar die Stämme aus der Zeit der Proto-Israeliten, also vor der Inbesitznahme Kanaans. Daneben gibt es noch die asiatischen Kriegsgefangenen, die von den Ägyptern als Sklaven ins Land gebracht wurden und dort in der Landwirtschaft arbeiten mußten oder für den Bau der vielen Monumente herangezogen wurden. Viele Kriegsgefangene wurden von der ägyptischen Gesellschaft assimiliert und gingen z. B. durch Ehen mit Ägypterinnen in der Bevölkerung auf. Viele andere dachten auch an Flucht und versuchten wieder in ihre Heimat zurückzukehren. Bestimmt waren auch Israeliten darunter, die z. B. am Bau der neuen Hauptstadt von Ramses II., Pi-Ramses, im Nildelta mitarbeiten mußten.
Selbst die Anzahl der Wanderzüge steht nicht fest. Nach der

Relief im Grab von Sethos I. in West-Theben, eine Darstellung aus einem der ägyptischen Totenbücher – hier das Buch der Pforten –, in dem Asiaten abgebildet sind, die normalerweise die Feinde der Ägypter waren, aber hier mit den Ägyptern ins Jenseits schreiten dürfen. Der Text sagt, daß alle Menschenrassen im Jenseits unter göttlichem Schutz stehen.

Gefangene Syrer und Palästinenser im Tempel von Abu Simbel in Nubien. Auch auf Tempelwänden im weit entfernten Afrika findet man Berichte über die Eroberung von Ramses II., wie z. B. Reliefs von der Schlacht bei Kadesch im Jahr 1267 v. Chr.

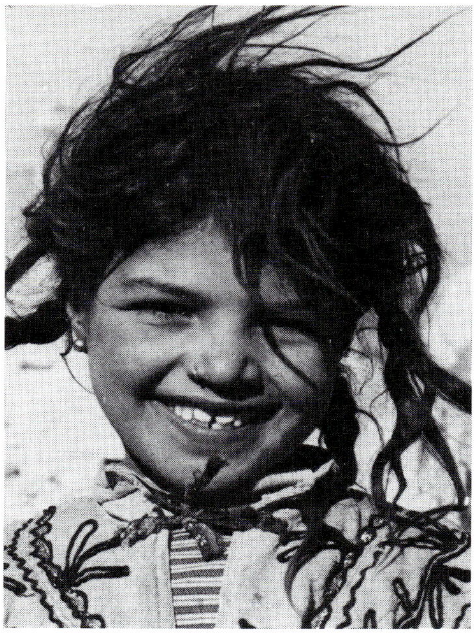

Nomadenmädchen.

Bibel gab es nur einen, mit dem großen Helden Moses an der Spitze, der übrigens keine historische Gestalt ist. Es erscheint jedoch logischer, daß mehr als einmal Menschen, die aus dem einen oder anderen Grund nach Ägypten gelangt waren, den Plan faßten, das Land wieder zu verlassen. Aus den daraus entstehenden Fluchterzählungen wird dann das Buch Exodus zusammengestellt, das sehr eng mit der Gestalt des Moses verbunden ist. Moses erlangte aufgrund der göttlichen Offenbarung große Bedeutung. Es war der Gott Jahwe, der seinem Volk Schutz und Hilfe anbot, sofern dieses sich genau an die Gebote halten würde. Man wollte damit deutlich machen, daß die Exodus-Erzählung ein Teil der Geschichte all der Gruppen war, die Jahwe verehrten oder damit begannen seinen Lehren zu folgen.
Die Exodus-Überlieferung kann man unter verschiedenen Aspekten betrachten. Für die Ägypter zog die Abwanderung einer derart großen Gruppe von Arbeitskräften negative Auswirkungen nach sich und sie mußten sie deshalb verhindern. Die ägyptische Geschichtsschreibung schweigt allerdings zu diesem Problem. Eine andere Möglichkeit wäre die, daß die Ägypter die aufständischen und damit lästig gewordenen Arbeitskräfte gerne ziehen ließen oder sogar aus dem Land vertrieben. Es könnte sich auch um unerwünschte Eindring-

Nomaden sind noch heute in Palästina fast überall anzutreffen; sie haben ihre Lebensweise im Lauf der Jahrhunderte kaum verändert.

linge gehandelt haben, die fruchtbare Weidegründe erobern wollten.
Wie es auch immer gewesen sein mag – nochmals: wir haben keine historischen Belege dafür – so spricht doch einiges für die Annahme, daß zwei Auszüge stattgefunden haben, die dann im Buch Exodus zu einem Bericht zusammengefaßt wurden. Für eine Auswanderung könnte man eine historisch annehmbare Erklärung finden, nämlich den Widerstand gegen die schwere Arbeit am Bau von Pi-Ramses.
Dann stellt sich die Frage nach der Route, auf der der Exodus stattgefunden haben soll. Hier gibt es zwei Möglichkeiten. Der kürzeste Weg führt am Mittelmeer entlang in den Südosten von Palästina, in das Gebiet, in dem später das Königreich Juda lag. Der Bibel zufolge soll Moses einen zweiten, wesentlich längeren Weg gewählt haben, so daß sich sein Volk 40 Jahre auf der Wanderschaft befand. Dieser verläuft durch die Wüste Sinai, in der sich der Berg befinden muß, auf dessen Gipfel Moses die zehn Gebote empfing. Vom Ausgang des Sinai zog man dann in nördlicher Richtung nach Trans-Jordanien, um nördlich des Toten Meeres nach Palästina einzuschwenken. Der »Berg Gottes« könnte dann diesen Angaben zufolge östlich des Golfes von Akaba gelegen haben.
Man glaubt heute eine logische Erklärung für den endlos langen Zug durch die Sinai-Halbinsel gefunden zu haben. Eigentlich sollte man meinen, daß die Auswanderer ihr Heimatland so schnell wie möglich erreichen wollten, ohne lange und beschwerliche Umwege auf sich zu nehmen. Was aber, wenn sie im Verlauf der Wanderung ihr Nomadenleben wieder aufgenommen haben? Wurden sie wieder die Menschen, die mit ihren Herden auf der Suche nach Weidegründen umherzogen, wie sie es bereits seit Jahrhunderten gewohnt waren? In diesem Fall müßte es sich um Menschen gehandelt haben, die als Hirten nach Ägypten kamen und dort schon nach kurzer Zeit eine andere Lebensweise annahmen. Gegen diese Theorie läßt sich folgendes einwenden. Ein Nomade, der sein nichtseßhaftes Leben aufgibt, kann es später nicht wiederaufnehmen, da er physisch dazu nicht mehr in der Lage ist, denn das Nomadenleben setzt eine überaus robuste körperliche Konstitution voraus, die nur dem Stärksten ein Überleben gestattet (survival of the fittest).
Beweise über Wanderbewegungen nomadisierender Israeliten kann man in den Ablagerungsschichten der Trümmerhügel (Tells) finden, die in Kanaan so zahlreich vorhanden sind. Sie stammen vor allem aus dem 13. Jh. v. Chr.; dagegen haben sich in den Schichten, die aus dem 12. Jh. v. Chr. datieren, Zeugnisse erhalten, von denen wir nicht wissen, von wem sie stammen. Von den Seevölkern? Von den Ägyptern oder den Israeliten? Auf jeden Fall ist der Verlauf der zweiten Route nicht mehr rekonstruierbar. In den 40 Jahren – wahrscheinlicher wären 20 bis 30 Jahre – zog man, angepaßt an das Tempo der Herden, langsam von Wasserstelle zu Wasserstelle weiter. Viele aus Ägypten stammende Teilnehmer müssen im Verlauf der Wanderung gestorben sein und mit ihnen die Erinnerungen an die Gefangenschaft. Zu dieser Zeit wurde ein Mensch selten älter als 50 Jahre. Die Gruppe um Moses zog sicherlich nicht durch dicht besiedelte Gebiete, denn man hat dort nichts gefunden, was auf ihre Anwesenheit schließen läßt. Die Bauwerke, die man an den alten Verkehrswegen angetroffen hat, stammen frühestens aus dem 9. Jh. v. Chr.
Nach dem Tod von Moses übernahm Josua, der Feldherr, die Führung. Die Bibel nennt drei Städte, die er im Verlauf seiner Feldzüge erobert hat: Jericho, Ai und Hazor. Vor allem die Einnahme Jerichos wird ausführlich beschrieben. Zu jener Zeit war diese Stadt jedoch nicht mehr bewohnt. Wir werden im Kapitel »Das Rätsel Jericho« hierauf noch näher eingehen. Auch die Eroberung von Ai stimmt mit den archäologischen Befunden nicht überein. Der Angriff auf Hazor ist jedoch historisch belegbar. Aus diesem Grund kann man von einer historischen Existenz Josuas ausgehen.

Heilige Dinge

Im religiösen Leben der Juden spielen eine große Anzahl heiliger Dinge eine wichtige Rolle. Dazu gehören die Tempel, die Stiftshütte, die Altäre und die heiligen Stätten. Früher gab es neben dem bedeutendsten Tempel in Jerusalem noch weitere kleinere Kultstätten. Sowohl anhand der Bibel als auch aufgrund archäologischer Funde verfügen wir hierüber über umfangreiche Kenntnisse.

Die wichtigste heilige Stätte, der Tempel, trug den Namen Beth-Elohim, »der Aufenthaltsort Gottes«. Man glaubte, daß Jahwe darin anwesend war, um seinem auserwählten Volk beizustehen, es zu beschützen und zu beraten. Dem Tempel gehörten Priester an, die Gott mit Gebeten und Kulthandlungen dienten, die genau vorgeschrieben waren. Ein israelitisches Heiligtum war mit bestimmtem Mobiliar und Gegenständen ausgestattet, die die Symbole der Anwesenheit Gottes darstellten: die Bundeslade, die Cherubim – geflügelte himmlische Wesen, die wahrscheinlich der ägyptischen Sphinx nachgebildet waren, allerdings mit dem Unterschied, daß die Sphinx keine Flügel besitzt – ein Kerzenleuchter und ein Tisch mit den »Schaubroten«. Die Nicht-Israeliten hatten in ihren zahlreichen Tempeln stets ein Abbild ihrer Gottheit stehen. Die Bibel berichtet von zwölf Tempeln außerhalb von Jerusalem. Sie waren lange vor der Zeit errichtet worden, ehe man an einen einzigen göttlichen Wohnsitz glaubte. Diese Auffassung dürfte erst in der Endzeit des israelitischen Königreiches in die Glaubenslehre aufgenommen worden sein. Bevor der Tempel von Jerusalem seine überragende Bedeutung erhielt, galt sein Pendant bei Silo lange Zeit als die heiligste Kultstätte. Silo war zur Zeit von Eli und Samuel der religiöse Mittelpunkt der israelitischen Welt, und hier versammelten sich zu bestimmten Zeiten die einzelnen Stämme. Während des Krieges gegen die Philister wurde der Tempel im 11. Jh. v. Chr. völlig zerstört und konnte trotz moderner Grabungsmethoden bis heute nicht wieder aufgefunden werden. Warum man Silo anstelle von Jerusalem auserwählte, ist nicht bekannt; immerhin war die zuletzt genannte Stadt viel bedeutender.
Salomo baute den ersten Tempel auf der Anhöhe von Moria bei Jerusalem; dies muß während seines 4. oder 8. Regierungsjahres erfolgt sein. Es war ein gewaltiges Unternehmen, denn Salomo war ein Mann voller Ideen, der für alles Schöne, Große und vor allem Neue schwärmte. Beim Bau folgte er bereits bekannten Vorbildern. Der israelitische Tempel ist von seinem Baustil her den phönizischen und syrischen sehr ähnlich. Ein derartiger Tempel war kein alleinstehender Bau, sondern Teil eines gewaltigen Komplexes. Das Basiselement war die Königszitadelle, eine Festungsanlage innerhalb der Stadtmauern. Daneben gab es einen oder mehrere Paläste, öffentliche Gebäude und natürlich den Tempel selbst. Um sein großes Ziel zu verwirklichen, ließ Salomo die Königszitadelle zwischen dem Ophel- und Tempelberg errichten, nördlich der alten, sehr kleinen Stadt Davids. Dem Tempel schloß sich ein Außenbezirk an, dem wiederum zwei Innenhöfe folgten, von denen einer zum königlichen Palast gehörte und der andere zum Tempel. In diesem Innenhof standen vor dem Eingang zum Vorraum zwei bronzene Säulen, Boas und Jachin, zwei der Tempelwunder. Ihr Zweck ist nicht ganz ersichtlich, da sie nicht als Dachstützen fungierten, wie es bei den in Megiddo und Arad entdeckten Tempeln der Fall war, sondern als Einzelelemente frei im Raum standen, ähnlich wie in den Tempeln von Chorsabad in Assyrien.

Mosaik in der Synagoge von Hammath bei Tiberias mit einer Darstellung der Bundeslade, der Menora, einer Weihrauchschaufel und eines Schofars (links). Vor der Bundeslade sieht man den Vorhang. Oben ein muschelförmiges Ornament.

Der Schofar (Widderhorn) ist das einzige im Tempel benutzte Musikinstrument. Darunter sieht man einen Teil der Tierkreiszeichen. Von links nach rechts: Stier, Widder, Fische und Wassermann.

Ein weiteres sogenanntes Tempelwunder war das gewaltige eherne Wasserbecken mit einem Durchmesser von fünf Metern. In leerem Zustand muß es zwischen 25 und 30 Tonnen gewogen haben. Es ruhte auf zwölf Bronzestieren, die in Dreiergruppen zusammengefaßt waren und nach den vier Himmelsrichtungen blickten. Mit dem Wasser aus diesem riesigen Bronzebecken konnten die Priester die rituellen Hand- und Fußwaschungen vornehmen. Leider haben sich keine Reste von diesem Becken erhalten, doch sind vergleichbare Stücke auf einem assyrischen Relief aus der Zeit von Sargon II. (721 - 705 v. Chr.) vorhanden, auf dem auch der Tempel von Musasir abgebildet ist. Diese besitzen Rinderpfoten als Standfüße. Im Vergleich zum bronzenen Tempelbecken des Salomo sind sie allerdings jüngeren Datums.
Zu jedem Heiligtum gehören Altäre, auf denen den Göttern Opfer dargebracht werden, um sie günstig zu stimmen. Von den zahllosen, in Kanaan aufgefundenen Altären datieren viele bis in früheste Zeit zurück. Ursprünglich tötete man die Opfertiere auf dem Altar, doch während der biblischen Zeit ging man dazu über, die Tiere auf einem in der Nähe gelegenen Platz zu schlachten. Auch Getreide, Wein und Weihrauch zählten zu den Opfergaben. Ein Altar konnte auch eine Art Asylfunktion besitzen, das heißt, ein Verbrecher brauchte nur die »Hörner«, die an den vier Eckpunkten des Altars angebracht waren, zu berühren, um vor Verfolgung sicher zu sein. Dies galt allerdings nicht für Mörder. Es gab zwei Typen von Altären: einen einfachen, der im Freien stand, und ein aufwendiger konstruiertes Bauwerk im Innenhof des Tempels. Nach der biblischen Tradition haben die Erzväter während ihrer langen Wanderung zahlreiche Altäre errichtet. Dies geschah meist an Orten, die bereits andere Glaubensgemeinschaften als Kultstätten auserwählt hatten. Die Israeliten erbauten ihre Altäre oft in der Nähe einer Stadt oder eines Platzes, an dem sie sich während des Zuges für längere Zeit niederließen. So errichtete Abraham einen Altar bei Ai und »bei dem Eichenhain von Mamre in der Nähe von Hebron«. Es heißt auch, daß Jakob und Isaak viele Altäre gebaut haben sollen.
Für den Bau eines Altares standen drei verschiedene Materialien zur Verfügung: Erde, Steine und Metall. Von den aus Erde bestehenden Altären hat man natürlich nichts mehr vorgefunden, da sie durch die Bodenerosion auf natürliche Weise abgetragen wurden, aber ihre Bauvorschrift steht ausführlich in der Bibel. Diese einfachen Erdaltäre wurden nur vom gemeinen Volk errichtet. Ein Steinaltar bleibt gut erhalten, aber seine Herstellung erfordert auch einen höheren Aufwand. Ein derartiger Altar kann ein kaum bearbeiteter Block aus natürlichem Fels sein, ein Stein mit einer ausgehöhlten Oberfläche, um die Opfergaben darin zu deponieren oder ein von Menschen errichtetes kleines Bauwerk. In den Ruinen von

Der berühmte, reich dekorierte Stein der Synagoge von Kapernaum mit einem carrus (vierrädriger Wagen), der möglicherweise die Bundeslade darstellen soll oder einen fahrbaren Thoraschrein.

Öllampe mit dem Relief eines Leuchters, eines Schofar und (rechts) einer Weihrauchschaufel, alles Kultgeräte der Synagoge. Derartige Lampen sind sehr selten. Rockefeller-Museum, Jerusalem.

Tonmodell eines kleinen Votivtempels, in Beth Shean gefunden; ca. 20 cm hoch. Rockefeller-Museum, Jerusalem.

Arad liegt in der östlichen Negev. Die Stadt wird öfter in der Bibel erwähnt. Zwischen 2800 und 2600 v. Chr. war Arad eine ummauerte Stadt. Auf dem Photo der Brandopferaltar des Jahwe-Tempels aus dem 10.–8. Jh. v. Chr.

Tell Arad gibt es einen israelitischen Altar, der aus Erde und unbehauenen Steinen besteht. In Megiddo befindet sich ein kanaanäischer Altar, errichtet aus einem Felsbrocken mit einer leicht ausgekehlten Oberfläche.
Ein Brandopferaltar hatte die Form eines mit Bronzeplatten besetzten Holzgestells. Dies war die kostspieligste Art, und man gebrauchte sie nur in Stiftshütten. Die Stiftshütte war das heilige Zelt, in dem sich die Bundeslade befand und das die wandernden Israeliten bei der Landnahme mit sich führten. Leider hat diese Altarform die Zeit nicht überdauert, doch gibt es genügend gute Beschreibungen in der Bibel, die eine Rekonstruktion ermöglichen. Auch dieser Altartyp hatte »Hörner«, die man mit dem Blut der Opfertiere bestrich. Derartige Altäre waren leicht transportabel. Sie wogen wenig und hatten vier Ringe, durch die man Tragstöcke stecken konnte. Dieser Typ wurde auch in Assyrien benutzt, wie Grabungen belegt haben. Der zweite Altar in der Stiftshütte war der sogenannte »goldene Altar«, auf dem man Weihrauch opferte. Er war aus Akazienholz gefertigt und mit Goldplatten überzogen. Er befand sich vor dem Vorhang, der die Bundeslade den Blicken Unbefugter entzog. Hier stand auch die goldene *menora,* der siebenarmige Leuchter, und ein Tisch für die »Schaubrote«. Täglich wurde auf diesem Altar eine besondere Sorte Weihrauchs geopfert.
In der Beschreibung von Salomos Tempel wird nichts von einem Altar vor dem Allerheiligsten erwähnt. Deshalb stellt sich die Frage, ob der König dort selbst einen solchen erbauen ließ oder den seines Vaters David benutzte. Wir wissen allerdings, daß ein späterer König einen Altar (von Salomo?) für Opferzwecke verwendete.
Man fand in Palästina viele schöne Altäre, wobei einer der eindrucksvollsten der Altar in Megiddo ist. Er besteht aus aufgeschichteten Steinen, und seine Plattform liegt so hoch, daß man sie nur über eine Treppe erreichen kann. Funde von zahllosen Tonscherben und Knochen rund um das Bauwerk haben seine Funktion bewiesen. In el-Arad fand man einen einfachen Weihrauchaltar, der aus zwei Lagen kleiner, viereckiger Steinsäulen und ausgehöhlter Oberfläche bestand. Der hier verbrannte Weihrauch hat deutliche Spuren im Gestein hinterlassen.
Eines der wichtigsten Kultbauwerke war die Stiftshütte, von der man bis heute noch keine Überreste entdeckt hat. Wir können aber annehmen, daß sie eine ähnliche Form wie andere Heiligtümer aus dem Mittleren Osten besaß. Nach den Bibeltexten war sie ein zeltartiges Gebilde, in dem sich ein separater Raum befand, der aus Holzbrettern errichtet war. Seine Auskleidung mit Tierfellen und die Abtrennung mittels eines Vorhanges weisen darauf hin, daß wir es mit einer für Nomaden typischen Behausung zu tun haben. Die Bibel beschreibt die Stiftshütte in allen Details. Jeder Gegenstand mußte nach bestimmten Vorschriften angefertigt werden, einschließlich der Stickereien auf dem Vorhang, dessen goldene und silberne Haltestangen und Ringe die Ausstattung bereicherten. Die Abdeckung des »Zeltes« erfolgte mittels zusammengenähter Ziegenfelle, die über ein Gerüst gelegt waren und bis zur Erde reichten. An der Ostseite war der Fellvorhang zurückgeschlagen, so daß man in das Innere blicken konnte. Zum Schutz vor den in Kanaan häufig auftretenden gewaltigen Platzregen hingen zusätzlich rotgefärbte Widderfelle und Häute von Seekühen oder Delphinen darüber.
Das Heiligtum war durch einen gewirkten Vorhang in zwei Kammern unterteilt. Das kleinere, hintere Abteil, war dem Allerheiligsten vorbehalten und besaß die Form eines Würfels. Der Hauptraum war zweimal so groß und trug den Namen »heiliger Ort«. Vor dem Eingang befand sich ein Windschirm. Ein zweiter, bestehend aus weißen, feingewebten Stoffbahnen, umgab das gesamte Bauwerk. Dieser Außenbezirk hieß »Hof der Stiftshütte«. Der ganze Komplex war zerlegbar und konnte so leicht transportiert werden. Die Stiftshütte hatte die Aufgabe, in ihrem Inneren die Bundeslade zu bergen. Ihre Weiterentwicklung führte schließlich zum Tempel, mit all seinen Gerätschaften, die bereits in der Stiftshütte vorgegeben waren.
Das spätere Schicksal der Stiftshütte und der Bundeslade ist unbekannt. Nach einer Überlieferung soll die Stiftshütte schließlich im Tempel von Silo gestanden haben, nachdem man Kanaan erobert hatte. Nach einer anderen Version besaß der aus Steinen erbaute Tempel von Silo nur die Bundeslade, das heiligste Kultobjekt der Israeliten.

Elfenbein-Sphinx aus dem sogenannten »Elfenbeinhaus« von König Ahab von Samaria, ca. 870 v. Chr. Es könnte sich auch um einen Cherubim handeln. Diese Sphinxe stammen ursprünglich aus Ägypten. Sie könnten von syrischen oder phönizischen Künstlern angefertigt worden sein oder von aus Ägypten zurückgekehrten Fachhandwerkern. Das »Elfenbeinhaus« wird im 1. Buch der Könige Kap. 22,39 erwähnt. Israel-Museum. Jerusalem.

En-Gedi in der »Wildnis von Juda«, wo jetzt durch größere Feuchtigkeit Waldungen entstanden sind, in denen Gazellen grasen.

Altar auf dem Tell von Megiddo, frühkanaanäisch, 27. Jh. v. Chr. Er wurde sehr lange benutzt.

Das Qumran-Tal mit den Höhlen, in denen die Essener ihre Schriftrollen versteckten

Das »Grab von Absalom« stammt aus der Zeit der Makkabäer, ca. 40 n. Chr. Von dem zwischen Kiefern gelegenen Grab – eines Unbekannten – hat man Ausblick auf das Kidrontal.

Rekonstruktion einer Küchenecke eines israelitischen Hauses. Die Objekte wurden im Tell Quasile, Hazor und Lachis gefunden. Von links nach rechts: zwei Mörser mit Stößel, ein Getreidemahlstein und eine große Schale. Ha'aretz-Museum, Keramikabteilung, Ramat Aviv bei Tel Aviv.

Der Mensch und sein Haus

Bevor Menschen eine Stadt gründen, geht dem meist ein langer Prozeß des »Wohnens« voraus. In Kanaan und Umgebung hat man kanaanäische und früh-israelitische Siedlungen entdeckt und auch teilweise ausgegraben, die uns eine Vorstellung davon geben, wie der biblische Mensch lebte. Aus der Bibel selbst erfahren wir hierüber eigenartigerweise recht wenig, wohl aber über Tempel und Paläste. Ausgrabungen haben gezeigt, daß die Architektur ziemlich einfach war und auch blieb. Nur in Zeiten großen Wohlstands und politischer Expansion entstanden solidere und bessere Bauwerke, da man nun Fremde in Dienst nahm, die z. B. wie die Ägypter und Syrer auf eine jahrhundertealte Bautradition zurückblicken konnten. Durch sie lernte man auch bessere Baustoffe und Konstruktionen kennen. Die am besten ausgeführten Bauwerke waren stets öffentliche und sakrale Gebäude. Um eine Vorstellung davon zu bekommen, wie primitiv aber dennoch ein Bauwerk während einer prosperierenden Periode, wie unter Salomo, sein konnte, sei auf die Pferdeställe in Megiddo hingewiesen; hier ist kein Stützpfeiler rechtwinkelig oder gerade, und die Steintröge, die als Futterkrippen dienten, sind für ihren Zweck viel zu schwer und massiv.

Der Bibel zufolge war die älteste Stadt die, welche Kain für seinen Sohn Henoch baute. Henochs Sohn hieß Irad – und hier kann man wieder die Verbindung zwischen Eigen- und Ortsnamen erkennen, denn in Sumer gab es die Stadt Eridu, die im 6. Jahrtausend v. Chr., in der Nähe von Ur, erbaut wurde und somit eine der ältesten Städte in Mesopotamien darstellt. Wann und wie entstand eine Stadt? Hierfür bestehen eine Reihe von Voraussetzungen. An erster Stelle benötigte man einen sicheren und gut zu verteidigenden Ort, z. B. einen Hügel oder einen Berg, mit ausreichender Wasserversorgung. Rund um die Stadt muß genug fruchtbares Land für den Ackerbau vorhanden sein, um ein spezialisiertes Handwerkertum versorgen zu können; für den Handel braucht man dann einen entsprechenden Marktplatz. Als erstes Gebäude wird zumeist ein Tempel errichtet, dann ein Palast für den Herrscher und schließlich Befestigungsanlagen zur Sicherung der Ansiedlung. In Palästina hat man bisher noch keine Stadt gefunden, die alle aufgezählten Kriterien enthalten hätte. Es gibt jedoch noch etwa 2000 nicht ausgegrabene Tells, in denen man noch fündig werden kann. Diese hohe Zahl zeigt, daß das Land besonders dicht besiedelt war. Nachdem die Archäologie ein wenig als Nationalsport

Rekonstruktion eines israelitischen Hauses, ca. 1000 v. Chr. Auf einer Matte steht Küchengeschirr. Ha'aretz-Museum, Keramikabteilung, Ramat Aviv bei Tel Aviv.

vieler heutiger Israeliten betrieben wird, kann man auf diesem Gebiet noch einiges erwarten.
In Mesopotamien begann man mit dem Städtebau am Ende des 5. und zu Beginn des 4. Jahrtausends v. Chr. Eine der ersten Städte in dieser Region war Uruk, in der ein Tempel stand. In Palästina und Syrien dauerte es länger. Unter dem Einfluß von Mesopotamien setzte die Bautätigkeit im 3. Jahrtausend v. Chr. ein. Städte entstanden meist an Kreuzungspunkten viel benutzter großer Verkehrswege, auf denen Nomaden und Karawanen entlangzogen oder auf weiten Ebenen in der Nähe von Wasserstellen oder Flußläufen, wie es z. B. bei Megiddo, Arad und Jerusalem der Fall war. Von all den bisher genannten Städten bildete Jericho eine Ausnahme, und zwar nicht nur, weil es in dieser Stadt zu Beginn keine Keramik, keinen Ackerbau und keine Schrift gab, sondern auch, weil sie ein so extrem hohes Alter aufweist. Jericho ist und bleibt vorläufig ein archäologisches Rätsel.
Im 2. Jahrtausend v. Chr. wurde der Städtebau intensiviert. Die ägyptischen Quellen nennen hunderte von damals existierenden und mit Befestigungsanlagen versehenen Städte, die von Semiten und Nicht-Semiten bewohnt waren. In Palästina und Syrien entstanden zahllose Stadtstaaten, die bis zum 1. Jahrtausend v. Chr. existierten. Man kann diese Gebilde als »Mutterstädte« bezeichnen, da die dazugehörigen Gebiete von Menschen bewohnt waren, die politisch, wirtschaftlich und territorial zu dieser jeweiligen Stadt in enger Verbindung standen. Die Regierungsform war die Oligarchie, d. h. die Herrschaft einer kleinen sozialen Elite, oder die Monarchie. Den einzelnen sozialen Klassen waren hierbei bestimmte Rechte und Pflichten auferlegt.

Rekonstruktion eines vertikalen Webstuhls in einem israelitischen Haus, ca. 1000 v. Chr. Ha'aretz-Museum, Ramat Aviv bei Tel Aviv.

Kleine Tonplastik einer badenden Frau in ihrem Zuber; aus Achsib. Zwischen 1200 und 1000 v. Chr. Höhe ca. 10 cm. Rockefeller-Museum, Jerusalem.

Kleine Tonfigur einer Brot knetenden Frau aus dem phönizischen Gräberfeld von Achsib. Zwischen 1200 und 1000 v. Chr. Höhe ca. 7,5 cm. Rockefeller-Museum, Jerusalem.

Die Erzväter lernten bei ihrer Ankunft in Kanaan solche Städte kennen, die sie später, vom 18. bis zum 16. Jh. v. Chr. angriffen, um sich selbst dort niederzulassen. Eine notwendige Voraussetzung für die Ansiedlung war das Vorhandensein ausreichender Weidegründe für die Herden, sowie ein Markt, auf dem man Waren eintauschen konnte. Auf diese Weise kam Abraham, auf der Suche nach Weideplätzen, nach Sichem und später nach Hebron. Isaak zog durch den Negev, ging während einer Dürreperiode nach Beerseba und starb schließlich in Hebron. Jakob flüchtete nach seiner Missetat vor Esau nach Mesopotamien. Aus dieser Zeit, ungefähr um 1750 v. Chr., ist durch Ausgrabungen viel bekannt geworden, wobei man Befestigungsanlagen, Stadttore, Häuser und ähnliches längs der Küste und in der Küstenebene in großer Anzahl entdeckte. In den Gräben dieser Periode fand man Keramik, die als Beigaben für ein Weiterleben im Jenseits bestimmt waren.
In der Bibel wird die Invasion der Israeliten als ein langer, erfolgreicher Feldzug von Josua beschrieben und nicht weniger als 31 eroberte Städte aufgezählt. Um das in ihren Augen so reiche Kanaan mußten die Juden schwer kämpfen. Die Wirk-

lichkeit dürfte jedoch etwas anders ausgesehen haben. Sicherlich hat sich Kanaan den Angreifern nicht ohne Kampf ergeben, wie aus den zerstörten, verbrannten und geplünderten Städten hervorgeht, die man bislang ausgegraben hat. Auch die vielen internen Stammesfehden dürften das Vorhaben nicht erleichtert haben. Bestimmt war es ein sehr langer und mühsamer Prozeß, ehe man das ganze Land erobert hatte. Die Amarna-Briefe und viele biblische Quellen geben uns eine Vorstellung davon, wie dieses Land damals ausgesehen haben muß. In der zweiten Hälfte des 13. Jh. v. Chr. gingen etliche Ansiedlungen vollkommen verloren, und erst sehr viel später kehrten kleine Gruppen von Halbnomaden in die zerstörten Städte zurück, um dort ein armseliges Leben zu fristen.

In jener Zeit begannen auch die Israeliten mit der Anlage von Städten. Eine derartige Stadt hatte oft einen kreisförmigen Grundriß, lag hoch und sicher und verfügte über Wasserstellen. Offensichtlich wurden verlassene Siedlungen bevorzugt. Die neuen Bewohner zeichneten sich durch einen eigenen Keramikstil aus. Im Zentrum einer Stadt lag ein von einer Straße durchzogener Häuserkomplex; andere Gebäude befanden sich abseits dieser einen Straße. Hier und da läßt sich eine Art Stadtplanung erkennen, wie in Arad, Megiddo und Samaria. Eine große Stadt zählte damals ungefähr 3000, eine mittlere 200 bis 1000 Einwohner. Allein Jerusalem und Samaria hatten zwischen 10000 und 20000 Bewohner.

Eine Gruppe musizierender Frauen. Eine bläst auf der Doppelflöte, die Frau rechts hat ein tamburähnliches Instrument in Händen, die mittlere Frau trägt eine Taube. Höhe ca. 15 cm. Phönizisch aus Achsib, ca. 1200–1000 v. Chr. Rockefeller-Museum, Jerusalem.

Steintrog (?) aus den »Ställen« von Megiddo. Aus der Zeit von König Ahab, ca. 860 v. Chr. Kalkstein. Das Loch links soll zum Anbinden der Pferde gedient haben.

Im Stadtzentrum stand die alles überragende Burganlage (acropolis).
Es gab ummauerte und unbefestigte Städte. Daneben nennt die Bibel noch eine Anzahl weiterer Stadttypen. In einer »Vorratsstadt« lagerten die königlichen Vorräte und die militärischen Ausrüstungsgegenstände. Eine solche Stadt hat man (noch) nicht entdeckt. Dann gab es die 48 »Levitenstädte«, die den Leviten – Nachkommen von Levi – und meist niederen Priestern als Wohnort zur Verfügung gestellt wurden. In den »Kaufmannsstädten« besaß der Handel Vorrang, die »Priesterstadt« und ebenso die »Königsstadt« sprechen für sich selbst. Später errichtete man auch die »Streitwagenstädte« und »Städte mit Pferden«, wie z. B. Megiddo, in der die Kavallerie untergebracht war.
Viele Städte bestanden aus getrennten Vierteln, wie man sie noch heute im Nahen Osten antrifft. Die Oberstadt (acropolis) mit Palast, Tempel und mächtigen Befestigungsanlagen war ein eigener Stadtteil für sich. Hazor bietet hierfür ein gutes Beispiel. Die Häuser standen entlang kleiner, gewundener Straßen und Gassen. Daneben gab es einige Marktplätze und den Platz am Stadttor, der eine besondere Funktion besaß, denn hier wurde Recht gesprochen und die Urteile vollstreckt. Außerdem trieb man hier Handel mit den Leuten, die von außerhalb der Stadt kamen.
Als Baumaterial stand Kalkstein – in Galiläa Basalt –, Holz, Ried, und vor allem Lehm, aus dem man die Ziegel herstellte, zur Verfügung. Ursprünglich waren die Lehmziegel mit der Hand geformte Klumpen, die in der Sonne getrocknet wurden und so steinhart wurden. Später erfand man einen rechteckigen Holzrahmen und der Ziegel erhielt seine heutige Form, was einen großen Fortschritt für den Hausbau bedeutete. Der palästinensische Ziegel kann jedoch nicht mit dem ägyptischen verglichen werden, einem aus Nilschlamm, Sand, Häksel und Mist hergestelltem hervorragendem Produkt, das bereits 6000 Jahre überdauert hat und auch in der Zukunft seine Festigkeit nicht verlieren wird.
Beim Holz spielt die Qualität eine große Rolle. Zedern- und Zypressenholz importierte man aus dem Libanon und Syrien und es war daher teuer, so daß es nur für Tempel und Häuser der Reichen Verwendung fand. Von den Ägyptern lernte man den Gebrauch von Balken und Brettern aus Palmenholz, so daß man zur Etagenbauweise übergehen konnte. Vom Schilf hat man natürlich nichts mehr gefunden, aber wir wissen, daß man es zum Dachdecken verwendete; es ist leicht und billig, allerdings nicht sehr dauerhaft.
Ohne Metallwerkzeuge konnte man keine Steine behauen, also gebrauchte man handliche Steinbrocken, Kiesel und durch Hitze und Kälte gespaltene Steine; Lehm diente dann als eine Art Mörtel. Ein gut erhaltenes Haus konnte noch nicht gefunden werden, aber aufgrund der Bauwerke in den umliegenden Ländern (wie z. B. Ägypten) können wir uns eine gute Vorstellung davon machen, wie ein solches Haus ausgesehen haben muß. Das ägyptische Bauernhaus hat sich im Verlauf der Jahrhunderte kaum verändert, und hier finden wir ebenfalls eingezogene Böden aus Balken und Brettern, die eine Etagenbauweise erlauben. Größere Räume, die eine stärkere Decke erforderten, stützte man mit auf Steinsockeln ruhenden Holzpfeilern ab, die dann die Dachbalken trugen. Die Türen waren aus Holz und konnten sowohl von innen als auch von außen mit einem Balken verriegelt werden. Ebenso verwendete man hölzerne Türpfosten, die eine besondere Rolle bei einem eigenartigen Brauch spielten. Im Exodus (21,6) und im Deuteronomium (15,17) lesen wir, wie man hebräische Sklaven, die nach einer bestimmten Zeit ihre Freiheit wiedererlangt hatten, aber Sklaven bleiben wollten (dadurch waren sie weiterhin versorgt und durften nicht mehr als Handelsware verkauft werden), mit einem kleinen hölzernen Pfriem ein Ohr durchbohrte. Diese rituelle Handlung vollzog sich am Türstock! Die Häuser besaßen ebenso wie die Türme der Befestigungsanlagen Fensteröffnungen, wie aus einem Relief von Ramses II. zu ersehen ist. Die Form eines Hauses und eines Palastes war im wesentlichen gleich. Ein bedeutender Bezirk war der Innenhof, in dem man viele Arbeiten vornahm, wie kochen oder Korn mahlen. Von der Eingangstüre führte der Weg über einen freien Platz zum Innenhof, um den sich die Wohnkammern gruppierten. Derartige vor-israelitische Häuser hat man bei Tell Qasila ausgegraben. Spätere israelitische Häuser aus dem 12. und 11. Jh. v. Chr. weisen einen ähnlichen Stil auf. Daneben verfügte man über Lagerräume, Getreidelager und Vorratskammern, während Pferdeställe erst viel später hinzukamen. Was die Kamele anbelangt (eigentlich waren es Dromedare), die man so oft auf »israelitischen« Illustrationen oder gar in Filmen sieht, so wurde diese Tierart erst um 1000 v. Chr. in Arabien domestiziert und stellt somit eine relativ späte Erscheinung dar.

Der Mensch und sein Grab

Der Mensch hat sich wahrscheinlich aus verschiedenen Gründen schon seit frühester Zeit mit dem Mysterium von Tod und Leben beschäftigt. Sobald er aber auf den Gedanken kam, den Toten mit Beigaben zu versorgen, ihn vor Aasfressern zu schützen oder ihn vor der Verwesung im Freien zu bewahren, kann man von einem religiösen Bewußtsein sprechen, das sich in einem bestimmten Begräbnisritus manifestiert. Wenn man einen Toten bestatten möchte, muß man nach einem sicheren Grabplatz suchen, wie z. B. nach einer Höhle oder einem Erdloch. Zur Versorgung eines Toten gehört auch die Beigabe von gewissen Dingen, die er vielleicht im Jenseits benötigt. Hinzu kommt eine besondere, von Volk zu Volk verschiedene Position des Toten im Grab: langgestreckt, mit auf der Brust verschränkten Armen oder in der Hockerstellung, d. h. die Knie berühren das Kinn etc. Übrigens nahm man die in der Fremde verstorbenen Stammesmitglieder gemäß der nomadischen Tradition – wie bei den Erzvätern auch – auf den Wanderzügen bis ins Stammland mit zurück (wenn auch nicht in einem Sarg), um sie dort an einem bestimmten Platz zu bestatten.

Photo eines Grabes in Hazor. Auf dem Bild sieht man zahlreiche Keramikgefäße als Grabbeigaben.

Ein gutes Beispiel hierfür ist Jakob, der in Ägypten starb, aber in Hebron begraben werden wollte. Nach einem langen Zug wurde der Tote von seinem Volk an den gewünschten Ort gebracht. Abraham ließ ein Familiengrab errichten und führte damit eine neue Sitte ein: die ständige Identifikation eines Ahnen mit einem Ort, an dem die nachfolgenden Sippenmitglieder begraben werden mußten. So lag Sara bei Abraham, Jakob bei Lea und Isaak bei Rebekka. Allerdings sind die Gräber, die man heute als die ihrigen bezeichnet, reine Fiktion. Es bleibt die schwierige Aufgabe der Archäologie, die echten Gräber ausfindig zu machen.

Nehmen wir z. B. die Höhle von Machpela in Hebron, in der Abraham und die Seinen begraben liegen sollen. Es ist fraglich, ob dies wahr ist und man die Gräber in einer Höhle zu suchen hat, die unter späteren Bauwerken in einem Mauerwerk aus der Zeit von Herodes liegt. Leider läßt sich das vorläufig nicht feststellen, da man hier keine Grabungen vornehmen darf. Auch die Gräber späterer biblischer Personen dürften nicht die echten sein. So ist das berühmte »Grab des Absalom« nichts anderes als das eines hellenistischen Adligen. Es wurde aus einem Felsbrocken herausgeschlagen und hat die Form eines Quadrats, mit einer runden Kuppel. Das Grab liegt an einem besonders bevorzugten Ort, im Kidrontal am Ölberg. Nach der jüdischen Überlieferung soll hier der Messias erscheinen und Hesekiel wird die Trompete blasen. Im Verlauf der Jahrhunderte sind von den Bewohnern Jerusalems an den Hängen des Ölbergs zahlreiche Grabplätze angelegt worden. Auch das berühmte Rahel-Grab birgt ein Geheimnis. Es existieren Aufzeichnungen von Reisenden, die es zwischen dem 12. und 18. Jh. n. Chr. besucht haben und uns von seinem Aussehen berichteten. Jakobs Söhne stellten dort elf steinerne Säulen auf. Die zwölfte fehlte, da Benjamin zu dieser Zeit noch ein Kind war. Jakob selbst legte die Deckplatte auf und darüber errichteten sie eine Kuppel. Das Grab aber, das man heute als das von Rahel ausgibt, stammt aus dem Jahre 1841 und liegt in einem Gebäude aus dem späten 18. Jh.

Kehren wir zu den frühesten Gräbern zurück, so sind dies die des Menschen von Karmel und Galiläa, aus der Zeit um 150 000 v. Chr. Schon diese Menschen kannten eine rituelle Beisetzung. Die nach ihnen kommenden Natufier gingen noch einen Schritt weiter. Sie legten die Toten in Hockerstellung ins Grab und glaubten offensichtlich an ein Leben nach dem Tod, was dadurch dokumentiert wird, daß man die Gräber mit den Dingen des täglichen Lebens ausstattete. Man fand steinerne Sichelklingen, Mahlsteine, Mörser, aber auch einfachen Schmuck. Ein Kranz aus Muscheln lag auf dem Haupt eines Toten, daneben Halsketten und Ringe aus Muschelschalen oder aufgereihten Vogel- oder Gazellenknochen. Es gibt ein aus Geröllkiesel gefertigtes Porträt, das zwar primitiv wirkt, aber doch beweist, daß sich der Mensch seiner Gestalt bewußt war. Man hat nicht weniger als

Grabmonumente im Kidrontal, die aus dem Felsen gehauen wurden. Das Grab auf dem Photo hat dorische Säulen. Es ist das sogenannte Jakobusgrab, in Wirklichkeit aber das der Familie Bene Hezir.

59 Begräbnisstätten dieser Menschen gefunden, wobei ein Umstand besonders erwähnt werden soll: aus der Lage zweier Skelette konnte man schließen, daß hier ein Mann und eine Frau eng umschlungen beigesetzt wurden. Die Natufier lebten – nach den zwölf bisher ausgegrabenen Siedlungen zu urteilen – längs der Küstenebene, im zentralen Bergland von Israel, am Jordan und sogar in der Wüste von Judäa.
Waren die Natufier die ältesten Bewohner von Jericho? Es könnte durchaus möglich sein, denn sie erfüllten eine der Voraussetzungen, die sie als Gründer einer Stadt in Betracht kommen lassen. Sie kannten zwar noch keine Keramik und keine Schrift, doch sie ernteten wildes Getreide. Die Natufier haben uns merkwürdige kleine Statuetten hinterlassen. Es sind dies die Köpfe eines Mannes, einer Frau und eines Kindes, also die älteste Form einer Familie. Bei der unsachgemäßen Ausgrabung ging leider das Unterteil der Figurengruppe, die aus in der Sonne getrocknetem Ton besteht, verloren. Die Köpfe haben die Form einer flachen Scheibe. Eingelegte Muschelschalen bilden die Augen des Mannes, während braune Farbstreifen Haare und Bart andeuten. Die Statuetten fand man auf dem Grund eines Brunnens vor den Toren Jerichos, einer der ältesten Städte der Menschheit.
Im Verlauf der Kulturentwicklung kommen andere Grabformen auf. Zwischen 2200 und 2000 v. Chr. sind es die Gemeinschaftsgräber, in denen eine Familie über mehrere Generationen hinweg ihre Toten beisetzte. Dutzende von nebeneinander liegenden Skeletten fand man in diesen Gräbern. Den Toten gab man Keramikgefäße mit, aber auch Waffen und Schmuck. Die Art der Grabausstattung zeigt deutlich, daß die Verbindung zu den Ahnen nicht verlorengehen sollte. Zwischen 3000 und 2300 v. Chr. schlug man Grotten in die Felsen rund um Jerusalem, in denen man u. a. neun Gräber mit nicht weniger als 469 Skeletten entdeckte. In den frühen Gräbern hat man bei den männlichen Toten Dolche gefunden, weshalb sie auch »Dolchgräber« heißen. Die Frauen mußten sich offenbar mit Perlen begnügen. Eine zweite, spätere Gruppe bekam keine Dolche mehr, dafür aber kleine Keramikgefäße; in einer Nische befand sich eine Lampe. Ein derartiges Grab wurde mit einem großen Stein, den man vor den Eingang rollte, verschlossen. Daß die Toten bereits vor ihrer Beisetzung verwest waren, geht daraus hervor, daß die Knochen der Skelette überall verstreut herumlagen. Es handelt sich offenbar um Grabstätten von Nomaden, die ihre Toten mit »nach Hause« brachten, um sie hier zu begraben.
Bei der Beisetzung in einem Massengrab hatte man die Gewohnheit, die darin liegenden Skelette mit all ihrem »Grabmobiliar« einfach nach hinten in die Höhle zu schieben, um für die neuen Leichen Platz zu schaffen. Dadurch entstand in diesen Grotten ein unvorstellbares Durcheinander von Knochen, Schädeln und Grabbeigaben. Allein die letzte, ungestörte Beisetzung läßt noch erkennen, in welcher Form die Bestattung stattgefunden hat. Die Beigaben bestehen aus ver-

Hyksosgrab in Jericho. Das auf der Steinbank liegende Skelett trägt einen Goldring mit einem Skarabäus. Andere Skelette sind bei früheren Begräbnissen bis zur Wand geschoben worden, um für die folgenden Toten Platz zu schaffen. Im Vordergrund Grabbeigaben, wie Töpfe, in denen sich noch Reste von Lebensmitteln befanden. Die Holzteile gehörten zu einem Tisch. Zwischen 2200 und 2000 v. Chr. Rockefellermuseum, Jerusalem.

schiedenen Materialien: Alabaster (Schmuck), Holz – hierdurch wissen wir wie die Tische, Stühle und Betten beschaffen waren – und Schilf, für Körbe und Matten. Aufgrund der Beigaben läßt sich ableiten, welche Haltung man dem Toten gegenüber einnahm. Man glaubte an ein Weiterleben nach dem Tod, aber wie konnte man wissen, ob ein Toter nicht doch eine Gefahr für die Lebenden darstellt? Man trachtete deshalb danach, den Toten gutmütig zu stimmen und sorgte dafür, daß es ihm in der unbekannten Welt, in die er sich begeben hatte, an nichts ermangele. Betrachtet man die Gräber der Israeliten und der Palästinenser, so wird deutlich, daß beide die gleichen Vorstellungen in bezug auf die Toten hatten. Der Kontakt mit dem Verstorbenen durfte unter keinen Umständen unterbrochen werden, und das erklärt auch, weshalb der tote Jakob die lange Reise von Ägypten bis »nach Hause« unternehmen mußte.

Die Archäologie hat bisher noch keine eindeutig jüdische Begräbnisstätte entdeckt. Es gibt nur einige »unechte« Gräber, die aber trotzdem das Ziel unzähliger Pilger und Touristen sind. Die Gräber der Könige von Juda, die nach der Bibel südlich der Stadt Davids bei Jerusalem liegen sollen, konnten bis jetzt nicht gefunden werden. Ein Grund dafür ist u. a. die Tatsache, daß sich hier später ein römischer Steinbruch befand. Das Grab von König David wurde wahrscheinlich von den Römern nach dem Aufstand von Bar Kochba im Jahre 135 n. Chr. zerstört. Die Stelle geriet allmählich in Vergessenheit, aber man nimmt an, daß sie auf dem Berg Zion gelegen hat, dem östlichen Hügel von Jerusalem, auf dem auch der Tempel stand.

Eine merkwürdige Erscheinung bildet auch das Grab des Königs Usia. Nach der Bibel war er ein gerechter Herrscher, der durch Eroberungen die Macht des Reiches vergrößerte und die Wirtschaft zu hoher Blüte führte. Er regierte nicht weniger als 52 Jahre. Doch seine Erfolge stiegen ihm zu Kopf und so beschloß er eines Tages, selbst Weihrauch im Tempel zu opfern, obwohl er wußte, daß nur ein Priester diese Handlung vornehmen durfte. Jahwe bestrafte ihn dafür mit Aussatz auf der Stirn. Man vertrieb ihn aus dem Tempel und er blieb ein Aussätziger bis zu seinem Tod. Man begrub ihn, aber nicht neben den anderen Königen, sondern außerhalb der Stadt auf freiem Feld. Mehr mochte oder konnte man für ihn nicht tun, obwohl ihm sein Land doch so viel zu verdanken hatte. Im Jahr 1931 entdeckte man eine Kalksteintafel, die das geschichtliche Wirken von König Usia beweist. Die 35 mal 33 cm große Tafel lag in einem Kloster auf dem Ölberg und stammt aus der Zeit des zweiten Tempelbaus (nach 520 v. Chr.). Sie trägt folgende aramäische Inschrift:

Hier ruhen die Gebeine von Usia,
König von Juda.
Nicht öffnen!

Die Tafel gehörte offenbar zu seinem Sarg oder einem Ossuarium (Beinhaus), das nicht mehr auffindbar ist. Die Grabstätte, die für das Christentum von so großer Bedeutung ist, nämlich das Grab Jesu, bleibt gleichfalls unbekannt. Man vermutet es in der Heiligen Grabeskirche in Jerusalem, aber das ist wiederum nur eine (spekulative) Überlieferung, ebenso wie die »Via Dolorosa«-Tradition.

Es ist auch nicht mehr möglich, den Ort Golgatha zu lokalisieren sowie den Weg von der Burg Antonia dorthin. Die Römer haben später das gesamte Areal von Jerusalem eingeebnet und eine neue Stadt darauf errichtet, wobei sie zahllose Gebäudereste als Steinbruch benutzten.

Grabstein von König Usia von Juda (769–733 v. Chr.) Zur Zeit von Herodes wurde der Stein versetzt. Seine Inschrift lautet: »Hier ruhen die Gebeine von Usia. Nicht öffnen!« Der Stein stammt aus der Zeit des 2. Tempels. In 2. Chronik 26,23 steht geschrieben, daß Usia wegen seines Aussatzes nicht auf der Grabstätte der Könige beigesetzt wurde. Usia tat viel für die Viehzucht und gründete u. a. Niederlassungen im Negev. Daneben führte er auch neue Belagerungstechniken und -maschinen ein.

Das Alter der Synagogen

Im Jahre 1921 führte England Krieg gegen arabische Stämme in Syrien. Ein englischer Stützpunkt war die kleine Stadt Dura-Europos, in der eine starke Garnison lag. Die Bezeichnung Dura stammte aus dem Assyrischen, während ihr die Seleukiden den Namen Europos verliehen, da Seleukos, der Gründer der Dynastie, an diesem Ort das Licht der Welt erblickte. Die Befestigungsanlagen waren jedoch nicht gut genug, um einen vom Westen her erwarteten Angriff abwehren zu können – der übrigens seit Menschengedenken immer aus dieser Richtung erfolgte. Es mußten deshalb Schützengräben ausgehoben werden. Die Befestigungsanlage, in der dies geschah, war ebenso alt wie die Stadt selbst. Bei der Anlage der Schützengräben stieß man auf eine ungewöhnlich reich bemalte Mauer mit biblischen Szenen. Auf diese Weise wurde die heute weltberühmte Synagoge von Dura-Europos, die schönste, die man bisher fand, während einer der zahllosen kriegerischen Auseinandersetzungen entdeckt. Dies kann fast als typisch für diese Stadt gelten, die jahrhundertelang in Kriege verwickelt war, da sie als Karawanenzentrum eine Schlüsselstellung innehatte.

Die Synagoge muß ca. um 255 v. Chr. von einer sehr reichen jüdischen Gemeinde errichtet worden sein, von der man nicht weiß, wie lange sie diesen Ort bewohnte. Es war wohl keine große Gemeinde, aber doch sehr wohlhabend und einflußreich. In römischer Zeit war Dura-Europos eine Garnisonsstadt, eingegliedert in den östlichen Limes (Grenzbefestigung). Als das Römische Reich seinem Ende entgegenging, unternahmen persische Sassaniden einen erfolglosen Angriff auf die Stadt. Man fürchtete einen weiteren Überfall, und deshalb forderte Rom die Stadt auf, die Synagoge und den Stadtteil, in dem sie lag, in die Befestigungsanlage mit einzubeziehen. Die Synagoge geriet im Laufe der Jahrhunderte in Vergessenheit, bis man sie 1921 in beschädigtem Zustand wieder auffand. Heute befindet sie sich, gut restauriert, im Museum von Damaskus. Man streitet noch immer über die Bedeutung und die Herkunft der Fresken, die die Wände schmücken. Stellen sie die Ankunft des Messias dar? Sind sie griechischen, persischen oder christlich-byzantinischen Ursprungs? Sicher ist, daß diese Synagoge kein Einzelstück darstellt. In Syrien muß es Hunderte vergleichbarer Bauwerke gegeben haben. Dura-Europos vermittelt uns daher eine Vorstellung der untergegangenen jüdischen Welt, die sich übrigens wenig am zweiten Gebot störte, das die Anfertigung von Götterbildern verbietet.

Mosaikboden der Synagoge in Beth Shean, byzantinisch, 6. Jh. n. Chr. Man sieht einen von Säulen getragenen Baldachin, unter dem sich die Bundeslade verbirgt. Unter dem dreieckigen Giebel hing einst eine Lampe, die durch die Zerstörung des Mosaiks verschwunden ist. In der Mitte ein Muschelmotiv. Zwischen den Säulen der Vorhang. Links und rechts: eine Menora, ein Schofar und eine Weihrauchschaufel – Kultgegenstände der Synagoge. Israelisches Museum, Jerusalem.

Ruinen einer Synagoge (?)
im Kiefernhain bei Beth Shean.

Ausgrabungen in einem Zeitraum von über 60 Jahren haben frühere Vorstellungen über Art, Alter, Zweck etc. der Synagoge entscheidend verändert. So ist man zunächst erstaunt, wenn man z. B. auf einer Wand des Heiligtums die Abbildung einer nackten Frau findet, oder wenn König David in der Gestalt des Orpheus vor wilden Tieren musiziert, oder wenn man auf einem Fußbodenmosaik die Symbole des Tierkreises abgebildet sieht, mit dem griechischen Gott Helios in ihrer Mitte. Daneben gibt es aber auch Abbildungen der Menora, des Schofars und der Arche, sowie eine mosaische Inschrift mit dem ältesten bekannten Talmudtext. Synagogen entdeckte man in armseligen Dörfern und in reichen Städten, eben überall da, wo es einflußreiche Juden gab. Der römische Adler, kleine Liebesgötter mit Kränzen in der Hand, kamen gleichfalls in der Synagoge vor, so daß die frühere Auffassung aufgegeben werden muß, die behauptet, daß die Synagoge erst nach der Zerstörung des Tempels in Jerusalem entstanden sei.

Im jüdischen Leben spielt die Synagoge eine äußerst bedeutsame Rolle. Sie ist kein Tempel – es gab nur einen einzigen, nämlich den in Jerusalem – wohl aber ein religiöses Gemeindehaus. Der Tempel in Jerusalem war das Zentrum des Judentums, in das nur berufsmäßige Priester Zugang hatten und dessen Allerheiligstes ausschließlich vom Hohepriester betreten werden durfte. Hier wurden Brand- und Weihrauchopfer dargebracht, und die Kulthandlungen konnten und durften nur im Tempel, und nirgendwo anders vorgenommen werden. Der Tempel war das geheimnisvolle Haus von Jahwe im Zentrum von Jerusalem. Hätte man an anderer Stelle noch einen Tempel errichtet, so wäre dies gleichbedeutend mit dem Ende der zentralen Autorität des religiösen Judentums gewesen.

Die Synagoge erfüllte eine völlig andere Aufgabe. Sie war und ist nur für die Gemeinde da. Das griechische Wort »Synagoge« bedeutet dasselbe wie das hebräische »bet knesset«, das Haus, in dem sich die Gemeinde versammelt. Ihre wichtigsten religiösen Riten sind nicht das Opfer, sondern das Gebet und die Verlesung der Glaubensgesetze. Kein Priester, sondern der Rabbiner verrichtet den Gottesdienst. Er ist Experte in der Auslegung der Gesetze und Unterweiser der Gläubigen, nicht aber der Vermittler zwischen Mensch und Jahwe.

In der Frühzeit der Synagoge hat er auch nicht das Gebet gesprochen.
Eine Synagoge kann rechtlich gesehen überall da entstehen, wo zehn Juden der Meinung sind, daß hierfür ein Bedürfnis vorhanden ist. Wird eine Synagoge zerstört, was im Laufe der Geschichte unzählige Male geschehen ist, dann bedeutet dies nicht unbedingt eine große Katastrophe. Wichtig war nur, daß die Gemeinde bestehen blieb. Dank der Synagoge hat das jüdische Volk und seine Religion die Zeiten überdauert. Die Synagoge hielt ihre Welt zusammen, und es gab sie überall dort, wo Juden lebten.

Für das Judentum bedeutete die Konstitution der Synagoge ein wichtiges Ereignis. Hier entstand ein Studienzentrum, einbezogen ins tägliche Leben, das sich als sehr lebensfähig erwies. Außerdem entsprach die Synagoge den Zwecken und Absichten derjenigen, die sie erbauten.
Wie in unserer Zeit, so gab es auch damals zahllose Spannungen und Meinungsverschiedenheiten über alle nur denkbaren Glaubensfragen. Die Folge war ein sehr vielschichtiges Judentum, mit dem viele Rabbiner oft uneins waren.
Eine Synagoge hatte verschiedene Aufgaben zu erfüllen. Es wurden hier Gelder aufbewahrt für Spenden und andere Zwecke. Zur Synagoge gehörte oft eine Schule und Räume bzw. Gastzimmer für durchreisende jüdische Glaubensbrüder. Anläßlich des Passahfestes wurde hier die Matze gebacken – man fand hierfür einen eigenen Ofen – und es gab ein Bad, in dem man die rituellen Waschungen vornehmen konnte, die *Mikwe*. In der Synagoge wurde auch Recht gesprochen und sogar Feste gefeiert. Wie aus der Inschrift des

Mosaik in einer Synagoge aus dem 6. Jh. in Nirim in Süd-Israel. Abgebildet ist die Menora, der siebenarmige Leuchter.

Mosaik mit Inschrift aus einer Synagoge: »Möge hier und überall in Israel Frieden herrschen. Joseph, Levit, Sohn des Levi.« Diese Mosaiken sind besonders aufschlußreich aufgrund ihrer Widmungen. Sie sind in hebräisch, griechisch und aramäisch abgefaßt und erwähnen oft den Namen des Mäzens, des Künstlers oder enthalten unterschiedliche Segenssprüche. Deutlich geht aus der Inschrift hervor, daß der Künstler, angesichts der zahlreichen Fehler, kaum lesen und schreiben konnte.

Theodotos hervorgeht: *»Theodotos . . . Priester und Erzsynagogos baute diese Synagoge zum Verlesen des Gesetzes und zur Unterrichtung in den Geboten; und für die Übernachtung Räume mit Wasserleitungen* (!) *für . . . und die, welche aus fremden Ländern kommend, diese nötig haben«.* Die Inschrift stammt möglicherweise aus der Zeit von Herodes (37 - 4 v. Chr.). Es geht deutlich daraus hervor, daß es außer dem Tempel in Jerusalem bereits Synagogen gab. Da die Inschrift von Theodotos in griechischer Sprache verfaßt ist, könnte diese Synagoge für griechisch sprechende Juden aus dem Ausland bestimmt gewesen sein. Wann sind die Synagogen entstanden? Vielleicht existierte bereits 1500 Jahre vor der Zerstörung des Tempels eine Synagoge, denn wir verfügen über die Abbildung einer Menora aus dieser Zeit. Mit Sicherheit gab es bereits einige Jahrhunderte vor der Vernichtung des Tempels derartige religiöse Gemeindezentren. Die ältesten Mauerreste, die man (bis heute) entdeckt hat – abgesehen von anderen Dingen wie Inschriften, Mosaikfußböden etc. –, stammen aus Masada. Auch in Ägypten stand 20 Kilometer vor Alexandria, in dem kleinen Dorf Shedia, eine Synagoge. Es war in diesem Land üblich, ein solches Gebäude dem Regenten zu widmen. Die entsprechende Inschrift ist in Griechisch, der Sprache der ptolemäischen Könige und lautet: *»Zur Ehre von König Ptolemaeus und Königin Berenike, seiner Schwester und Gattin und ihrer Kinder. Ihnen haben die Juden diese Synagoge geweiht«.*

Im 3. Jh. v. Chr. standen allein in Galiläa dreizehn Synagogen, und wenn man die Grundmauern aller Kirchen und Moscheen untersuchte, würde man noch weitere entdecken, denn eine zerstörte oder verfallene Synagoge bildete oft das Fundament für ein neues Gebäude. Seit ungefähr 60 Jahren wird an Orten, an denen man alte Synagogen vermutet, gegraben, und man hat bislang recht aufschlußreiche Funde getätigt. So fand man Steine von Synagogen in den Mauern der Kreuzfahrerburgen, unter alten Kirchen und sogar unter heutigen Straßen. Durch vorsichtiges Graben von Schicht zu Schicht kam man zu der Erkenntnis, daß Synagogen nach einer Zerstörung stets auf ihren alten Fundamenten wieder neu aufgebaut wurden. Man hat errechnet, daß es zwischen Babylon und Tunesien etwa 300 von ihnen gegeben haben muß. Noch heute kann man eine von ihnen auf der tunesischen Insel Djerba bewundern. Die Juden sind jetzt allerdings von dort nach ihrem neuen Vaterland ausgewandert. Diese Synagogen stammen aus der Zeit zwischen der Zerstörung des ersten Tempels und dem Einfall der Mohammedaner im 7. Jh. n. Chr. Das in früherer Zeit sehr komplexe und teils in sich widersprüchliche, aber sehr lebendige Judentum war und ist bis heute einem stetigen Wandel unterworfen. Die Synagoge blieb der Mittelpunkt und das Medium, das die Neuerung weitervermittelte.

Keramikgefäß in Form eines Hauses zur Aufbewahrung der Gebeine Verstorbener, circa 4. Jahrtausend v. Chr., 60 cm lang. Solche o s s u a r i a hat man bei Azor südlich von Tel Aviv gefunden, wo sich vor 6000 Jahren ein Dorf befand, dessen Bewohner diese kunstsinnige Bestattungsweise pflegten.

Plan von Jericho

1 *Neolithische Türme und Mauer, 8000 v. Chr. (siehe auch Photo).*
2 *Gebäude aus der Zeit um 2000 v. Chr.*
3 *Türme aus der Zeit um 3000 v. Chr. (?)*
4 *Treppe aus der Zeit um 3000 v. Chr. (?)*
5 *Mauern aus der Zeit um ca. 3000 v. Chr.*
6 *Ostmauer, 3000–2000 v. Chr.*
7 *Von Kenyon zwischen 1957 und 1965 ausgehobener Schnittgraben.*
8 *Mauern aus der Zeit um 3000 v. Chr.*
9 *Abschüssiger Festungswall (Glacis) aus der Zeit um 2000–1750 v. Chr.*
10 *Glacis aus der Zeit um 1400–1300 v. Chr. zum Schutz gegen Rammböcke.*
11 *Elischa-Quelle und Reservoir.*
12 *Heutige Straße nach Jericho.*
13 *Heutige Straße nach Jericho.*
14 *Grabfelder.*

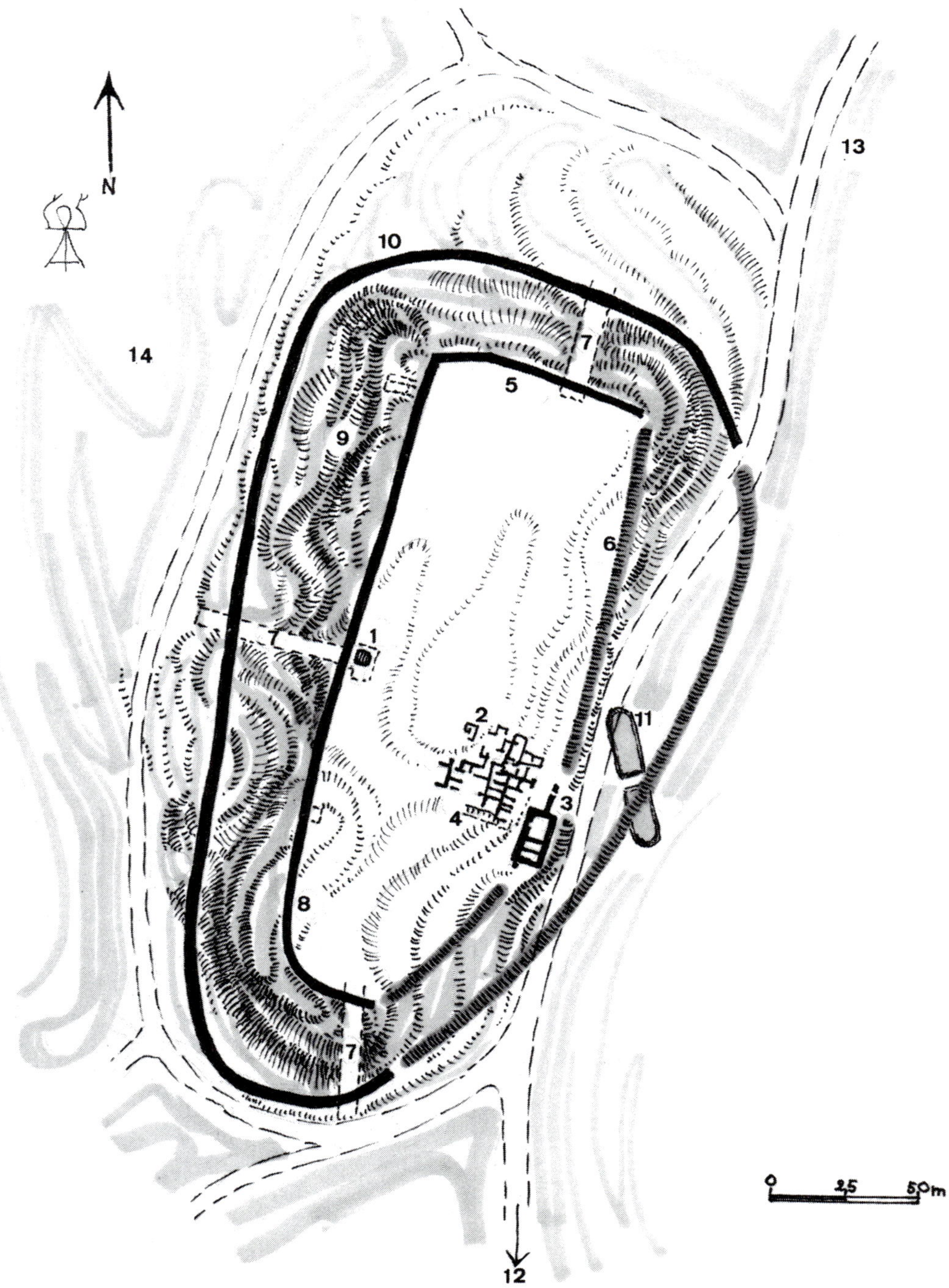

Das Rätsel Jericho

Eigentlich hat man mit der Ausgrabung von Jericho – sie begann im Jahre 1876 – viel zu früh begonnen, denn damals arbeitete man mit »primitiven« Werkzeugen wie Spaten und Spitzhacke. Heute dagegen sind hauptsächlich Federwischen, kleine Löffel und Pinsel das Handwerkszeug der Archäologen. Die Resultate derartiger Ausgrabungen, die den Beginn der Archäologie darstellten, führten nur allzu oft zu falschen Schlußfolgerungen, die zudem ein zähes Leben besaßen und oft schwer zu widerlegen waren bzw. sind. Auf die primitven Ausgrabungstechniken folgte dann um das Jahr 1955 ein besseres Verfahren, das jedoch noch nicht so weit entwickelt war, um die bisher gemachten Fehler korrigieren zu können. Es müssen daher in unserer heutigen Zeit vollkommen neue Grabungen durchgeführt werden. Die Funde der Engländerin Kathleen Kenyon, die nach den modernsten Methoden vorging, sind hier aufschlußreich. Sie arbeitete bis 1978 sowohl in Jericho als auch in Jerusalem.
Früher galt als fester Anhaltspunkt jeder Datierung der Bau des Tempels von Salomo, der im 10. Jh. v. Chr. stattgefunden haben soll. Danach datierte man die »Mauern von Josua« in die Zeit um 1400 v. Chr. Heute ist unwiderlegbar bewiesen, daß diese Zeitangabe falsch ist. Dessen ungeachtet wird sie noch oft angeführt, und die »Mauern« sind auch weiterhin eine vielbesuchte Touristenattraktion geblieben. Neue Ausgrabungen haben die Existenz von Jericho zur Zeit von König Herodes belegt, der dort einen Palast bauen ließ, mit Terrassen an den Hängen sowie ein Bad und einen Garten – ein letztes Aufleben der Stadt, die um 9000 v. Chr. ihren Ursprung hatte. Deutlich läßt sich der Aufstieg und der Niedergang dieser Ansiedlung verfolgen. Auf Jahrhunderte blühenden Lebens folgten aufgrund totaler Zerstörung Zeiten der Leere und Verlassenheit. Doch immer wieder fand, nicht zuletzt wegen der sicheren Lage des Tells sowie der Quelle, eine neue Besiedlung statt. Die letzten Bewohner, die dort offenbar in einigem Wohlstand lebten, wurden von den Persern vertrieben. Die Funde aus den nachfolgenden Jahren sind kaum

Tell von Jericho. Hier hat man die wichtigsten Funde gemacht, aber weitere Ausgrabungen werden sicherlich angesichts der bisherigen Erkenntnisse neue, aufsehenerregende Entdeckungen bringen.

Durch die Ausgrabungen von Kenyon wurde dieser große Steinturm aus der Zeit um 8000 v. Chr. freigelegt. Er hat einen Durchmesser von 9,80 m (unten) und eine Höhe von 9 m. Im Inneren befindet sich eine nach oben führende Treppe – der Zugang erfolgte unten durch den quadratischen Eingang – mit 22 Stufen. Um den Turm verlief ein 3 m tiefer und 10 m breiter Graben.

mehr von Bedeutung. Die wenigen erhaltenen Ruinen des Palastes von Herodes sind Zeugen des letzten Stadiums. Jericho gibt Rätsel auf, und die Lösung des Rätsels hat man noch immer nicht gefunden, obwohl wir durch moderne Grabungstechniken dem Ziel schon etwas näher gekommen sind. Zunächst ist unbestreitbar, daß Jericho um 9000 v. Chr. entstand und somit die älteste (bisher entdeckte) Stadt der Erde ist. Es steht aber auch fest, daß es sich dabei um eine Stadt handelt, für deren Entstehen eine Reihe notwendiger Voraussetzungen fehlten. So konnte man noch keine Keramik herstellen, befand sich noch in einem frühen Stadium des Ackerbaus und kannte keine Schrift. Und doch entwickelte sie sich unter ihren primitiven Bewohnern zu einer richtigen Stadt. Man erbaute sogar einen großen Turm, in dem eine Treppe zum Dach hinaufführte.

Wie müssen wir uns die erste Besiedlung von Jericho – der offizielle Name lautet Tell el-Sultan – vorstellen? Inmitten des flachen Landes erhob sich ein Hügel, an dem eine ausreichende Quelle entsprang. Die ersten Ansiedler bauten wohl etwas primitive, doch bewohnbare Hütten. Diese hatten meist einen kreisförmigen Grundriß und waren aus handgeformten Lehmklumpen errichtet. Die Menschen lebten vom Sammeln pflanzlicher Nahrungsmittel und von der Jagd. Im Neolithikum baute man bereits mit besser geformten, ziegelähnlichen Lehmbrocken runde oder bienenkorbförmige Hütten, die möglicherweise ein Schilfdach trugen. Die Menschen vergrößerten ihre Stadt, ein Zeichen, daß ein gewisser Wohlstand herrschte. Die Ausdehnung der Stadt erfolgte vornehmlich nach Westen hin. Aus den Ausgrabungen geht hervor, daß diese Richtung auch in späteren Zeiten beibehalten wurde. Die obersten Schichten stammen aus der Zeit von Herodes. Daß eine Stadt im Verlauf von 9000 Jahren auf eine wechselvolle Geschichte zurückblicken kann, ist nur natürlich, wenn man bedenkt, daß sie nicht weniger als siebzehnmal total zerstört, d. h. in Brand gesteckt und dem Erdboden gleichgemacht wurde, wobei man auch die Bevölkerung nicht schonte.
Mit Jericho verbindet man den Namen Josua, der diese Stadt erobert haben soll. Jericho lag strategisch günstig, denn es beherrschte den Zugang nach Palästina. Die biblische Erzählung läßt hierüber keine Zweifel entstehen. Sie ist spannend

Der von Kathleen Kenyon ausgehobene Schnittgraben im Tell von Jericho aus den fünfziger Jahren. Obwohl teilweise wieder zugeschüttet, sieht man immer noch deutlich die verschiedenen Schichten, die von jahrtausendealten Geschichten zeugen. Der Schnittgraben wurde zwischen 1952 und 1958 angelegt.

und gut geschrieben und spricht für die Existenz dieses großen Feldherrn. Es ist jedoch äußerst unwahrscheinlich, daß er Jericho in nur einem Feldzug eroberte.
Ursprünglich hatte man angenommen, daß die frühen Israeliten friedlich ins Land kamen und daß sie, um überhaupt überleben zu können, auf den engen Kontakt mit den Dörfern, Städten und kleinen Ansiedlungen angewiesen waren. Durch dieses friedliche Nebeneinander konnte sich die Landwirtschaft sowohl bei der seßhaften Bevölkerung als auch bei den Halbnomaden gut entwickeln. Dies geschah vor allem in den bewaldeten Gebieten des Nordens, wie man aus der dort aufgefundenen Keramik (12. und 11. Jh. v. Chr.) schließen konnte. Der Vorgang der friedlichen Durchdringung war übrigens die Regel.
Die Mauern von Jericho sind allerdings tatsächlich eingestürzt, und das mehrere Male hintereinander: um 1400 v. Chr. durch ein Erdbeben, dann wieder infolge von Eroberung und Zerstörung. Mauern können aber auch auf natürliche Weise verschwinden, und zwar dann, wenn durch Erosion infolge von Wind und Regen die Steine verwittern und die Lehmziegel wieder zu Ton zerfallen. Solche Lehmreste findet man dann am Fuß des Tells. Es gibt für den Bericht des Josua vielleicht noch eine andere Erklärung. Es könnte sein, daß er nicht an den schon erwähnten zwei Auszügen, sondern bereits an einem »Exodus« zu einer früheren Zeit teilnahm, während dem eine Gruppe der Israeliten in Palästina eindrang und Jericho erobern mußte, um im Lande Fuß zu fassen. In diesem Fall könnten die Mauern im Verlauf dieses Kampfes zerstört worden sein. Die Gestalt des Josua gehörte dann allerdings einer anderen Zeit an.
Als man jedoch daranging, die einzelnen Bibelbücher zusammenzustellen, mußte man ihn in eine spätere Zeit versetzen, um ihn einem Geschichtsbild anzupassen, das man sich für diese Periode zurechtgelegt hatte. Leider verfügen wir in diesem Punkt über keine Beweise, weder für eine frühere noch für eine spätere Eroberung Jerichos, und darin liegt ein Teil des Rätsels. Wohl wurde die Stadt, wie aus einer Brandschicht zu schließen ist, im Jahre 2300 v. Chr. erobert und zerstört. Viel später entstand auf den Ruinen erst ein Zeltlager, dann ein unbefestigtes Dorf, das die Amoriter während eines Einfalls dem Erdboden gleichmachten. Um 1900 v. Chr. erhob sich aus den Trümmern wieder eine neue Stadt mit mächtigen Befestigungsanlagen.

In den Jahren 1930 bis 1936 hat eine englische Expedition unter der Leitung von Professor John Garstang weitere Ausgrabungen gemacht. Garstang glaubte umfangreiches Material für die Zerstörung durch Josua gefunden zu haben, die er in das 15. Jh. v. Chr. datierte. Er beschrieb den Nachweis für eine gewaltsame Zerstörung der Mauern und einen anschließenden großen Brand. In der Stadt lag der Brandschutt stellenweise bis zu 60 Zentimeter hoch, und Überreste von Nahrungsmitteln, darunter mit Getreide gefüllte Krüge, deuten darauf hin, daß die Stadt kurz nach dem Einbringen der Ernte zerstört wurde. Neuere Ausgrabungen haben jedoch gezeigt, daß aus der Periode zwischen 1500 und 1200 v. Chr. praktisch nichts erhalten geblieben ist, und Garstangs Schlußfolgerungen daher hinfällig sind. Der Hügel ist infolge der Erosion so stark abgetragen worden, daß fast alle Spuren aus den Perioden nach dem dritten Jahrtausend von der Kuppe verschwunden sind. Man stellte fest, daß die Doppelmauer, die den Gipfel der alten Stadt umgab – und von der Garstang glaubte, sie sei zur Zeit Josuas von Erdbeben und Feuer zerstört worden – in das dritte Jahrtausend datiert werden muß.
Diese Ergebnisse bedeuten, daß alles, was Garstang und seine Nachfolger über die Datierung des Falles von Jericho an Josua und über die Frage, ob Josua die Stadt – wenn sie im 14. Jh. gefallen ist – überhaupt eingenommen haben kann, geschrieben wurde, jetzt überholt ist. Das Rätsel Jericho bleibt weiterhin ungelöst.

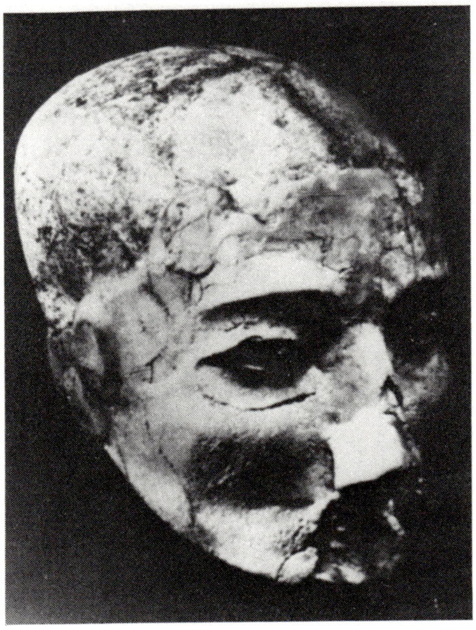

Modellierter und bemalter Schädel aus Jericho, ca. 7000 v. Chr. Man hat sechs solcher Funde gemacht. Dieser zum Teil restaurierte Schädel gehört zu den schönsten.

Rechts: In Jericho fand man diese Vase mit der Form eines Männerkopfes aus der Zeit der Hyksos; zwischen 1500 und 1200 v. Chr. Rockefeller-Museum, Jerusalem.

Plan von Megiddo

1 Außentor und Treppenaufgang aus der Zeit Salomos (970–930 v. Chr.) (siehe auch Photo).
2 Nordtor mit 6 Kammern; Salomonische Zeit.
3 Nordtor, 15. Jh. v. Chr.
4 Unterirdisches Wasserversorgungssystem (siehe auch Photo und Zeichnung auf Seite 80).
5 Heutiger Tunnelausgang, früher geschlossen (siehe auch Photo).
6 Südliche »Ställe«.
7 Verwaltungsgebäude.
8 Palast aus der Zeit Salomos.
9 Gebäude aus der Zeit Davids.
10 Haus des Befehlshabers der Streitwagen von Salomo.
11 »Pferdeställe.«
12 Standort des kanaanäischen Tempels, 27. Jh. v. Chr.
13 Festung, Stadtmauer aus der Zeit der Könige.
14 »Pferdeställe.«
15 Chalkolithischer Tempel und Altar, 4000 v. Chr.
16 Getreidesilo, aus der Zeit von König Jerobeam (792–752 v. Chr.)
17 Megiddomuseum.
18 Heutige Straße.

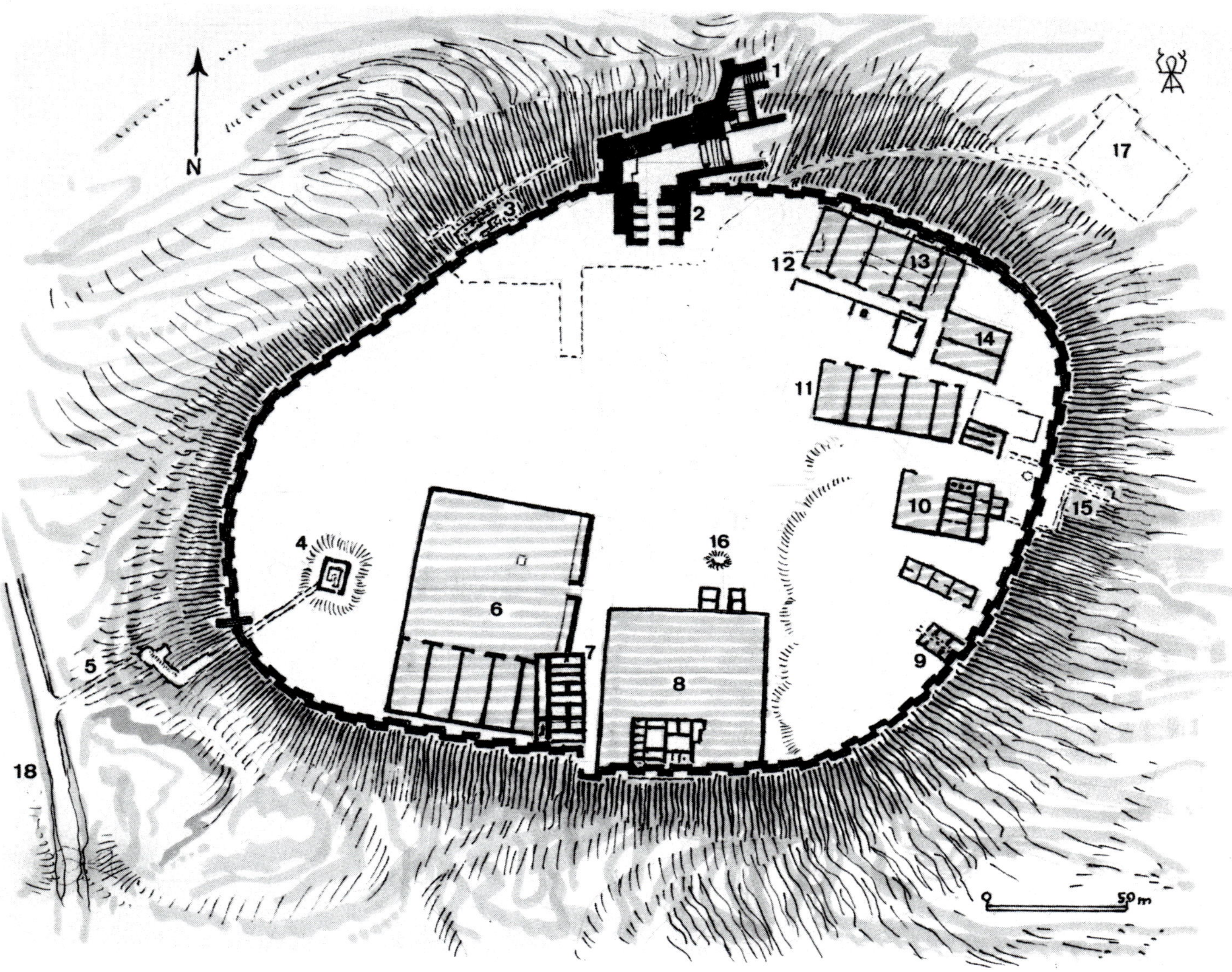

Megiddo und die »Ställe« von König Salomo

Megiddo war eine der größten und mächtigsten Städte in Kanaan, eine Stadt, die im Verlauf vieler Jahrhunderte, vom 4. Jahrtausend bis circa 350 v. Chr., nicht weniger als zwanzigmal verwüstet, zerstört und geplündert wurde, um daran anschließend immer wieder aufs neue mit mehr oder weniger großem Erfolg bewohnt zu werden.
Diese bewegte Geschichte verdankt Megiddo seiner geographischen Lage. Es war ein strategisch äußerst wichtiger Punkt, den jeder neue Eroberer unter Kontrolle bringen mußte, wollte er seine Macht in Palästina ausbauen. Megiddo lag an der Küstenstraße, der Via Maris (d. h. Weg entlang des Meeres) der Römer, die von frühester Zeit an den Zugang nach Palästina und anderen Ländern im Mittleren Osten sowie nach Ägypten beherrschte. Bei Megiddo verzweigte sich die Küstenstraße nach drei Richtungen hin. Die erste führte über Beth Shean und das Jordantal zu den mächtigen Reichen am Euphrat und Tigris. Die zweite stellte die Verbindung mit Phönizien und den Häfen am Mittelmeer her. Die dritte Abzweigung verband die Küstenstraße und damit den Zugang zu den anderen Gebieten.
Die Gründung von Megiddo fällt ungefähr in die Zeit um 3500 v. Chr. Es dauerte aber immerhin 2000 Jahre, ehe der Name der Stadt zum ersten Mal schriftlich erwähnt wurde. Der Mann, dem dies zu verdanken ist, war Pharao Thutmosis III. im Jahre 1468 v. Chr. Er nahm Palästina als ehemaliges ägyptisches Gebiet wieder in Besitz, nachdem es unter der Regierung von Königin Hatschepsut vorübergehend dem ägyptischen Einflußbereich entzogen war. Als Thutmosis Megiddo eroberte, war es bereits die zwölfte Stadt, die auf den Ruinen ihrer Vorgängerinnen wieder neu errichtet worden war.
Die ersten, als primitiv zu bezeichnenden Ausgrabungen am Tell von Megiddo begannen zwischen 1903 und 1905. Von der Vergangenheit der Stadt erfuhr man damals noch recht wenig. Zwischen 1925 und 1939 begannen unter der Leitung des berühmten Archäologen Breasted, einem Pionier der ägyptischen Altertumskunde, und mit der enormen finanziellen Unterstützung des amerikanischen Mäzens Rockefeller die ersten wissenschaftlichen Ausgrabungen. Breasted ging nach folgender Methode vor: er ließ den Tell horizontal, d. h. Schicht für Schicht, abtragen. Auf diese Weise konnte er jede einzelne Siedlungsperiode nachweisen. Dieses Verfahren hatte den großen Nachteil, daß man wohl die Funde aus den jeweiligen Schichten sicherstellen konnte, aber daß praktisch alles, was man freilegte, für immer verlorenging. Später wandte man eine bessere Methode an: man schnitt vertikal ein »Tortenstück« aus dem Tell heraus, so daß alle Schichten, ähnlich wie bei einer Torte, fein säuberlich bis zum felsigen Grund hinab, übereinander zum Vorschein kamen. Auf diese Weise entdeckte man dann auch die zwanzig Lagen, die ein anschauliches Bild von der Geschichte der Stadt vermitteln.

Luftaufnahme von Megiddo. Unten rechts das Wasserversorgungssystem; unten Mitte Tor aus der Zeit von Salomo; oben links das Museum – weißes Gebäude – rechts davon das Haus des Befehlshabers der Streitwagen von Salomo. Darunter die ältesten Ruinen aus der Zeit um 4000–3000 v. Chr. Der Palast von Salomo liegt rechts – in der Mitte des Photos – und darunter die umstrittenen »Pferdeställe« des Königs.

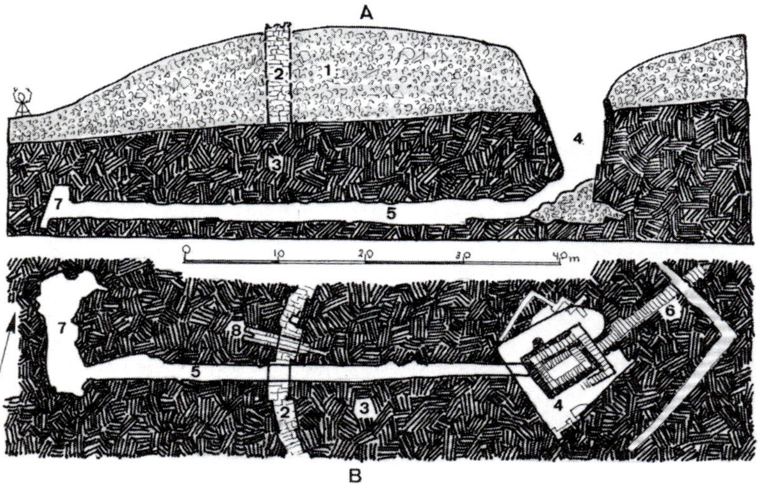

Zugang zur Quelle von Megiddo. Der lange unterirdische Gang stammt aus der Zeit Salomos. Der Schacht ist 35 m tief und der Tunnel 63 m lang. Die Anlage wurde wahrscheinlich von den Soldaten des Pharaos Scheschonk entdeckt, so daß sie daraufhin die Stadt einnehmen konnten. Später wurde der Tunnel vergrößert. Bei Ausgrabungen im ältesten Teil des Tunnels entdeckte man das verbrannte Skelett eines Wachtpostens, der hier den Tod fand. Der Querschnitt durch den Hügel zeigt:

1 Tell
2 Stadtmauer
3 Fels
4 Schacht
5 Tunnel
6 Eingangstreppe
7 Quelle
8 Ältester Tunnel

Gebäude aus der Zeit Salomos. Man kann noch sehr gut die primitive Bauweise erkennen, so z. B. die grob behauenen Steinsäulen.

Die Kasemattenmauer von Megiddo mit ihren einzelnen Kammern, die man bei einer Belagerung als Verstärkung gegen Rammböcke mit Schutt zuschütten konnte.

Die unterste Schicht liegt auf dem gewachsenen Fels. Breasted grub mit seiner »horizontalen« Methode (glücklicherweise) nur bis zur vierten Schicht.

Die zwanzigste Schicht brachte eine Ansiedlung aus längst vergangener Zeit ans Licht. Die Menschen wohnten in Höhlen, die sie in den Fels geschlagen hatten. Die 19. Lage weist bereits deutliche Veränderungen der Lebensgewohnheiten auf, denn jetzt bauten die Menschen Hütten aus handgeformten Lehmklumpen, die in der Sonne steinhart wurden. Diese Lehmmauern waren auf ein Fundament aus Steinen aufgesetzt. Man fand Spuren eines Heiligtums, auf dessen Basis später noch sechs weitere errichtet wurden. Diese erste Kultstätte war vom Umfang her die größte, und ein Teil von ihr besteht noch. Es ist ein großer, runder Altar, an dessen Ostseite sieben Treppenstufen hinaufführen. Er liegt im östlichen Teil des Tells.

Im 27. Jh. v. Chr. scheint die Stadt über Befestigungsanlagen verfügt zu haben, die wahrscheinlich zum Schutz vor ägyptischen Heeren errichtet wurden. Eine gewaltige Mauer umgab die Stadt - drei Meter stark und vier Meter hoch. Funde von ägyptischer Keramik weisen eindeutig darauf hin, wer der gefährlichste Feind war. Die Notwendigkeit der Mauern geht schon daraus hervor, daß zwischen 2500 und 2100 v. Chr. ständig Belagerungen und Angriffe stattfanden. Zwischen 1900 und 1720 v. Chr. wurde die Stadt dreimal zerstört und wieder neu aufgebaut. Der Einfluß Ägyptens, das Palästina mehr verwaltete als beherrschte - falls die Bevölkerung sich ruhig verhielt, brauchte Megiddo keine Unterdrückung zu befürchten -, ging zu Ende, als die Hyksos das Pharaonenreich erober-

Stadttor Salomos in Megiddo (Modell). Dieses Tor war der Haupteingang zur Stadt. Megiddo, das Harmagedon der Bibel – Offenbarung des Johannes 16,16 –, wurde zwanzigmal zerstört. Die Stadt war von 4000 bis 300 v. Chr. bewohnt. Das Tor ist im phönizischen Stil erbaut und zum Teil erhalten geblieben.

Der große Getreidesilo von Megiddo aus der Zeit von König Jerobeam (792–752 v. Chr.). Der Silo ist 7 m tief und sein Umfang beträgt etwa 11 m.

Modell der Stadt Megiddo, einer der bedeutendsten kanaanäischen Städte in Nord-Palästina. Zum ersten Mal wird sie von Pharao Thutmosis III. (1490 bis 1436 v. Chr.) erwähnt, der hier 1468 v. Chr. ein kanaanäisches Heer schlug. Auf dem Bild sieht man rechts die »Pferdeställe«; links die ältere kanaanäische Stadt; links oben den Palast des Gouverneurs. Die Stadt hatte innerhalb ihrer Mauern eine Fläche von ca. 5 ha. Museum von Megiddo.

ten. Sie regierten Ägypten bis 1550 v. Chr. Ihre Streitwagen veränderten die Kriegführung und bewirkten einen Umbau der Befestigungsanlagen. Anstelle einer hohen Mauer auf ebenem Grund wurde jetzt ein steiler, für Pferde nicht erklimmbarer Hang am Fuße der Mauer errichtet. Dieses abfallende Vorfeld, Glacis genannt, war mit glatten Steinen gepflastert, auf dem die Pferdehufe keinen Halt mehr fanden.
Die Bewohner Palästinas sahen in den Hyksos ihre »Befreier«, deren Macht sie für sich in Anspruch nehmen wollten. In Zusammenarbeit mit den Hyksos gedachten sie sich von den verhaßten Ägyptern zu befreien, indem sie ihnen Megiddo als »uneinnehmbare« Festung entgegenstellen wollten. Dieser Plan gelangte jedoch nie zur Ausführung, denn bald darauf erschien der mächtige Pharao Thutmosis III. auf der Bühne des Weltgeschehens. Die Hyksos waren schon seit längerer Zeit vertrieben, und fünf Pharaonen, darunter die Königin Hatschepsut, saßen bereits seit über achtzig Jahren wieder auf dem ägyptischen Thron. In Palästina hatte man die größten Schwierigkeiten mit den schon erwähnten Chapiru, die jedoch durch Thutmosis I. noch unter Kontrolle gehalten wurden. Diesem Pharao gelang es, bis an den Euphrat vorzustoßen, so daß das Reich am Nil zu einem wahren Imperium anwuchs und die eroberten Gebiete solange behaupten konnte, bis Königin Hatschepsut die Regierung übernahm. Sie war nicht mehr dazu in der Lage, das riesige Reich zusammenzuhalten.
Als ihr Thutmosis III. auf dem Thron folgte, sah er sich vor die Aufgabe gestellt, Syrien und Palästina wieder zurückzuerobern. Es war das unglückliche Megiddo, das ihm und seinen Truppen den Durchgang versperrte und deshalb büßen mußte. In Megiddo saß der »elende Feind aus Kadesch« und behauptete: *»Ich werde hier in Megiddo gegen den Pharao kämpfen«.* Den Kampf um Megiddo beschreiben Inschriften und Reliefs auf einer Tempelwand in Karnak. Tutmosis III. wählte, um vor die Tore der Stadt zu gelangen, den schwierigsten und deshalb vom Feind wenig bewachten Weg. Er lagerte mit

Das Wasserversorgungssystem von Megiddo. Die Quelle liegt außerhalb der Stadt und ist durch einen unterirdischen Tunnel erreichbar. Hier der Schacht aus der Zeit des Königs Ahab. Seine Tiefe beträgt 35 m. Über den alten Treppen hat man heute neue gebaut.

Der unterirdische Tunnel von Megiddo ist 70 m lang und endet in einer Felsgrotte, in der sich die Quelle befindet.

seinem Heer längs des Kina-Baches, südlich der Stadt. Sein Angriff hatte Erfolg: *»Die Übergabe von Megiddo bedeutet den Fall von tausend Städten«,* erklärte deren König später. Dies war wohl etwas übertrieben, aber sechzehn Jahre danach entrichteten wieder alle Städte dieser Region Abgaben an das ägyptische Reich und verhielten sich ruhig. Ein Grund dafür könnte die Tatsache gewesen sein, daß Thutmosis III. alle Kinder der Oberschicht als Geiseln nach Ägypten verschleppte, um sie dort zu ägyptischen Adligen zu erziehen. Dann kamen ägyptische Bauern nach Megiddo, um sich dort anzusiedeln. Aufgrund besserer landwirtschaftlicher Methoden erzielten sie höhere Ernteerträge als die ansässigen Bauern. Fiel Megiddo ohne Kampf in die Hände von Thutmosis III.? Keinesfalls! Er mußte die Stadt nicht weniger als sieben Monate belagern, denn sie verfügte über ausreichende Vorräte an Wasser und Nahrung. Nach der Einnahme und der anschließenden Zerstörung bekam die später wieder neu aufgebaute Stadt merkwürdigerweise keine ägyptische Garnison, wohl aber einen Palast und ein großes Stadttor im kanaanäischen Stil. In der Nähe des Tores entdeckte man eine Art Villa, die wahrscheinlich der Palast des ägyptischen Gouverneurs gewesen ist. Unter dem Fußboden eines Raumes fand man einen »Schatz«, bestehend aus Elfenbeinarbeiten – die damals als sehr kostbar galten – und goldenen Schmuckstücken. Die ägyptische Verwaltung endete 1130 v. Chr. Megiddo wurde später von den mächtigen und gefürchteten Philistern zerstört. Kanaan war geschwächt und es dauerte bis zur Zeit von David, ehe sich die Stadt wieder etwas erholte. David nahm Megiddo in Besitz, das mittlerweile auf fünfzehn Vorgängerinnen zurückblicken konnte. Mit dem Herrschaftsantritt von König Salomo brach für die Stadt eine Blütezeit an. Salomo

Elfenbeindose mit Löwen und Sphinxen. Phönizische Kunst aus Megiddo. Etwa 15 cm hoch. Ein Meisterwerk der Elfenbeinkunst aus dem 13. Jh. v. Chr. Rockefeller-Museum, Jerusalem.

Aus Elfenbein zusammengesetzter Löffel (Kultgegenstand?) aus Megiddo. Der ägyptische Einfluß ist deutlich erkennbar.

Der heutige Ausgang der Quelle von Megiddo. Früher verdeckten massive Mauern die Quelle, über die man zusätzlich noch eine Erdschicht angebracht hatte. Auf diese Weise war die Quelle gut getarnt und dem Zugriff der Belagerer entzogen. Der Tunnelbau soll von Salomo begonnen worden sein. Möglicherweise war dies die Stelle, an der die Soldaten des Pharaos Scheschonk durch Verrat in die Stadt eindringen und sie erobern konnten.

Modell der Stadttore von Megiddo. Das Stadttor Salomos bildete den Haupteingang zur Stadt.

Schluchten bei Mezad Zohar mit römischem Kastell an der Straße nach Arad.

Rechts: Die Stadtmauer von Arad auf dem Tell. Die Stadt bestand bereits zwischen 2800 und 2600 v. Chr. Der obere Teil der Mauer ist teilweise restauriert. Arad wurde oft zerstört.

Katakomben der jüdischen Nekropole von Beth Shearim. Bis ins 2. Jh. bestattete man hier die Toten. Etwa 140 Stein-Sarkophage befinden sich drinnen.

Schlucht bei Malula in Syrien. Malula ist ein Dorf, wo man noch immer einen aramäischen Dialekt spricht, die Sprache, in der einige Bibelbücher verfaßt sind: Zur Zeit von Jesus war Aramäisch in ganz Palästina die vorherrschende Sprache. Durch diese Schlucht erreicht man Malula, wo eine der ältesten Kirchen der Welt – aus dem 3. Jh. – steht.

Links: Der Rundturm von Masada an der Nordseite der Festung. Unten in der Ebene eines der römischen Lager aus der Zeit der Belagerung durch Silva, der das Felsmassiv 73 n. Chr. eroberte. Fast die gesamte Besatzung von Masada – 960 Menschen – vereinbarten sich gegenseitig zu töten.

teilte sein Reich in zwölf Distrikte ein, und Megiddo wurde die Hauptstadt einer dieser Provinzen. Später erhob sie Salomo zum Verwaltungszentrum für das nördliche Kanaan, während Hazor diese Position für den südlichen Teil einnahm. Zu dieser Zeit war Megiddo zweimal so groß wie Jerusalem. Neben Hazor und Geser verstärkte man auch Megiddo nach neuester Weise mit der sogenannten Kasemattenmauer.

Mit der Kasemattenmauer, die man überall in Israel finden kann, wurde ein neues Verteidigungssystem eingeführt. Den äußeren Festungsring bildete eine massive Mauer, der nach einigen Metern Zwischenraum innen eine zweite, dünnere Mauer folgte. Quermauern verbanden beide, so daß rechteckige Räume entstanden, die für verschiedene Zwecke genutzt werden konnten. Normalerweise waren es Vorrats- und Wohnräume, die bei einer Belagerung mit Schutt aufgefüllt wurden, so daß die Rammböcke des Feindes kaum eine Bresche hineinschlagen konnten.

Kommen wir nun zu den »Ställen«, wobei man sich noch immer streitet, ob es sich hier wirklich um Ställe gehandelt hat oder nicht. Megiddo ist bekannt als »Wagenstadt«, und wer Wagen besitzt, der braucht natürlich auch Pferde. Die Theorie, daß die entdeckten Gebäude tatsächlich Ställe für die 450 Pferde waren, die Megiddo besessen haben soll, wirft einige Fragen auf. Vor allem Pferdekenner haben ihre Bedenken dagegen erhoben, und wie es scheint, nicht ganz zu Unrecht. Die »Ställe« waren ziemlich große Gebäude, jedes mit drei Hallen und je zwei Säulenreihen. Zwischen den Säulen standen übermäßig schwere »Tröge«, die man als Futterkrippen betrachtet. Die Säulen sind unsauber und grob bearbeitet. Man nimmt an, daß sie nicht aus der Zeit König Salomos stammen – er verfügte über geschicktere Baumeister aus Phönizien, die mit Steinen gut umzugehen wußten –, sondern aus der Regierungszeit von König Ahab, einem Mitglied der Omridendynastie, die vor Salomo herrschte.

Ein schwerwiegender Einwand gegen die Stalltheorie ist der, daß man nur unter großen Schwierigkeiten ein bestimmtes Pferd aus den Ställen hätte holen können. Wer z. B. Pferd Nummer 43 herausführen wollte, mußte erst die davorstehenden Pferde Nummer 1 bis 42 herausholen – und das erscheint wenig praktisch. Außerdem gab es keine Trennwände zwischen den Pferden, und das bedeutet, daß sie sich untereinander hätten angreifen und verletzen können. Und welches Pferd kann aus einem so unförmigen Steintrog fressen? Die Frage bleibt vorläufig offen, welchen Zweck die »Ställe« nun wirklich erfüllten. Aus späteren assyrischen Annalen geht hervor, daß König Ahab 2000 Wagen zur Verfügung standen, mit denen er Krieg gegen Assyrien führte. Der bedeutendste Beweis gegen die Annahme, daß es sich bei den Gebäuden in Megiddo um Ställe handelt, liegt in Hazor. Dort fand man ähnliche Bauten, die man sofort als Vorratsräume einstufte; niemand sprach jemals von Ställen, obwohl sie denen von Megiddo äußerst ähnlich sind.

Ställe oder nicht, Salomo machte aus Megiddo eine schöne und mächtige Stadt. Er versah sie mit einem Stadttor nach phönizischem Vorbild. Wir wissen allerdings nicht, wo die Gebäude aus seiner Zeit alle gestanden haben. Die öffentlichen Einrichtungen müssen eindrucksvoll gewesen sein, aber die kleinen Häuser der Bewohner an den drei Meter breiten Straßen glichen denen früherer Zeiten. Oben auf dem Tell errichtete man eine neue Mauer.

Das berühmteste »Bauwerk« von Megiddo ist der gewaltige Tunnel, der die ummauerte Stadt in die Lage versetzte, aus der vor der Stadt gelegenen Quelle Wasser heranzuschaffen, und zwar auch dann, wenn sie von einem feindlichen Heer eingeschlossen war. Der Tunnel besteht noch heute, und das Wasser quillt noch immer aus der Erde, wie schon zur Zeit von König Salomo, der höchstwahrscheinlich diese geniale Wasserversorgungsanlage errichten ließ. Zu diesem Zweck trieb man in der Stadt einen 35 Meter tiefen Schacht in den felsigen Boden. Auf dessen Grund beginnt der Tunnel, der bis zur Quelle führt. Bis zu dieser Zeit war die Quelle nur über einen Zugang außerhalb der Stadt zu erreichen gewesen. Dieser wurde nun der Sicherheit wegen getarnt, so daß die Wasserversorgung gewährleistet und den Blicken des Feindes entzogen war.

Im Jahre 926 v. Chr. erschienen wiederum Feinde und zerstörten Megiddo, wie schon so oft zuvor. König Ahab baute die Stadt wieder auf. Im Jahre 734 v. Chr. kam Tiglatpileser II. und verwüstete sie aufs neue. Während der zweiten Siedlungsschicht, also kurz vor dem Ende ihres Bestehens, kam Megiddo unter assyrische Herrschaft. Die Assyrer errichteten hier eine Zitadelle. Im Jahre 609 v. Chr. fand eine Schlacht gegen den damaligen Pharao Necho II. statt. Im Osten waren Meder und Perser zu einer starken Macht geworden und hatten Ninive erobert. Necho II. kämpfte gegen König Josua von Juda und besiegte ihn bei Megiddo entscheidend. Für die Stadt bedeutete dies den Beginn eines langsamen Niedergangs. Zwischen 400 und 350 v. Chr. verließen die letzten Bewohner die Stadt, um von nun an nie mehr hierher zurückzukommen.

Hazor – eine große und mächtige Stadt

Die erste Erwähnung der kanaanäischen Stadt Hazor läßt sie in keinem günstigen Licht erscheinen, denn ihr Name steht auf einer sogenannten »Ächtungsstele« in Ägypten. Diese Stelen kamen besonders häufig im Mittleren Reich (2160 – 1786 v. Chr.) vor. Die darauf angebrachten Inschriften richten sich gegen hochgestellte Persönlichkeiten, feindliche Städte oder Volksgruppen. Einen Teil der Texte hat man auf Tongefäße geschrieben und diese dann zerbrochen, um durch einen solchen Sympathiezauber die im Text genannten Personen so zu vernichten, wie man die Gefäße vernichtet hat. Einen anderen Teil hat man auf Tonfiguren von Gefangenen, deren Arme auf dem Rücken zusammengebunden waren, geschrieben und auch diese absichtlich zerbrochen. Auf den Tafeln sind die Namen von mehr als sechzig Städten angegeben, darunter auch Jerusalem und Hazor.

Die mesopotamischen Inschriften unter den Urkunden von Mari aus dem 18. Jh. v. Chr. beschreiben Hazor als ein bedeutendes Handelszentrum, vor allem für Zinn, das Karawanen aus Babylon in die Stadt brachten. Alle großen Pharaonen, von Thutmosis III. bis Ramses II. kannten diese Stadt. Ägypten sprach von einem »König von Hazor«. Auf ihre Art und Weise bewahrte die Stadt dem jeweils herrschenden Pharao die Treue.

Das »Pfeilergebäude« in Hazor, ca. 1200 v. Chr. Hazor war die größte kanaanäische und israelitische Stadt. Die Rothschild-Expedition hat hier viele Ausgrabungen vorgenommen. Die Stadt wurde von Josua eingenommen (Exodus 10) und zerstört. Man hat 21 Siedlungsschichten aus 25 Jahrhunderten ausgegraben. Die Stadt war von Kasemattenmauern umgeben. Das »Pfeilergebäude« war vermutlich ein Vorratshaus.

Modell der Zitadelle von Hazor aus dem 9. Jh. v. Chr. Rechts vorn der Eingang, ganz rechts die Kasemattenmauer aus dem 10. Jh. v. Chr. Links Gebäude.

Wie alle palästinensischen Städte an strategisch wichtigen Plätzen wurde auch Hazor von istraelitischen und anderen fremden Invasoren zerstört, in Brand gesteckt und ausgeplündert. Man hat nicht weniger als 22 bewohnte Schichten entdeckt. Die älteste setzt sich aus zwei Ansiedlungen zusammen: der auf einem Hügel gelegenen Oberstadt mit einer Fläche von 120 000 Quadratmetern und einer wesentlich größeren Unterstadt mit 700 000 Quadratmetern. Die Oberstadt existierte über einen Zeitraum von 2000 Jahren, die Unterstadt dagegen kaum drei Jahrhunderte. Da sich das Schicksal einer Stadt aus den einzelnen ausgegrabenen Schichten deutlich ablesen läßt, wollen wir sehen, welche Erkenntnisse wir daraus ziehen können.

Beginnen wir mit den untersten Schichten, 21 bis 19, in denen sehr primitive Behausungen bestanden. Schicht 18 bewohnten Halbnomaden; die Ansiedlung wurde 1850 v. Chr. zerstört oder verlassen, was sich nicht mehr genau feststellen

läßt. In Schicht 17, deren Funde aus dem 18. bis 17. Jh. v. Chr. datieren, gründete man die Unterstadt. Schicht 16 zeigt Spuren eines großen Brandes, der die Stadt im 17. oder 16. Jh. total zerstörte. Wahrscheinlich hat dies Pharao Amosis I. (1580 – 1558 v. Chr.) zu verantworten.
Schicht 15 läßt erkennen, daß im 15. Jh. v. Chr. sowohl Thutmosis III. als auch Amenophis II. die Stadt zerstört haben. Schicht 14 zeigt die Stadt aus der Zeit von Amarna (14. Jh. v. Chr.) und nach der 13. Lage (13. Jh. v. Chr.) kommt Josua mit seinem Eroberungsheer in das unglückliche Hazor und vernichtet die Ober- und Unterstadt. Die Unterstadt wird später nicht mehr aufgebaut und verschwindet aus der Geschichte. Aber selbst heute noch kann man, wenn man von den Ruinen der Oberstadt herabblickt, trotz der Felder, die das Areal jetzt bedecken, die Ausmaße der Stadt gut erkennen. Im 11. Jh. v.Chr. entstand Schicht 11 durch die Ansiedlung einer kleinen israelitischen Gemeinde. In die Mitte des

Rekonstruktion des Zitadellentores von Hazor aus der Zeit von König Ahab, 9. Jh. v. Chr. Die Säulen werden von zwei protoionischen Kapitellen geschmückt. Israel-Museum, Jerusalem.

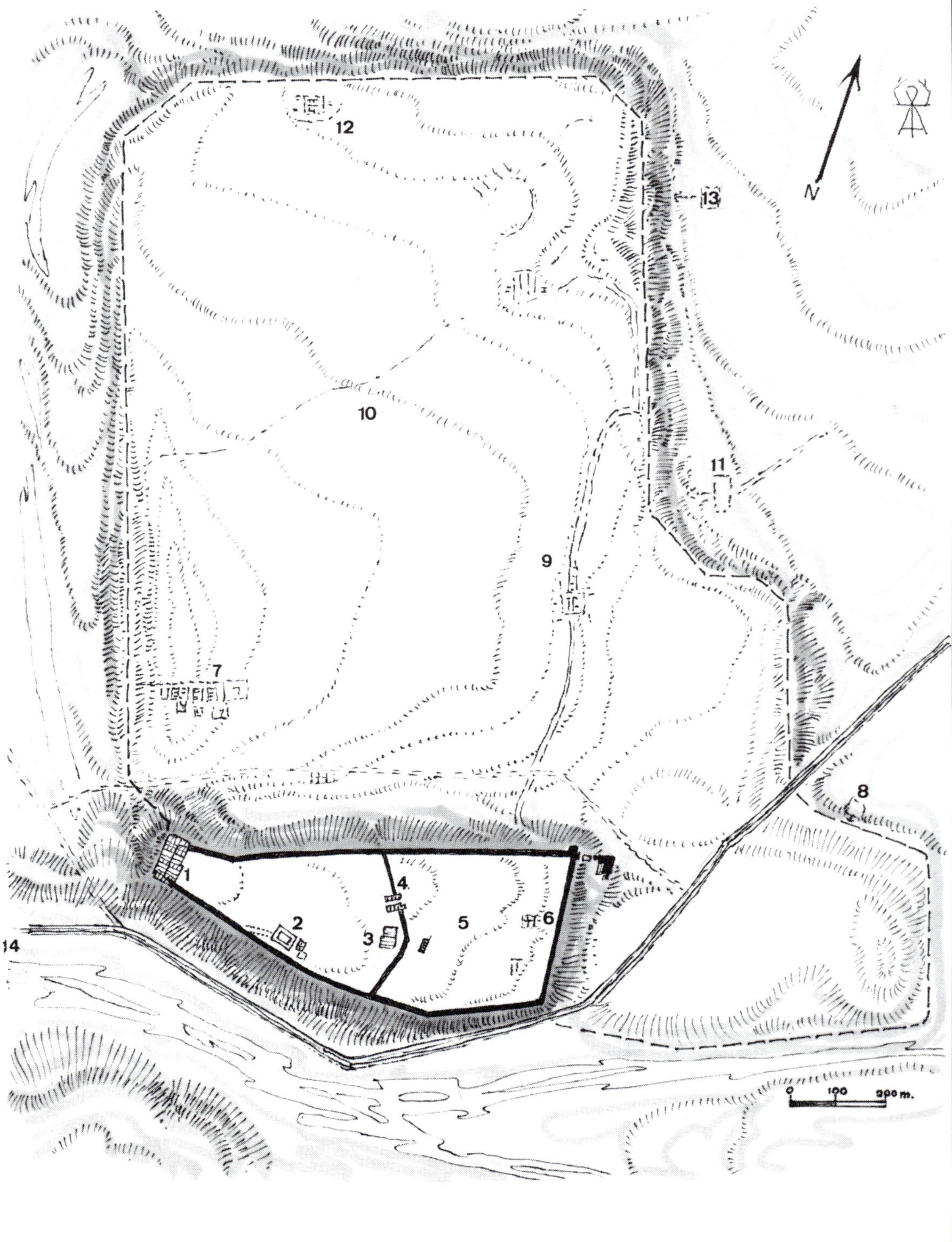

Plan von Hazor

1 *Zitadelle, 9. Jh. v. Chr.*
2 *Unterirdisches Wasserversorgungssystem (siehe auch Photo).*
3 *Vorratshäuser von König Ahab (871–852 v. Chr.), darunter liegen ein Palast und ein Tempel, ca. 2000 bis 1300 v. Chr.*
4 *Mauer und Tor Salomos.*
5 *Oberstadt.*
6 *Quelle von Ahab.*
7 *Tempel aus der Zeit um 1400–1200 v. Chr.*
8 *Tor aus der Zeit um 2000 bis 1750 v. Chr.*
9 *Tempel aus der Zeit um 2000–1300 v. Chr.*
10 *Unterstadt.*
11 *Wälle aus der Zeit um 2000–1200 v. Chr.*
12 *Tempel aus der Zeit um 2000–1200 v. Chr.*
13 *Tor aus der Zeit um 2000 bis 1750 v. Chr.*
14 *Heutige Straße.*

Das eindrucksvolle Wasserversorgungssystem von Hazor. Vom Grund eines 33 m tiefen Schachtes erreicht man durch einen 25 m langen Tunnel ein 50 m unter der Erdoberfläche gelegenes Wasserbecken. Die Anlage stammt aus dem 10. Jh. v. Chr. Auf dem Photo schaut man vom Tunnel auf das Wasserbecken.

Rechts: Tunnel zum Wasserbecken von Hazor, das außerhalb der Stadtmauer lag. Ein gutes Wasserversorgungssystem war lebenswichtig für jede Stadt.

10. Jh. datiert Lage 10; unter der Regierung von König Salomo kehrt neuer Wohlstand in Hazor ein.

Am Ende des 10. oder zu Beginn des 9. Jh. v. Chr., aus der Schicht 9 stammt, sieht man schon wieder Spuren eines großen Brandes. Nach der Schicht 8, 9. Jh. v. Chr., stieg Hazor wieder wie schon so oft davor, wie ein Phönix aus der Asche empor, denn jetzt herrschten die Omriden, die mit dem Wiederaufbau begannen, der in Schicht 7 fortgesetzt wurde. Schicht 6 birgt nichts von Bedeutung. Im 8. Jh. v. Chr. wird die Stadt unter Jerobeam II. nicht von einem Feind, sondern durch ein Erdbeben zerstört. Im gleichen Zeitraum erscheint Tiglatpileser III., der, wie bereits erwähnt, 732 v. Chr. in der Stadt schreckliche Verwüstung anrichtet. Das 8. Jh. war für Hazor eine bewegte Zeit, an deren Ende eine kleine, nichtbefestigte israelitische Siedlung entstand. Aus dem 7. Jh. stammt Schicht 5 mit einer assyrischen Zitadelle, und Schicht 3 wurde von den Persern verursacht, die hier im 4. Jh. ebenfalls eine Zitadelle erbauten und eine kleine Siedlung anlegten. Die letzten Bewohner, aus dem 2. Jh. v. Chr., errichteten eine im hellenistischen Stil gehaltene Burganlage, das letzte Bauwerk der Stadt (Schicht 1).

Bekannte Namen aus der Bibel sind mit der Existenz der Stadt Hazor verbunden: Josua und König Jabin mit seinem Feldherrn Sisera, der vom Propheten Debora besiegt wurde. Ein Text von Josua berichtet davon, was nach der Belagerung geschah: *»Und sie erschlugen die darin waren mit ihren scharfen Schwertern.«* Der Fall von Hazor brach tatsächlich den Widerstand der Kanaaniter, und die Israeliten konnten das fruchtbare Hügelland von Galiläa in Besitz nehmen. Hazor lag am Berg Hermon und war zu ihrer Blütezeit von nicht weniger als 40 000 Menschen bewohnt, einer für damalige Verhältnisse unvorstellbar großen Zahl. Die Oberstadt lag auf einem 40 Meter hohen Hügel. Die Unterstadt befand sich am Fuße des Tells und war somit schwer zu verteidigen. Hinzu kam noch, daß der König und sein Heer bereits geschlagen war, als der eigentliche Kampf um Hazor begann. Allerdings

Einer der Basaltlöwen aus dem Museum von Hazor wurde im Stelentempel aus dem 14. Jh. v. Chr. gefunden.

war die Stadt mit mächtigen Mauern umgeben sowie einem Graben und abschüssigen Glacis, auf denen es die Angreifer schwer hatten, vorwärts zu kommen. Auch Hazor besaß eine Kasemattenmauer, eine Erfindung aus Klein-Asien und Syrien, die die Hethiter mitgebracht hatten. Die Eroberung des mächtigen Hazor und Jericho's – das allerdings zu dieser Zeit nicht mehr existierte – wird in der Bibel als Josuas bedeutendste Leistung beschrieben.

In Hazor machte man einige interessante Entdeckungen. So fand man in einem Tempel der Unterstadt etwa zehn Basaltstelen aus dem 13. Jh. v. Chr. Auf einer von ihnen sind Hände abgebildet, die sich nach einer Mondsichel strecken. In der Bibel werden derartige Stelen als Gedenkzeichen für Verstorbene beschrieben. Sie dienen aber auch als Grenzmarkierungen oder erinnern an den Abschluß eines Vertrages mit einem fremden Land. Auch in Israel kannte man diese Gedenksteine. Von Jakob wird berichtet, daß er einen solchen Stein mit Öl salbte und aufstellte. Es war eine Kulthandlung, dem heidnischen Glauben entlehnt und in die eigene Tradition integriert. Vielfach waren diese Stelen dem Gotte Baal geweiht, und man trifft sie überall im Mittleren Osten an. Im Deuteronomium wird dieser Brauch verurteilt, da es nach der Lehre verboten ist, »geschnitzte Bilder« eines Gottes anzufertigen und aufzustellen.

In Hazor fand man bemerkenswerte Figuren, wie z. B. eine Kultmaske aus Ton, die aus der frühesten Zeit der Stadt stammt. Die Zerstörung durch Josua bescherte den Archäologen eine Reihe interessanter Kultgegenstände. Einer der schönsten Funde waren ein paar steinerne Löwen, die man aus einem Steinblock herausgemeißelt hatte. Man erkennt deutlich, daß diese Handwerker noch keine lange Bildhauertradition besaßen. Aber vielleicht gerade deshalb wirken sie aufgrund ihrer Einfachheit großartig auf den heutigen Betrachter. Die steinernen Löwen könnten als Sockel für Holz- oder Steinsäulen gedient haben, die ein Obergeschoß abstützten. Dieses Stockwerk stürzte herab und begrub einen Altar, einen Opfertisch und eine Stierfigur, die den kanaanäischen Gott Hadad auf ihrem Rücken trug. Um Josuas hartes Vorgehen – falls er wirklich daran beteiligt war – bei der Zerstörung des vierten und letzten in Hazor errichteten heidnischen Tempels in etwa zu verstehen, muß man bedenken, daß sein bedeutender Vorgänger Moses ihm befohlen hatte, alle verbotenen Darstellungen und Gerätschaften zu vernichten.

Ähnlich wie Megiddo, so traf auch Hazor Vorkehrungen für Kriegszeiten. Im Jahre 1968 entdeckte man am Fuß des Hügels von Hazor eine Quelle, die in einem Tunnel versteckt lag. Von dort aus konnten die Bewohner ohne Gefahr ihr Wasser holen. Bei der Anlage des Tunnels folgte man einer anderen als in Megiddo angewandten Technik. In Hazor grub man einen Schacht, mit einem quadratischen Grundriß, auf eine Tiefe von 33 Metern hinab. Auf den auffallend breiten, spiralförmig an den Wänden emporlaufenden Stufen brachten wahrscheinlich Esel das Wasser in Behältern nach oben. Vom Boden des Schachtes führt ein Tunnel zu der in 50 Meter Tiefe sprudelnden Quelle, die auf der gleichen Ebene liegt wie der Grundwasserspiegel, wodurch der Pegelstand ständig reguliert wird, d. h. die Quelle kann nicht versiegen. Der ganze Komplex muß im 9. Jh. v. Chr. angelegt worden sein.

Eine zweite Vorkehrung für den Notfall waren große Getreidesilos, die man noch heute besichtigen kann. Einige hatten die Form von vier nebeneinanderliegenden Kammern, andere wiederum bestanden aus einem einzigen großen Raum. Man konnte auf diese Weise genügend Getreide bevorraten, um auch eine lange Belagerung glücklich zu überstehen. Hunger und Durst waren dann auch selten der Grund für die Übergabe. Vielmehr erfolgte sie aufgrund einer neuen Waffe, dem Rammbock, der die aus Lehm und Steinen zusammengesetzten Mauern ohne Schwierigkeiten zertrümmerte. Auch die viel massiveren, aus Steinquadern bestehenden Befestigungen konnten ihm nicht widerstehen.

Wer heute im Frühling die Blumenpracht bewundert, die jetzt die Ruinen von Hazor festlich schmückt, der kann sich kaum eine Vorstellung von den schrecklichen Ereignissen machen, die sich hier mit großer Regelmäßigkeit immer wieder abgespielt haben. Hazor, Megiddo, Arad oder Jericho, alle diese einst so mächtigen und blühenden Städte – einige davon zwanzigmal zerstört und wieder aufgebaut von Menschen, die trotz des Elends und der Bedrohung immer wieder dorthin zurückkehrten, in der Hoffnung auf ein normales Leben – haben ihre Rolle in der oft tragischen Geschichte Palästinas gespielt, einer Region, in der nun neue Staaten um ihr Dasein ringen. Ein Vorgang, der sich wohl stets aufs neue wiederholen wird.

Basaltstatue eines sitzenden Gottes aus dem Stelentempel von Hazor. Israel-Museum, Jerusalem.

Basaltstele – ein sogenanntes Mazzebot – aus dem Stelentempel von Hazor. Man sieht zwei zum Gebet erhobene Hände, die sich zu einem Schiff (?) emporstrecken, möglicherweise ein Symbol für einen Mondgott oder ein Sonnenrad in einer Mondsichel (?), oder ein ägyptisches Sonnenschiff zwischen zwei Kuhhörnern (?).

Ist Arad wirklich Arad?

Im östlichen Teil des Negev, an der Grenze von Judäa und an der Hauptstraße nach Edom, liegen die Ruinen einer Stadt namens Arad. Ihre Vergangenheit ist ebenso abwechslungsreich wie die anderer Städte an strategisch wichtigen Punkten. Im 4. Jahrtausend v. Chr. existierte dort bereits eine Ansiedlung, die sich zu einer befestigten Stadt entwickelte und von 2900 bis 2700 v. Chr. bewohnt war. Die erste aus dem Chalkolithikum stammende Stadt war noch unbefestigt, ein auf die Dauer gefährlicher Zustand. Deshalb errichtete man eine Stadtmauer, mit einer Stärke von drei Metern und mehrere halbkreisförmige Türme in regelmäßigen Abständen. Die Stadt war in einzelne Abschnitte unterteilt. Interessant ist, daß man hier das erste und bislang einzige Tonmodell eines aus der Frühbronzezeit stammenden Hauses entdeckt hat. Wir können uns jetzt ein Bild davon machen, wie die Wohnstätten früher ausgesehen haben. Das Alter der Stadt läßt sich aufgrund von Funden ägyptischer Keramik ermitteln, der sogenannten »Abydos«-Ware, die in großer Zahl ebenfalls in Gräbern der ersten Pharaonendynastie (3200 - 2980 v. Chr.) gefunden wurde. Man kann also davon ausgehen, daß bereits in früher Zeit ein lebhafter Handel mit Ägypten bestanden hat.

Arad wurde um 2700 v. Chr. verwüstet und blieb dann lange Zeit unbefestigt, was natürlich weitere Zerstörungen zur Folge hatte. Erst im 11. Jh. v. Chr. gab es wieder eine neue Ansiedlung. Den Mittelpunkt des kleinen, offenen Dorfes bildete der sogenannte *temenos*, eine erhöhte, halbkreisförmige Plattform, auf der ein viereckiger Altar stand. Wahrscheinlich war dieser der »heilige Ort«, an dem das Volk der Keniter, die Arad bis ins 10. Jh. bewohnten, ihre Opfer darbrachten. Später errichtete man an dieser Stelle einen Tempel, der zu einer mächtigen königlichen Zitadelle gehörte, die möglicherweise Salomo erbauen ließ. Dieser Tempel ist der bedeutendste Fund, denn er könnte der älteste in Israel sein. Er weist mit

Ausgrabungen in der chalkolithischen Siedlung von Arad. Ein Kran holt große Steine aus einem Brunnen. Im Hintergrund die höher gelegene, ummauerte Stadt aus der Zeit um 4000 bis 3000 v. Chr.

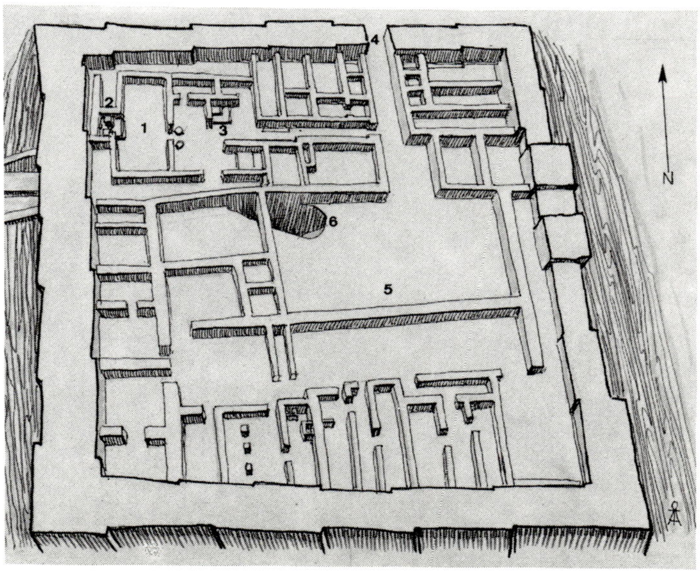

In Juda gab es an der Südgrenze eine Anzahl von Zitadellen, von denen Arad die bedeutendste war. Die Zitadelle befindet sich hier oberhalb der Städte aus dem 4. und 3. Jahrtausend v. Chr. Bedeutend ist vor allem das Jahwe geweihte Heiligtum, das Kenyon gefunden hat. Abgebildet ist ein Modell der Zitadelle und des Tempels:

1 *Tempelvorhof.*
2 *Das Allerheiligste (siehe auch Photo).*
3 *Außenhof mit Brandopferaltar. Vor dem Allerheiligsten standen zwei Säulen.*
4 *Haupteingang der Zitadelle.*
5 *Innenhof.*
6 *Zisternen (siehe auch Photo).*

dem in der Bibel beschriebenen Tempel Salomos große Ähnlichkeit auf. Der Tempel besteht aus einem großen, rechteckigen Hauptraum, an dessen Westseite eine Altarnische eingelassen ist. Das Allerheiligste liegt etwas über dem Niveau des übrigen Gebäudes und kann über ein paar Treppenstufen erreicht werden. Beiderseits des Einganges zum Allerheiligsten stehen zwei steinerne Altäre, auf denen man Weihrauch verbrannte. Im Heiligtum selbst befindet sich ein großer »Hof«. An beiden Seiten des Eingangs zum Hauptraum entdeckte man zwei Steinplatten, vielleicht die zwei Säulen Boas und Jachin – die wir schon bei der Beschreibung des Tempels von Jerusalem kennengelernt haben – in ihrer frühesten Form. Ein Brandopferaltar, aus Erde und Steinen errichtet, liegt im Vorhof. Er wurde bis zum 8. Jh. v. Chr. benutzt. Gegen Ende des 7. Jh. v. Chr. zerstörte man den Tempel, um Platz zu schaf-

Das Allerheiligste im Tempel von Arad. Im Hintergrund ein Photo, auf dem man sieht, wie die Gegenstände bei der Grabung angetroffen wurden. Vorne der echte, jetzt im Museum aufgestellte Altar aus der Zeit um 1200–1000 v. Chr. Israel-Museum, Jerusalem.

In einigen freigelegten Kammern hat man Kopien der gefundenen Keramikartikel ausgestellt, damit der Besucher eine Vorstellung aus dieser Zeit vermittelt bekommt.

Mit Pinseln werden vorsichtig die Schichten des alten Arad freigelegt. Auf dem Bild freiwillige Helfer.

fen für den Bau der letzten dort angelegten israelitischen Zitadelle.
Zur Zeit der israelitischen Könige erlitt Arad das Schicksal aller »feindlicher« Städte. Sie wurde nicht weniger als sechsmal zerstört, in Brand gesteckt und verwüstet, doch danach auch immer wieder neu aufgebaut. Während der Zeit des ersten Tempels von Jerusalem war Arad ein Verwaltungs- und Militärzentrum für die Grenzregion. Seine Befestigungsanlagen paßte man ständig den neuesten Erfordernissen der Kriegstechnik an. Dies geschah bis 106 n. Chr., als die ersten Araber in Palästina erschienen.
Bei den Ausgrabungen im Tell fand man mehr als 200 *Ostraka*, das sind mit Inschriften versehene Tontafeln, die einige Auskünfte über Arad enthalten. Zwei von ihnen sind in hebräisch abgefaßt und erwähnen die Namen zweier aus der Bibel bekannter Priesterfamilien, Merimuth und Paschchur. Mehr als die Hälfte der gefundenen Ostraka tragen aramäische Schriftzüge und stammen von der persischen Garnison, die hier stationiert war, als Persien Palästina besetzt hatte. Sie enthalten die Namen von Soldaten und ihrer Einheiten, aber auch Warenverzeichnisse von Artikeln wie Wein, Mehl, Silber und Öl. Die übrigen Ostraka haben hebräische Inschriften und berichten von verschiedenen Befestigungsanlagen. Sie stammen aus den königlichen Archiven. Ein Ostraka erwähnt den Namen Beer Sheva und eine weitere Tafel das »Haus Jahwes«, wahrscheinlich ist damit der Tempel von Jerusalem gemeint. Zwei Ostraka tragen den Namen Arad, und damit kommen wir zu der Frage: Ist dieses Arad das echte Arad?
Im Jahre 1962 baute man die heutige Stadt Arad. Sie hat sich zu einer aufstrebenden Industriestadt entwickelt, die in ständigem Wachstum begriffen ist. Der beste Baugrund lag etwa 10 km von einem Hügel mit zwei Erhebungen entfernt – einem jener Tells, die einst blühende Städte waren. Die Bibel spricht vom *»König Arad der Kanaanäer«*, der im Süden wohnte. Er soll sich gegen die heranziehenden Israeliten behauptet haben, die aus Kadesch-Barnea kamen. Er schlug sie bei Horma und stoppte somit ihr weiteres Vordringen. Allerdings wird in der Bibel noch eine zweite Schlacht bei Horma erwähnt, in der nun ihrerseits die Israeliten den »König von Arad« besiegten. Es wird aber noch komplizierter! Pharao Scheschonk I. (945 – 924 v. Chr.) erwähnt zweimal den Namen Arad als eroberte Stadt: die erste ist das »Große Arad«, die zweite ist »Arad vom Hause der Yrhm«. Außerdem kennt ein gewisser Eusebius eine Stadt namens Arad, die »20 römische Meilen von Hebron sowie drei Meilen von Malaatha« entfernt sei. Sieht man auf der Karte nach und rechnet die römischen Meilen in Kilometer um, dann stößt man genau auf das heutige Arad!
Man begann mit Ausgrabungen auf dem zweihügeligen Tell, in der Hoffnung, das in Numeri (4. Buch Moses) erwähnte Arad zu finden. Und man hatte auch Erfolg. Kaum einen Meter unter der Erdoberfläche stieß man auf die Reste zweier Städte, aber keine von ihnen war die Stadt der Keniter. Wohl lag auf der westlichen Erhöhung eine Stadt aus der Zeit von Salomo mit einem gewaltigen Tempel, der zugleich als Festung diente. Aber auch auf der südlichen Erhöhung fand man Bedeutendes: eine noch ältere Stadt, die seit dem 31. Jh. v. Chr. über 400 Jahre lang die Handelswege nach Ägypten sicherte. Diese Stadt wurde ebenfalls von den immer wieder einfallenden semitischen Nomaden zerstört.
Angesichts des Fehlens von Ruinen – die erst noch gefunden werden müssen, um zu beweisen, daß Arad wirklich Arad ist – hat man zwei Lösungsvorschläge für dieses Rätsel entworfen: entweder gab es keine Stadt Arad, sondern nur einen Landstrich mit der Bezeichnung »Negev von Arad«, oder wir müssen die Stadt anderswo suchen, etwa bei Tell Malhata, wo heute ebenfalls eine moderne Stadt liegt (ca. 13 km von Tell Arad entfernt). An diesem Ort entdeckte man nämlich große Befestigungsanlagen der Hyksos. Dies könnte eine gute Lösung für die zweimalige Nennung der Städte durch Pharao Scheschonk ergeben. Die alte Stadt könnte danach »Arad vom Haus der Yrhm« sein, während sich »Groß Arad« auf die von Salomo auf dem Hügel errichtete Zitadelle bezöge. Man muß sich jetzt nur einigen, was aber noch lange dauern kann, denn nicht alle Wissenschaftler sind von dieser Theorie überzeugt.

Brunnen in der alten Stadt von Arad, ca. 3000 v. Chr. Man sieht deutlich die einfache Bauweise.

Beth Shean und Beth Shearim

Auf einem Hügel im schönen Tal des Harod, ein kleiner Nebenfluß des Jordans, liegen 120 Meter unter dem Meeresspiegel die Ruinen der einst bedeutenden Stadt Beth Shean. Nicht weniger als vier große Verkehrswege, die sowohl für den Handel als auch für das Militär wichtig waren, kreuzen sich hier. Die Ruinen der Stadt sind verhältnismäßig jungen Datums. Sie stammen aus der hellenistisch-römischen und byzantinischen Ära und erstrecken sich über einen großen Teil des Areals südlich und südwestlich des Berges Tell el-Husn.
Zur Zeit der ägyptischen Herrschaft über Israel war Beth Shean aufgrund seiner Straßen eine bedeutende und gut befestigte Stadt, vor allem in der Epoche, die zwischen der Regierung von Sethos I. und Ramses III. lag (1306 - 1166 v. Chr.). Ramses versuchte hier ein Experiment durchzuführen. Nach dem Sieg über die Seevölker stellte er eine Söldnertruppe auf, die aus den Verteidigern der Stadt - d. h. den Besiegten - rekrutiert wurde. Auch in biblischer Zeit spielte Beth Shean eine besondere Rolle, vor allem im Kampf der Philister gegen König Saul und dessen Söhne, bei dem die Philister die Oberhand behielten. Sie ließen die enthaupteten Leichen von Saul und seinen Söhnen als abschreckendes Beispiel an die Mauern der Stadt nageln. Später eroberte David Megiddo, Taanach und Beth Shean und machte diese Städte zu israelitischen Besitzungen. König Salomo ernannte letztere zur Hauptstadt eines Verwaltungsbezirks, aber um 700 v. Chr. kam nach einer längeren Periode des Verfalls das Ende für Beth Shean. Es dauerte bis zur Regierung von Ptolemäus I. (um 310 v. Chr.), ehe die Stadt wieder zu neuem Leben erwachte. Sie erhielt den griechischen Namen Skythopolis, nach der skythischen Reiterei, die hier stationiert war. Im 2. Jh. v. Chr. fiel Beth Shean in die Hände der Seleukiden. Anschließend eroberte sie Johannes Hyrkanos. Um 63 v. Chr. erlangte die Stadt unter Pompeius neuen Reichtum und wurde später christlicher Bischofssitz. Nach der arabischen Eroberung im Jahre 636 n. Chr. verlor sie an Bedeutung.
Wie die aller anderen Hügelstädte, so reicht auch die

Der Tell von Beth Shean. Er liegt im Tal des Harods, einem Nebenfluß des Jordans. Beth Shean war eine Festung zum Schutz gegen ägyptische Angriffe, vor allem während der Zeit von Sethos I. bis Ramses III. (von ca. 1300–1200 v. Chr.). In biblischen Zeiten widerstand der Tell den Angriffen der Israeliten. Die Leichname von König Saul und seiner Söhne sollen als abschreckendes Beispiel an die Mauern genagelt worden sein. David eroberte später die Stadt; während der hellenistischen Periode hieß sie Skythopolis, Stadt der Skythen. Im Tell fand man 18 Siedlungsschichten.

Stele von Mekal, des Stadtgottes von Beth Shean, dem man eine Lotusblume überreicht. Der Stil der Stele ist echt ägyptisch. Rockefeller-Museum, Jerusalem.

Ausschnitt aus einer Stele Sethos' I., in Beth Shean gefunden. Die Inschrift beschreibt den Angriff der »armseligen Asiaten«, d. h. der Chapiru. Die Stele stammt aus dem 5. Regierungsjahr des Pharaos. Die weißgefärbten Hieroglyphen bedeuten »Beth Shean«.

Basaltrelief aus Beth Shean, 15.–14. Jh. v. Chr. Zu dieser Zeit war Beth Shean ein Bollwerk des ägyptischen Reiches. Doch weist dieses Relief keine ägyptischen Stilelemente auf, sondern erinnert vielmehr an hethitische Vorbilder. Es ist ein Teil eines kanaanäischen Kultgegenstandes; ein Löwe wird von einem Hund angegriffen. Einige Forscher nehmen an, daß es sich nicht um einen Hund, sondern um eine Löwin handelt. Das dürfte falsch sein, denn das Tier ist aufgrund seiner Kopfform – man beachte die Ohren – wohl eindeutig als Hund anzusehen. Israel-Museum, Jerusalem.

Geschichte von Beth Shean Tausende von Jahren zurück. Die Siedlungsschicht ist 21 Meter dick und weist 18 bewohnte Lagen auf. Die unterste Lage, Schicht 18, stammt aus dem 4. Jahrtausend v. Chr. Im Gegensatz zu anderen kanaanäischen Städten war Beth Shean eine kleine Ansiedlung. Der Aufschwung kam erst mit den Jahren. Über den Häusern aus dem Chalkolithikum liegen besser gebaute mit Steinfundamenten und Ziegelmauern. Nach den Funden zu urteilen, wurde Beth Shean von ständigen Zerstörungen heimgesucht. Schicht 10 stammt aus der Zeit der Hyksos (1680 - 1570 v. Chr.), und Schicht 9 fällt in die Zeit Thutmosis' III. (1490 - 1436 v. Chr.). Man hat versucht, die Lagen nach den Lebenszeiten der ägyptischen Pharaonen zu datieren, doch das schlug fehl. Eine wesentlich bessere Methode war dann die Altersbestimmung anhand der reichlich aufgefundenen Keramik, die zeitlich leichter einzuordnen ist. Sicherlich kann man die einzelnen Schichten den Regierungszeiten der Pharaonen zuordnen, vor allem dann, wenn sie Kriege geführt haben, in deren Verlauf die Stadt zerstört wurde. In der »Thutmosis-Schicht« war der interessanteste Fund ein Heiligtum, das mehrere Besiedlungen überdauerte. Es war der Schrein des kanaanäischen Gottes Mekal, des »Herrn von Beth Shean«, wie wir aus den hier gefundenen Votivgaben wissen.

Die mehr als lebensgroße römische Venus aus Beth Shean. Der Marmorstatue fehlt leider der Kopf. Israel-Museum, Jerusalem.

Das römische Theater von Beth Shean. Es liegt außerhalb des Tells und ist sehr gut erhalten.

Auch andere Objekte wurden in großer Anzahl entdeckt: Skarabäen, Statuetten der Göttin Astarte, Schreine in Hausform, Gold- und Silberschmuck - nicht aufsehenerregend, wenn man die primitive Ausführung mit den vergleichbaren Arbeiten aus Ägypten und Mesopotamien betrachtet -, Glasgegenstände und viele der eher eigenartig denn schön wirkenden Terrakottensarkophage, die ein wenig an die ägyptischen erinnern. Sie haben überproportional große Köpfe, mit auf der Brust verschränkten Armen. Man nennt sie auch »Gaza-Särge«, weil sie besonders häufig in diesem Gebiet vorkommen. Derartige Sarkophage wurden vor allem mit den Philistern in Verbindung gebracht.
Viel schöner sind zwei große Stelen von Sethos I., die in Schicht 8 zum Vorschein kamen. Die Hieroglyphen sind leider stark beschädigt, doch die Verzierungen sind gut erhalten und müssen von kundiger Hand angebracht worden sein. Die Stelen lagen verkehrt herum, ein Hinweis, daß sie später als Baumaterial Verwendung fanden. Eine Stele enthält Berichte über militärische Unternehmungen, während wir auf der anderen einen Hinweis auf die Chapiru finden. Auch Sethos I. kam also mit ihnen in Berührung.
In den Schichten 7 und 6 fand man die Überreste eines aus Ziegeln errichteten Tempels, dessen Fußboden besondere Erwähnung verdient: er zeigt auf blauem Hintergrund die lebensgroße Abbildung eines Falken - dem Symbol des ägyptischen Gottes Horus -, der die Kronen von Ober- und Unterägypten trägt. Zwischen 815 und 700 v. Chr. lag eine Zeit des Niedergangs, in der die Stadt zusehends verarmte. Die Häuser waren äußerst primitiv gebaut, ebenso die öffentlichen Gebäude. Ganz das Gegenteil findet man in Schicht 3 und den darauffolgenden. Beth Shean entwickelte sich zu einer großen römischen Stadt, mit einer breiten Hauptstraße im Zentrum, flankiert von Säulen und einem hellenistischen Tempel, der dem Gott Dionysos geweiht war. Ein Hippodrom wurde ebenfalls ausgegraben, doch am eindrucksvollsten ist das prächtige und noch gut erhaltene Theater, das Platz für 8000 Zuschauer bot. In ihm könnte nach einer gründlichen Restaurierung wieder gespielt werden.
Beth Shean war demnach ein bedeutendes Zentrum, das im Kontakt mit den umliegenden Ländern stand. Man hat eine Inschrift mit dem Namen der ägyptischen Hafenstadt Alexandria gefunden, die einst von Alexander dem Großen gegründet wurde, der sie zu einem zweiten Athen machte. Sie war in der ganzen damaligen Welt berühmt als Zentrum der Kultur, Kunst und Wissenschaft. Man fand u. a. Abbildungen von einem Flußgott des Nils sowie vor allem in Rom geschätzte nilotische Landschaftsszenen und ein Meßgerät, mit dem die Ägypter die Höhe des Grundwassers in Verbindung mit den jährlichen Überschwemmungen berechneten.
Theater und Hippodrom stammen aus der Regierungszeit des Kaisers Septimus Severus (193 - 211 n. Chr.). Die technische Ausstattung des Theaters war so konzipiert, daß man sogar Wasserspiele aufführen konnte! Noch heute liegt dieses schöne Bauwerk in einer reizvollen Landschaft, ein kostbares Geschenk aus der Vergangenheit.

Im Gegensatz zu Beth Shean war Beth Shearim eine typisch jüdische Stadt, die früher Besara hieß und zu den Besitzungen der Königin Berenike gehörte. Durch Ausgrabungsfunde aus dem 2. Jh. n. Chr. weiß man, daß Beth Shearim Sitz des Sanhedrin war. Sanhedrin war der Name des Hohen Rates der Israeliten, eine Institution, die u. a. für Kultfragen zustän-

Die Stadt Beth Shearim hatte ihre Blütezeit im 2. Jh. v. Chr. und war der Sitz des Sanhedrin und Aufenthaltsort des Rabbiners Jehuda haNassi. Die jüdischen Katakomben wurden in der Diaspora während der talmudischen Epoche benutzt. Hier auf dem Bild Katakombe 20 mit 130 Kalkstein-Sarkophagen. Auf vielen sind Reliefs mit jüdischen Symbolen angebracht. Auf der Vorderfront des Gebäudes sieht man links und rechts vom Eingang sogenannte blinde Türen aus Stein.

dig war. Die Einrichtung des Rates in Beth Shearim weist auf die große Bedeutung dieser Stadt hin.

Beth Shearim wurde als die vornehmste Nekropole (d. h. Totenstadt) Israels bekannt, da hier der in hohen Ehren stehende Rabbiner Juda lebte, wirkte und begraben wurde. Er gehörte zu den bedeutendsten Gestalten der jüdischen Gemeinschaft in Israel. Daher war es auch der Wunsch zahlloser berühmter Rabbiner gewesen, in Beth Shearim ihre letzte Ruhestätte zu finden. Es gibt hier unzählige Katakomben, die sich teilweise noch in ausgezeichnetem Zustand befinden. Die Grabanlagen sind heute innerhalb eines schönen Parkes gelegen. Die Katakomben sind teils Naturhöhlen, teils in den Felsen geschlagene Behausungen mit unterirdischen Gängen, Sälen und Kammern. Viele Sarkophage wurden aus dem blanken Fels herausgemeißelt oder aus Kalkstein bzw. Marmor angefertigt. Hierbei fällt besonders die Qualität der Plastiken als auch die Form und handwerkliche Ausführung der Särge auf, die übrigens auch aus Holz oder Blei hergestellt wurden.

Die Gräber von Beth Shearim bilden insofern eine Besonderheit, als sie das zweite Gebot nicht befolgen, das die Darstellung von Menschen und Tieren verbietet. Hier finden wir Löwen und Löwinnen, Vögel neben einer großen Anzahl weiterer Tierarten. Ferner gibt es etliche Inschriften in griechisch, aramäisch und hebräisch. Sie sind an den Wänden und Dek-

Sarkophag aus den Katakomben von Beth Shearim. Die sehr einfach ausgeführte Dekoration stellt zwei Löwen dar sowie Fische und Vögel auf einem Baum. Zwischen dem Löwen und der Löwin sieht man eine Antilope (?). Das mosaische Bilderverbot fand in dieser Zeit offenbar kaum Beachtung!

Diese Skulptur aus dem Theater von Beth Shean liegt heute im hohen Gras versteckt. Man sieht zwischen Blattornamenten ein springendes Fabeltier.

ken, auf den Sarkophagen und an den eigenartigen steinernen Türen angebracht. Beth Shearim war offenbar über lange Zeit eine bevorzugte Begräbnisstätte der Juden in Palästina gewesen. Das erklärt, warum man bis heute schon 1400 Gräber entdeckt hat.

Ein anderes wichtiges Bauwerk ist eine Synagoge aus dem 3. bzw. 4. Jh. n. Chr., deren architektonische Ausführung weitaus besser gelungen ist als bei vergleichbaren früheren Gebäuden. Ihre Fassade zeigt in Richtung Jerusalem. Im Jahre 352 n. Chr. wurde die Stadt zerstört und die Begräbnisse nahmen ein Ende. Sie wurden auch nicht mehr aufgenommen, als das byzantinische Reich die Herrschaft über Palästina antrat. Die einst so blühende Stadt geriet völlig in Vergessenheit. Es war ein trauriges Ende für diese echt jüdische Stadt, die selbst für das alte Palästina eine außergewöhnliche Erscheinung darstellte.

Qumran und die Schriftrollen vom Toten Meer

Der Ort heißt eigentlich Chirbet Qumran und liegt nordwestlich des Toten Meeres in einer reinen Wüstenlandschaft, die bekannt ist als die Wüste von Juda. Die Siedlung ist westlich des Wadi Qumran auf einem hohen Plateau gelegen, dessen fast lotrecht abfallende Felswände zahlreiche Höhlen aufweisen. Das älteste auf dem Plateau gefundene Bauwerk datiert aus der Zeit zwischen dem 8. und 6. Jh. v. Chr. Es scheint rechteckig gewesen zu sein, mit einer Seitenlänge von 37,5 Metern. An seiner Nordwestecke stand ein wuchtiger, dreigeschossiger Verteidigungsturm, dessen erste beide Stockwerke aus Steinen, das dritte aus Ziegeln errichtet waren. Im ersten Stockwerk des rechteckigen Baus befand sich ein *Scriptorium,* eine Schreibstube, in der die Bewohner zumindest einen Teil der Qumranhandschriften niedergeschrieben haben.
Rund um das Zentralgebäude lag ein ganzer Komplex von kleinen Nebengebäuden, wie ein Speisesaal, eine Küche und Vorratskammern, eine Art Badehaus und ein großes Wasserreservoir, dessen Wände mit Gips abgedichtet waren. Das wird verständlich, wenn man bedenkt, daß Wasser hier kostbarer als Gold war, da es über eine große Entfernung herangeführt werden mußte, falls regelmäßige Niederschläge ausblieben. Südlich dieser Gebäude lagen der 23 mal 10 Meter große Versammlungsraum und eine Töpferei mit zwei Brennöfen, wovon der eine zum Brennen der kleinen, für den täglichen Gebrauch bestimmten Gefäße diente, während man im anderen die großen Krüge, in denen die Schriftrollen aufbewahrt wurden, brannte. Vorratsräume, ein Obstsilo, Getreidemagazine, eine Schmiede (?), eine Werkstatt, Getreidemühlen und Backstuben versetzten die Bewohner in die Lage, sich weitgehend selbst zu versorgen. Es gab sogar eine Art Stall, mit steinernen Futtertrögen für die Lasttiere. Außerdem verfügte die Siedlung über große Zisternen.
Für diesen hochgelegenen, einsamen Ort – in der Ferne kann man die Oase sehen, aus der die Bewohner wahrscheinlich ihre Lebensmittel bezogen – war natürlich eine geregelte Wasserversorgung von größter Bedeutung. Aus diesem Grund hatte man im Wadi einen Damm errichtet. Ein Aquädukt und einige Kanäle führten von dort das Wasser heran.
Die Menschen, die in Qumran lebten, gehörten zur Sekte der Essener, auch »die Sekte vom Toten Meer« genannt. Ihre Vorgänger wohnten hier seit 800 v. Chr., der Zeit des Königs Usia, »*der Türme in der Wüste erbaute und viele Brunnen grub*«. Eine zweite Gruppe lebte auf dem Plateau während der Regierung

Siedlung der Essener in Qumran. Ruinen der klosterähnlichen Gebäude; links im Hintergrund das Tote Meer.

von Johannes Hyrkanos (135 – 104 v. Chr.). Von ihrer Ansiedlung ist fast nichts mehr erhalten, doch konnte sie anhand dort aufgefundener Münzen nachgewiesen werden. Die kleine Stadt wurde durch ein Erdbeben und einen dadurch verursachten Brand zerstört. Das Erdbeben dürfte sich 31 v. Chr. ereignet haben, da uns der Historiker Josephus Flavius darüber berichtet.

Eine neu angelegte Siedlung wurde 68 n. Chr. durch die Römer – während des Aufstandes in Israel – verwüstet, und bis 90 n. Chr. war hier eine römische Garnison stationiert, denn Qumran lag an einem, in strategischer Hinsicht fast uneinnehmbaren Punkt. Während des Aufstandes von Bar Kochba haben sich viele Flüchtlinge in den Höhlen rund um Qumran versteckt. Für uns heute am bedeutendsten ist jedoch die Tatsache, daß die Essener die Schriften der Bibel abschrieben und kopierten, und darüber hinaus eigene Kommentare anfertigten, die uns einen Einblick in ihr Sektierertum gestatten. Ein Großteil der in den Krügen gefundenen Rollen besteht aus Pergament, das sie vielleicht selbst, möglicherweise in der Oase herstellten, denn dort hat man Wasserbehälter ausgegraben, die zu einer Gerberei gehörten.

Der Fund der Schriftrollen hat in der ganzen Welt großes Aufsehen erregt. Die Beduinen, die dieses Gebiet sehr genau kannten und für die das Erreichen der nahezu unzugänglichen Höhlen in den senkrecht abfallenden Wänden kaum Schwierigkeiten bereitete, entdeckten sie als erste. Im Jahre 1947 wurden sieben Rollen zum Kauf angeboten. Einige davon erwarb die Hebräische Universität von Jerusalem, wo sie für eine Sensation sorgten. Die übrigen Rollen gingen ins Ausland, doch kaufte sie später der israelische Staat zurück. Alle bis heute gefundenen Rollen werden gegenwärtig im »Schrein des Buches« im Israel-Museum in Jerusalem aufbewahrt.

Kurz darauf begann man mit wissenschaftlichen Grabungen in den Höhlen von Qumran, und man entdeckte weitere Rollen, aus denen man neue Erkenntnisse über die Bibel gewinnen konnte. Die Pergamentrollen sind mit einer Tinte beschrieben, die man aus zerstoßener Holzkohle herstellte. Einige Rollen bestehen aus einem dünnen Kupferblech, in das man die Buchstaben eingeritzt hat, andere wiederum aus

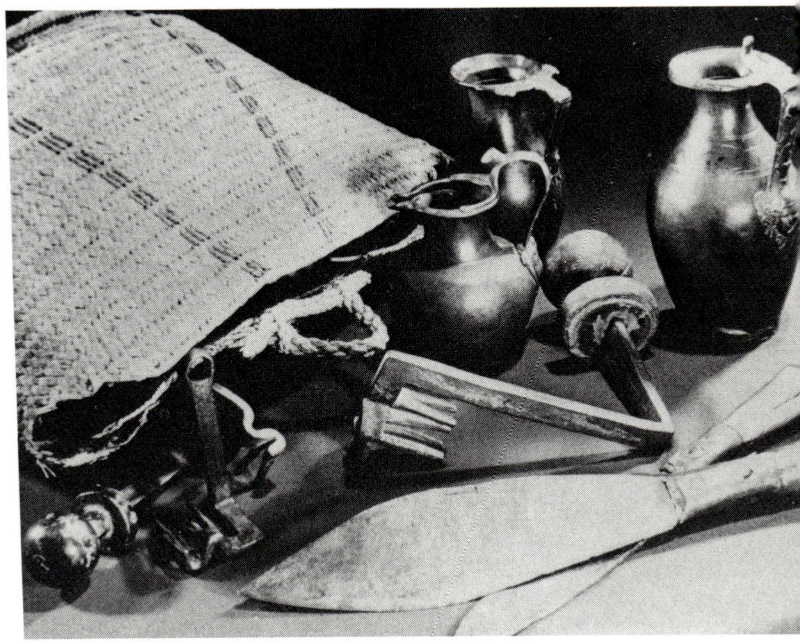

Schilfkorb mit den darin gefundenen Bronze-Gegenständen. In der Mitte ein Schlüssel. Möglicherweise stammen die Gegenstände aus der Beute von Bar Kochba, denn sie weisen typisch römische Herkunft auf. Israel-Museum, Jerusalem.

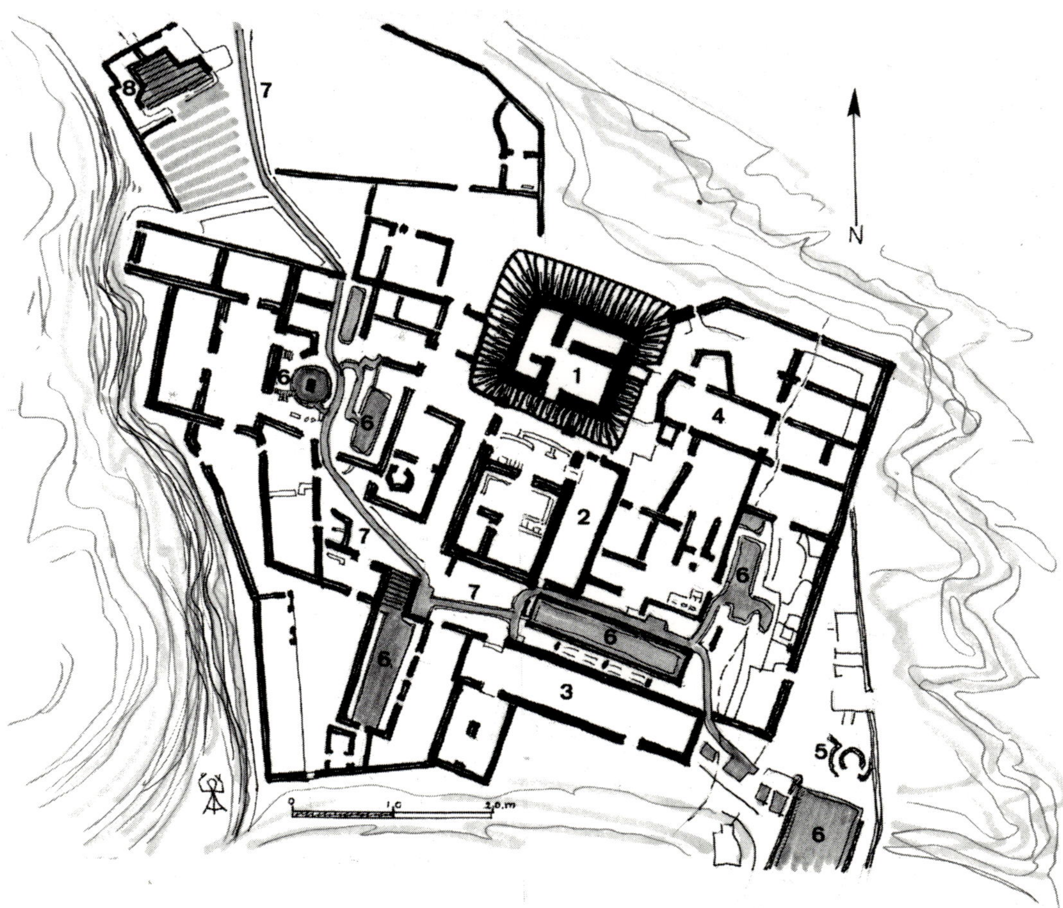

Qumran, in deren Umgebung man die »Schriftrollen vom Toten Meer« gefunden hat. Die ältesten Gebäude stammen aus dem 8.–6. Jh. v. Chr. Der Komplex wurde mehrmals wieder erneuert. Die Siedlung der Essener wurde durch die Römer 68 n. Chr. zerstört.

1 *Turm mit 3 Stockwerken.*
2 *Scriptorium, wo man die Schriftrollen abschrieb.*
3 *Versammlungsraum (Refektorium) und Speisesaal.*
4 *Küche.*
5 *Töpferei mit Brennöfen, in denen man die Krüge für die Schriftrollen brannte, um sie darin aufzubewahren.*
6 *Zisternen.*
7 *Aquädukt.*
8 *Badebecken für die rituellen Waschungen.*

Wadi von En-Gedi in der »Wildnis von Juda«. Gazellen laufen auf einem Weg, wie zu der Zeit, als sich hier David vor Saul versteckte. Auf den Bäumen leben die merkwürdigen Hyraxen oder Klippschliefer, die zoologisch mit den Elefanten verwandt sind.

dem damals sehr kostspieligen Papyrus, das aus Ägypten importiert wurde. Die Texte der meisten Rollen sind in hebräisch verfaßt und stammen aus drei Perioden: der Zeit vor 150 v. Chr., der Epoche der Makkabäer bzw. Hasmonäer (152 - 37 v. Chr.) und der Zeit der Heroderkönige (37 v. Chr. - 100 n. Chr.). Das wirklich Bedeutende dieser Entdeckung liegt darin, daß man jetzt über Bibeltexte verfügt, die mehr als 1000 Jahre älter sind als die bisher bekannten. Die Bibelabschriften stammen ungefähr aus dem Zeitraum von 200 v. Chr. bis 200 n. Chr. Es handelt sich um zwei verschiedene Arten von Texten: biblische und apokryphe Bücher sowie besondere Texte, die nur für die Essener selbst bestimmt waren und so etwas wie ein geheimes Wissen darstellten. Man fand bisher fast alle zur Bibel gehörenden Bücher, mit Ausnahme des Buches Esther.
Die Kupferrollen sind, wie die meisten anderen auch, in hebräisch geschrieben, doch fällt ihr Text ziemlich aus dem bekannten Rahmen. Sie schildern nämlich ein angebliches Versteck der großen Schätze des Tempels von Jerusalem. Man hat sich natürlich sofort auf die Suche begeben, doch bis heute noch nicht einmal einen kleinen »Schatz« gefunden. Die Wissenschaftler streiten sich im übrigen um die Authentizität des Textes. Es kann durchaus sein, daß es sich dabei um eines der zahlreichen orientalischen Märchen handelt, die man sich, selbst heute noch, so gerne erzählt.
Von Zeit zu Zeit wird allerdings doch etwas gefunden. Das war z. B. der Fall bei den Briefen des Rebellen Bar Kochba, auch Bar Kosiba genannt. Hier handelt es sich um echte Briefe, wobei der Fundbericht sehr romantisch gefärbt ist. Zwischen der schönen Oase En-Gedi und Masada gibt es in den steilen Schluchten, die sich bis zum Toten Meer erstrecken, zahlreiche Höhlen. Diese Grotten waren bereits seit frühester Zeit bewohnt, denn man hat hier Artefakte aus dem 4. Jahrtausend v. Chr. gefunden. Die Funde reichen von chalkolithischer Keramik, Matten und Gräbern bis zu den Überresten aus römischer Zeit. Ebenso gibt es hier Spuren einer frühen israelitischen Ansiedlung. Überall stieß man auf kleine römische Lager, die die Wege der Flüchtlinge blockieren konn-

Ausgrabungen bei En-Gedi. Ruinen aus dem 4. Jahrtausend v. Chr. Sie liegen auf einer Anhöhe oberhalb des Wasserfalls. Der runde Bau in der Mitte war wahrscheinlich ein Heiligtum, denn man fand hier einen Altar.

ten, denn es herrschten damals unruhige Zeiten, in denen fast regelmäßig kleinere und größere Aufstände der iraelitischen Bevölkerung ausbrachen, die sich nicht dem römischen Joch beugen wollte. Auch in der Wüste von Juda hielten sich Aufständische verborgen. Einer von ihnen war der gefürchtete Bar Kochba, der an der Spitze einer starken Rebellengruppe stand, die langsam aber sicher von den Römern eingeschlosssen wurde.
Die Höhlen, in denen man die Briefe von Bar Kochba fand, wurden von Yigael Yadin entdeckt, der vor allem durch seine Ausgrabung von Masada, dem Bollwerk von Herodes, berühmt geworden ist. Die Briefe sind ungefähr 1800 Jahre alt und stammen aus der Zeit des letzten Aufstandes gegen die Römer, der die Befreiung von der verhaßten Besatzungsmacht zum Ziel hatte. Die Kriege gegen Rom begannen heute bestehenden Form. Nach der Einnahme von Jerusalem erblühte das jüdische Leben in der Diaspora. Damit wurde aber gleichzeitig der Grundstein für neue Aufstände gelegt. Im Jahr 115 n. Chr. erhoben sich die einflußreichen Juden in der Cyrenaika (Libyen) gegen die dort ansässige Bevölkerung, die in ihrer Not Rom zu Hilfe rief. Auch in Ägypten, auf Zypern und in Mesopotamien lehnten sich die Juden gegen ihre Unterdrücker auf. Zwischen 115 und 117 n. Chr. flammten fast an allen Orten, wo Juden lebten, Aufstände auf, deren Ursachen in den lokalen Gegebenheiten zu suchen sind. Die Unruhen griffen sogar auf Palästina über.
Sechzig Jahre nach dem ersten Aufstand entfesselte der schon erwähnte Bar Kochba einen zweiten. Die Rebellion, die drei Jahre dauerte, schien für die Juden zunächst erfolgreich zu verlaufen. Bar Kochba und seinen Leuten gelang es sogar, das

Felsenhöhlen von En-Gedi, in denen sich aufständische Juden, wie z. B. die Anhänger von Bar Kochba, für den Gegner unauffindbar, verbergen konnten.

66 n. Chr. mit dem ersten Aufstand, der im Jahr 71 n. Chr. mit der Niederlage der Rebellen und der Verwüstung von Jerusalem sowie der Zerstörung des Tempels durch Titus endete. In Rom errichtete man einen Triumphbogen, der an den Sieg der römischen Legionen erinnert. Auf dessen Reliefs sieht man u. a., wie die goldene Menora, der siebenarmige Leuchter, als Beutestück der Sieger im Triumphzug durch die Straßen Roms getragen wird. Einige Jahre später erfolgte die Einnahme von Masada, und Rom ließ Münzen prägen, auf denen zu lesen stand »Judea capta«, was soviel wie »Judäa ist erobert« bedeutet. Offenbar stellte die israelitische Frage für Rom ein größeres Problem dar, das es unbedingt zu lösen galt. Danach bildeten sich neue Zentren jüdischer Gelehrsamkeit, die Gesetze wurden neu interpretiert und neue Vorschriften erlassen. In dieser Zeit entstand das Judentum in seiner noch von den Römern besetzte Jerusalem zurückzuerobern. Kaiser Hadrian bereitete daraufhin einen großangelegten römischen Gegenangriff vor.
Bar Kochba war allerdings eine sehr zwiespältige Gestalt, die einen unmenschlichen und grausamen Krieg führte. Aus seinen Briefen lassen sich Rückschlüsse auf seinen Charakter ziehen. Stets fällt seine Brutalität und Hartherzigkeit gegenüber seinen Anhängern als auch seinen Feinden auf. Er nannte sich selbst »König von Israel«, obwohl er nicht das geringste Anrecht auf diesen Titel besaß. Aus jüdischen Quellen ist übrigens recht wenig über diesen Mann bekannt. Sein Name soll nach Ansicht der Kirchenväter »Sternensohn« bedeuten. In jüdischen Schriften wird er jedoch Bar Kosiba genannt, und das bedeutet allerdings etwas ganz anderes, nämlich »Sohn eines Betrügers«. Vielleicht deshalb,

weil er letztlich sein Versprechen, Israel zu befreien, nicht verwirklichen konnte, trotz des hoffnungsvollen Beginns. Bar Kochba mußte sich schließlich in die Höhlen am Toten Meer zurückziehen, die schon so vielen Verfolgten als Zufluchtsstätte gedient hatten.
Doch Bar Kochba gab seinen Kampf nicht auf und wandte sich mit vielen Briefen an Menschen, von denen er Hilfe erwartete. Seine Briefe – meist von einem Schreiber und nur selten von ihm selbst geschrieben – spiegeln seinen Charakter zu einem großen Teil wider. Er diktierte seine Befehle im Telegrammstil und drohte denjenigen, die seinen Wünschen nicht nachkommen wollten, mit Vergeltungsmaßnahmen.
Aus den Funden von Bar Kochba und den Seinen lernen wir eine Zeit kennen, über die wir sonst nur wenig wissen. Man hat Kleidungsstücke, Sandalen, Waffen, Sicheln und viele Bronzegegenstände italischer Herkunft sowie Wollknäuel und Strickarbeiten, Schüsseln, Körbe und Matten, Gebetsriemen und andere Kultgegenstände, Kosmetika und Glasartikel entdeckt. Man stieß auf eine »Pfeilhöhle« und eine »Höhle des Schreckens«, in der 40 Skelette lagen. Die »Höhle der Briefe« ist die größte – sie liegt 200 Meter über dem Wadi und 100 Meter unterhalb des Plateaus. Sie ist schwer zugänglich, und doch wohnten hier über einen längeren Zeitraum Menschen, die sich mit Wasser und Lebensmittel versorgen mußten. Die Höhle ist 120 Meter lang und setzt sich aus drei großen Hallen zusammen, in denen man die meisten Gegenstände und die Briefe gefunden hat. Am wichtigsten ist vielleicht der einzige, von Bar Kochba selbst auf eine Holztafel geschriebene Brief. Er trägt die Unterschrift »*Simeon Bar Kochba, Fürst von Israel*«.

Zu den Städten und Oasen, die auf der Seite von Bar Kochba standen, und die am Ende mehr oder weniger den Mut verloren, noch länger gegen die Römer zu kämpfen, gehörte auch die – heute immer noch schöne – Oase En-Gedi, die in einem höhlenreichen Gebiet liegt und bereits zur Zeit der Monarchie oft als Zufluchtsort diente, u. a. für David, als er vor König Saul fliehen mußte. Während des Chalkolithikums (etwa 3300 v. Chr.) lag im Westen des Tells von En-Gedi, über der Quelle, ein großer Gebäudekomplex, der von einer Ringmauer mit zwei Türmen geschützt wurde. Bei Ausgrabungen fand man in seinem Zentrum einen kleinen Rundbau, von dem man noch nicht genau weiß, welchem Zweck er diente. Möglicherweise war es ein Kultplatz. Im 20 Meter langen Hauptgebäude könnte sich ein Schrein oder ein Opferaltar befunden haben, worauf z. B. die zahllosen Knochen hinweisen sowie eine dicke Aschenschicht und Tongefäße. Vielleicht handelt es sich um eine Kultstätte, die einst von Wanderhirten oder Bewohnern der umliegenden Oasen aus der Wüste Judas errichtet worden war.

Die Tragödie von Masada

Einst war Masada mit seinen starken Befestigungsanlagen und seiner hervorragenden Wasserversorgung der Zufluchtsort von Herodes. Dann wurde es während der römischen Belagerung unter dem Provinzstatthalter Flavius Silva zum Ort eines schrecklichen Ereignisses – dem Selbstmord von 960 jungen und alten Menschen, die in der Festung eingeschlossen waren. Heute ist Masada das Prunkstück der israelitischen Grabungsstätten und ein Anziehungspunkt für alle Besucher des Landes, die seine großartigen Bauwerke auf dem 400 Meter hohen Felsenmassiv bewundern und die Aussicht auf die Wüste und das Tote Meer genießen wollen. Masadas geographische Lage war gleichzeitig seine strategische Stärke. Es ist nicht verwunderlich, daß dieses rhombusförmige Massiv, höher als die umliegenden Berge, mit einer Ringmauer von ca. 1800 Meter Länge und geschützt von 110 Türmen und drei Toren, von den Bewohnern als uneinnehmbar angesehen wurde.

Nach dem Historiker Josephus Flavius – einem Juden, der auf Seiten der Römer stand und der uns eine ausführliche Beschreibung von Masada und über den Kampf um die Festung hinterlassen hat – soll mit dem Bau der Anlage im Jahre 62 v. Chr. begonnen worden sein. Zunächst war sie nur eine gewöhnliche Festung, die der Hohepriester Jonatan, wahrscheinlich der Bruder von Judas Makkabäus, errichten ließ. Die Anlage wurde später von einem Gegner des Antipas, dem Vater von Herodes, eingenommen. Antipas lebte zu dieser Zeit in Rom, doch als er nach Palästina zurückkehrte, erbaute er einige mächtige Festungen – das Herodium und Masada –, in die sich der König, seine Familie und der Hofstaat in Notzeiten zurückziehen konnten. Josephus, der uns eine sehr genaue Beschreibung des Gebäudekomplexes gibt, muß ihn wohl persönlich in Augenschein genommen haben. Masada galt, ebenso wie das Herodium, als eine Meisterleistung der damaligen Baukunst. Das Herodium lag auf einem künstlichen, kegelförmigen Hügel, während Masada eine von der Natur geschaffene Festung darstellte, die man nur über den Weg von der Oase En-Gedi oder über den berühmten Schlangenpfad erreichen konnte, einem steilen, gewundenen Weg, der durch mehrere Haarnadelkurven nach oben zu einem der drei Tore in der Kasemattenmauer führte. Ein zweites Tor, das Wassertor, befand sich an der Stelle, an der die Sklaven und die Lasttiere, beladen mit Wasser aus weit entfernt liegenden Zisternen, ankamen. Die römischen Bäder der königlichen Familie als auch die der Bewohner benötigten enorm viel Wasser. Das dritte Tor lag an der breiten Treppe, die zum Westpalast führte.

Weg zu den unteren Terrassen an der Nordecke von Masada. Sie sind heute über eine außen herumführende Treppe zu erreichen. Im Hintergrund das Tote Meer.

Die Form und die Lage von Masada müssen seit frühester Zeit Menschen dazu bewogen haben, hier oben zu siedeln. Doch die Ausgrabungen haben bislang fast nichts zutage gebracht außer ein paar Keramikscherben aus dem Chalkolithikum. Die ersten Gebäude stammen aus der Zeit des Herodes. Das Plateau war damals sehr dicht bebaut. Die südliche Hälfte wurde fast vollständig von einem Palast und dessen Nebengebäuden eingenommen.

Der nördliche Palast, er dürfte der eindrucksvollste von Masada gewesen sein, zeigt, daß Herodes oder seine Baumeister über einen guten architektonischen Geschmack verfügt haben. Längs des steilen nördlichen Abhangs erhob sich der Palast, verteilt auf drei Felsterrassen, und zwar auf eine Art, die an »hängende Gärten« erinnert. Um die Anlage dieser Terrassen zu ermöglichen, mußte man gewaltige senkrechte Stützmauern errichten. Die tiefste Terrasse liegt 30 Meter unterhalb des Plateaus und scheint über dem bodenlosen Abgrund zu schweben. Ihre Seitenlänge beträgt 15 Meter und sie besaß einst Säulenreihen mit vergoldeten Kapitellen. An der Ost- und Westseite waren zwischen den Säulen eine Art Gemächer eingelassen. Die Wände hatte man nach römischer Sitte verziert, doch Herodes scheint nicht genügend Geld besessen zu haben, um echten Marmor verarbeiten zu lassen. Man imitierte daher den Marmor mittels Stuck und Malereien, ein Verfahren, das wenig kostete und doch seinen Zweck erfüllte. Auf dieser Terrasse befand sich auch ein kleines, gut ausgestattetes Bad. An der Westseite führte eine Treppe hinauf zur zweiten Terrasse. Die Treppe überbrückt 15 Höhenmeter. Herodes war offenbar sehr angetan von der schönen Aussicht . . .
Die zweite Terrasse weist zwei konzentrische Mauerkreise auf, auf denen wohl Säulen standen, so daß wir es hier mit einem *tholos*, einem kleinen Rundtempel, zu tun haben. Von hier aus führte eine zweite Treppe zur obersten Terrasse hinauf. An der einen Seite befand sich eine halbrunde Plattform, und gegenüber, beiderseits eines Korridors, vier Räume, die

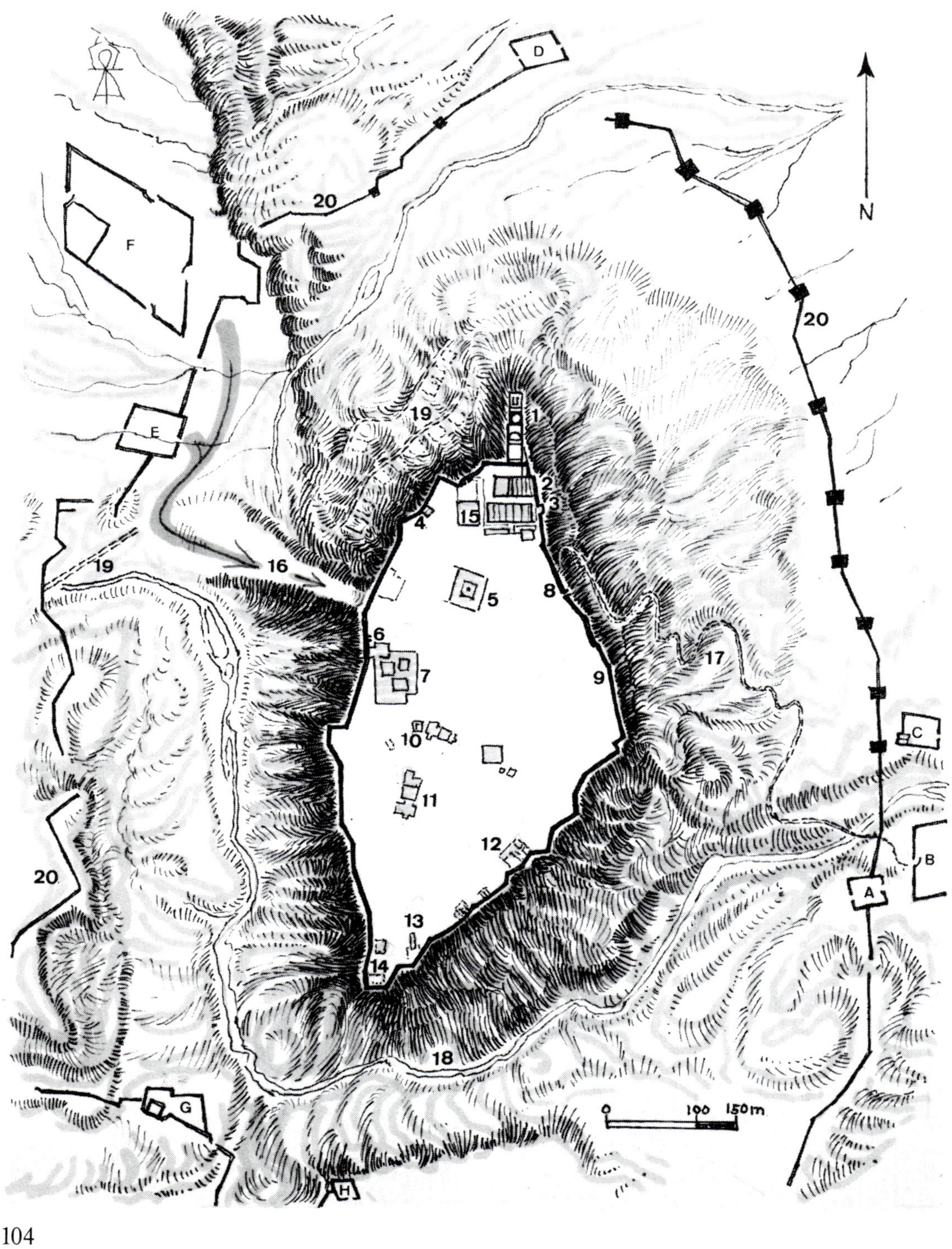

Plan von Masada

1 Nördlicher Palast von Herodes; dreistöckig.
2 Badehäuser.
3 Lagerhäuser.
4 Synagoge.
5 Gebäude.
6 Westtor.
7 Westlicher Palast von Herodes.
8 Schlangenpfadtor.
9 mikveh, Bad für rituelle Reinigung.
10 Schwimmbad.
11 Kleiner Palast.
12 Byzantinische Kapelle.
13 Zisternen.
14 Südliche Befestigung.
15 Verwaltungsgebäude.
16 Angriffsweg und Angriffsrichtung der Römer (siehe auch Photo).
17 Schlangenpfad.
18 Tal von Masada.
19 Zisternen und Aquädukte.
20 Belagerungsmauer der Römer unter dem Feldherrn Silva.
A–H Lager der Römer.

Belagerungsrampe vor Masada, auf der die Römer unaufhaltsam gegen die Festung vorrückten. Diese Rampe ist fast 200 m lang. An ihrem Ende stand der Rammbock, während Wurfmaschinen die Verteidiger unter Beschuß nahmen.

mit schwarzweißen Mosaiken geschmückt waren. Eine starke weiße Mauer trennt den eigentlichen Palast von den übrigen Bauten, darunter große Lagerräume und Verwaltungsgebäude. Südlich davon lag eine 30 mal 25 Meter große öffentliche Thermenanlage. Daneben gab es einen aus dem Felsen geschlagenen Teich und Baderäume mit Wannen. Das *Hypokaustum*, d. h. die Fußbodenheizung, ist noch gut erhalten. Ein dicker Ziegelboden, der von unten beheizbar war, ruhte auf kleinen Ziegelsäulen, die gerade so hoch waren, daß ein Sklave darunterkriechen konnte, um das Feuer zu bedienen. Die Wände des Bassins waren wasserdicht verputzt und bemalt.

Außer dem nördlichen Palast gab es auch einen im Westen des Plateaus. Dieser war zwar nicht sehr groß, muß aber sehr schön ausgestattet gewesen sein. Hier befand sich das königliche Verwaltungszentrum. Die Räume waren rund um einen größeren Innenhof gruppiert. Man entdeckte auch eine Synagoge, die den aufständischen Zeloten als Zufluchtsort diente, als sie Masada gegen die römischen Invasoren verteidigten.

Das erstaunlichste Projekt von Masada stellt seine Wasserversorgungseinrichtung dar. In diesem Wüstengebiet regnet es jährlich nur einige wenige Male, aber dann in wolkenbruchartigem Ausmaß. Quellen sind in der näheren Umgebung nicht vorhanden, so daß man auf den menschlichen Erfindungsgeist zurückgreifen mußte. Es war unbedingt nötig, die umfangreichen Niederschläge zu speichern, und deshalb legte man in den Felsen riesige Zisternen an, die ein Fassungsvermögen von 45 Millionen Liter Wasser besaßen. Damit das Regenwasser nicht abfließen konnte, wurde es durch Dämme in den Wadis der unmittelbaren Umgebung aufgestaut. Ein Aquädukt führte es zu den zwölf tiefergelegenen Zisternen. Von dort aus transportierten Sklaven das Wasser in großen Krügen zu den oben auf dem Plateau liegenden Zisternen.

Blick auf die Mittelterrasse von Masada; das rautenförmige Gebilde im Hintergrund war ein Lager der Römer.

Die ereignisreiche Geschichte von Masada begann im Jahre 40 v. Chr., als der Berg für Herodes und die Seinen noch ein sicherer Zufluchtsort war. Nach Herodes Tod sollen andere Besatzer seinen Platz eingenommen haben, und zu Beginn des ersten Aufstandes, 68 v. Chr., verlegte man eine römische Garnison nach Masada, die später von den Zeloten vertrieben wurde. Die Zeloten waren äußerst strenge Verfechter der jüdischen Lehre. In dieser Hinsicht versuchten sie mit unglaublichem religiösen Fanatismus Andersdenkende zu überzeugen, und wenn ihnen dies nicht gelang, sie ebenso unbarmherzig zu verfolgen.

Es ist deshalb nicht verwunderlich, daß sie als die ärgsten

Feinde Roms galten. Die Zeloten wußten sich in Masada bis 73 n. Chr. zu behaupten.
Die römischen Heerführer in Palästina begriffen bald, daß Masada unbedingt erobert werden mußte, um den Frieden im Land wiederherzustellen. Den Befehl zu diesem Unternehmen erhielt Flavius Silva, der sich bereits bei ähnlichen Aktionen Verdienste erworben hatte. Die Zeloten waren nach dem Fall von Jerusalem im Jahre 70 n. Chr. nach Masada ausgewichen, da sie aufgrund der gewichtigen Rolle, die sie während des Aufstandes gespielt hatten, das Schlimmste von seiten der Römer fürchten mußten. Sie wollten es auf jeden Fall vermeiden, in die Hände nichtjüdischer Eroberer zu fallen.
Der Provinzstatthalter Silva war fest entschlossen, die Ansiedlung der aufständischen Zeloten in Masada auf Dauer zu verhindern. Er ließ um das gesamte Felsmassiv eine drei Kilometer lange Belagerungsmauer errichten, um so die Stadt von der Außenwelt abzuschneiden. Dann baute man eine Erdrampe, die zur schwächsten Stelle der Festung, der westlichen Mauer, führte. Nach Fertigstellung der Rampe postierte man an deren oberem Ende die Belagerungsmaschinen, darunter einen gewaltigen Rammbock, mit dem man die Tore eindrücken wollte. Riesige Wurfgeräte schleuderten Steinbrocken in die Festung, die bei ihrem Aufprall alles zertrümmerten. Die Steinkugeln, die heute noch zu sehen sind, waren so groß wie ein Fußball; andere besaßen sogar einen Durchmesser bis zu 40 Zentimeter.
Trotz ihrer Vorräte erkannten die Anführer der Zeloten bald ihre hoffnungslose Lage. Die Römer ihrerseits brauchten keine großen Anstrengungen zu unternehmen, um Masada schließlich doch in die Hände zu bekommen. Sie hatten Zeit, und einmal mußten auch die Vorräte an Wasser und Nahrungsmitteln in der Festung zu Ende gehen, denn Nachschub war unmöglich, weil kein Zelote Masada verlassen bzw. hineingelangen konnte. Die Gemeinschaft auf dem Plateau – 960 Männer, Frauen und Kinder – wohnte in kleinen Räumen, die man in der Kasemattenmauer eingerichtet hatte. Die Frauen verrichteten die Hausarbeit, während die Männer für die Verteidigung zuständig waren. Tag und Nacht mußte man mit einem Angriff der Römer und deren Hilfstruppen rechnen.
Das Schlimmste ereignete sich dann ganz unerwartet. Die Tore am Turm gegenüber der römischen Rampe waren aus massivem Holz und fest verbarrikadiert. Dahinter hatte man einen Erddamm aufgeworfen, der die Stöße des Rammbocks auffangen sollte. Silva beschloß nun, die Holztore in Brand zu stecken – was weiter nicht schwer war, denn in dieser Region trocknet Holz sehr schnell aus und brennt dann wie Zunder. Den Anführern der Zeloten war bald klar, was ihnen bevorstand: war das Holz erst einmal verbrannt, dann konnte der Rammbock sein Werk verrichten.
Zunächst eilte Masada der Wind zu Hilfe, der in der Ebene und zwischen den Bergen stark und beständig weht. Der Wind blies die Flammen in Richtung der römischen Soldaten, die daraufhin eiligst die Flucht ergreifen mußten, sehr zur Freude der Zeloten, die hierin das Werk Jahwes sahen. Doch die Zeloten hatten sich zu früh gefreut. Zu ihrem Entsetzen drehte der Wind erneut, und jetzt gerieten die Tore schnell in Brand. Damit war das Ende von Masada angebrochen . . .
Die Römer konnten die Wirkung des Brandes am Tor in ihrem Lager in Ruhe abwarten. Der Rammbock, geschützt von den großen Belagerungstürmen würde am folgenden Tag das Schicksal der Stadt besiegeln. Die Römer hatten während der Belagerung keine militärischen Probleme mit den Zeloten, denn durch den Angriff auf nur eine Stelle der Stadtmauer waren die Verteidiger nicht in der Lage, ihre Steingeschoße einzusetzen, die überall bereitlagen, um sie über die steilen Abhänge hinunterzurollen. Die Römer waren außerdem durch ihre gefürchteten Bogenschützen und Lanzenwerfer gut geschützt.
Da sie damit rechneten, daß die Zeloten während der Nacht versuchen würden, einen Ausfall zu unternehmen, stellten sie verstärkt Wachtposten auf, was sich allerdings als unnötig erwies. Nicht einer der Zeloten dachte daran, die Festung zu verlassen. Sie waren sich vielmehr darüber einig geworden, daß alle den Beschluß des Anführers Eleazar befolgen sollten. Lieber wollten sie sterben, als das Los von Besiegten tragen zu müssen. Man wollte nicht Selbstmord verüben – dies sollte nur dem letzten Überlebenden vorbehalten sein, wahrschein-

Lager von Silva, Oberbefehlshaber der Belagerungsstreitkräfte von Masada. Die Festung wurde von den Zeloten bis zur Eroberung durch die Römer (73 n. Chr.) bewohnt. Masada war wohl die bislang aufsehenerregendste Ausgrabung in Israel. Silvas Lager ist das bedeutendste und wurde eigens für die Belagerung errichtet. Er befehligte die 10. Legion.

lich dem Anführer selbst. Seiner Meinung nach hatte sie Jahwe aller Hoffnung auf Rettung beraubt und aufgrund ihrer »eitlen Erwartungen« mußten sie nun die Strafe über sich ergehen lassen. Keine Frau sollte befürchten müssen, von einem Römer vergewaltigt zu werden, kein Kind sollte später das Leben eines Sklaven führen. Deshalb mußten die Männer zuerst die Frauen und Kinder töten, um dann anschließend von denjenigen, die durch das Los dazu bestimmt waren, selbst getötet zu werden. Die letzten zehn überlebenden Männer sollten von Eleazar umgebracht werden. Er selbst wollte dann Selbstmord begehen.
Natürlich gab es Widerstand seitens derjenigen, die Mitleid mit den Frauen und Kindern hatten, doch der redegewandte Eleazar wußte sie von seinem Plan zu überzeugen. Jeder sollte getötet werden, aber nicht bevor man alle wertvollen Dinge verbrannt hatte, mit Ausnahme der Lebensmittelvorräte. Auf diese Weise wollte man den Römern zeigen, daß weder Hunger noch Durst die Gründe für die Aufgabe waren, sondern, daß sie aus Stolz den Tod vorgezogen hatten, als in römische Hände zu fallen. Männer, Frauen und Kinder legten sich auf den Boden und ließen sich von den dazu Auserwählten abschlachten. Als auch die letzten neun Zeloten tot waren und wohl nur noch Eleazar lebte, steckte er den Palast in Brand und stürzte sich dann in sein Schwert, in der vollen Überzeugung, daß niemand lebend in die Hände der Römer fallen würde.
Er sollte sich jedoch geirrt haben. Fünf Kinder, ein Mitglied aus der Familie des Anführers und eine alte Frau hatten sich in einem unterirdischen Wasserzufluß verborgen und kamen

Diese riesigen Steinbrocken wurden von Wurfmaschinen auf die Verteidiger von Masada geschleudert.

so mit dem Leben davon. Als die Römer über Leitern in die Festung eindrangen, fanden sie niemanden vor. Sie erhoben ihr gefürchtetes und bekanntes Kriegsgeschrei, in der Erwartung, den Feind damit herauszulocken, aber nur die sieben Überlebenden kamen aus ihrem Versteck hervor und erzählten die schreckliche Geschichte, die man zunächst nicht glauben wollte. Die Bemühungen, das Feuer zu löschen, waren vergeblich. Nach Aussage des Geschichtsschreibers Flavius Josephus »*bewunderten sie den tapferen Entschluß des Feindes*«.

Die Funde der Archäologen in Masada waren teilweise grauenhaft. So entdeckten die israelitischen Ausgräber auf den Stufen zum Kaltwasserbassin im Badehaus das Skelett eines Mannes im Alter von etwa 20 Jahren und das einer jungen Frau, an deren Schädel sich ihre braunen Haare erhalten hatten; ihre Sandalen hatte sie neben sich gelegt. Das dritte Skelett war das eines Kindes. Auf den Treppenstufen waren noch die Blutspuren zu sehen . . .

Später fand man in den Höhlen unter der Kasemattenmauer die Skelette von sechsundzwanzig Frauen und Männern, darunter das eines Embryos. Sie waren wohl von den Römern dort hinunter geworfen worden. Auch die Lose der letzten

Luftaufnahme von Masada. Nicht weniger als 960 Juden verteidigten sich hier drei Jahre lang gegen die Römer. Im Jahr 73 n. Chr. ließen sie sich von ihren eigenen Leuten töten, um nicht in Feindeshand zu fallen.

zehn Männer hat man gefunden – es waren Tonscherben, auf denen ihre Namen standen, darunter auch der von Eleazar. Bronze- und Silbermünzen, die man während der Belagerung in Masada geprägt hatte, Kleidungsstücke, Kochtöpfe und sogar vierzehn, aus Qumran stammende Schriftrollen gehören zu den wertvollen Objekten, die man hier entdeckt hat. Sie befinden sich jetzt im Israel-Museum. Masada selbst wurde nach seiner Ausgrabung eine vielbesuchte Touristenattraktion.

Kapernaum in Galiläa

Die Stadt Kapernaum, nicht weit vom See Genezareth gelegen, ist für israelitische Verhältnisse eine »junge« Stadt, da sie nur auf 19 Jahrhunderte ihres Bestehens zurückblicken kann, was in diesem Gebiet kein besonders hohes Alter bedeutet. Kapernaum ist eine römische Gründung, gelegen an der großen Straße nach Damaskus. Ihr Alter sagt noch nichts über Galiläa aus, das eine weitaus ältere Geschichte aufzuweisen hat. Galiläa ist so etwas wie ein irdisches Paradies, vor allem was das Klima und den fruchtbaren Boden betrifft. Das ist auch der Grund, warum es bereits seit frühester Zeit von zahllosen Völkern bewohnt wurde. Die Landwirtschaft bildete seit der Erfindung des Ackerbaus die Grundlage einer blühenden Ökonomie. Aufgrund dieses Reichtumes war Galiläa oft genug die Beute zahlreicher hab- und besitzgieriger Eroberer.

Be'er Sheva, eine Stadt im Negev, spielte eine große Rolle in der Geschichte der Erzväter. Die Erzählung von Abimelech und Abraham soll sich hier zugetragen haben. Isaak wohnte hier, und Jakob brachte Opfer dar. Der Tell Be'er Sheva wurde von Kenyon ausgegraben. Auf dem Bild ein Schnitt durch den Nordhang, der den Blick auf die verschiedenen Siedlungsschichten freigibt.

Hier gibt es einen fischreichen See, und ein kleiner Fluß, der Jordan, verläuft durch dieses Gebiet. Mehrere Bäche münden in den See, und viele Quellen, sowohl am See selbst als auch im umliegenden Land, zogen seit vorgeschichtlichen Zeiten die Menschen an diesen Ort. Der fruchtbare vulkanische Boden schuf die Voraussetzung für die Entstehung zahlloser Dörfer und Stadtstaaten.

Die ersten Eroberer, mit denen die Kanaanäer in Konflikt kamen, waren umherstreifende Israeliten. Galiläa wurde jüdisches Siedlungsgebiet, das die Stämme Asser, Naphtali, Sebulon und Isaschar bewohnten. Die Assyrer eroberten Palästina unter Tiglatpileser III. im Jahre 732 v. Chr. Aufgrund so wichtiger Städte wie Megiddo und Hazor setzten sie in Galiläa einen Satrapen ein. Megiddo wurde als Hauptstadt auserwählt, in der ein Gouverneur herrschte. Die nächsten fremden Eroberer waren die Perser, unter denen Galiläa seinen Status als autonomer jüdischer Staat verlor. Später gewährte man dem Land wieder seine Selbständigkeit, wie aus den bereits erwähnten Briefen des Ägypters Zenon hervorgeht, der 259 v. Chr. Galiläa besuchte. Er traf hier viele Griechen und Phönizier an und berichtet auch über die zahlreichen jüdischen Niederlassungen. Im Jahre 104 v. Chr. kam Galiläa unter die Herrschaft der Makkabäer. Pompeius eroberte das Land 64 v. Chr., doch blieb es vorläufig noch jüdisches Gebiet. Einige Zeit später gehörte man dann zum Reich des Herodes I., und nach dessen Tod fiel das Land an König Antipas. Dieser gründete 18 v. Chr. eine neue Stadt am See Genezareth, Tiberias – noch heute eine schöne, aufstrebende Metropole – die nach Kaiser Tiberius so hieß. Nach der Absetzung Antipas' 39 n. Chr., erhielt Herodes Agrippa I. das Land, und nach dessen Tod gehörte es zum Königreich von Agrippa II.

Galiläa und die neue Stadt Kapernaum spielten eine bedeutende Rolle in der Zeit des Neuen Testaments, denn das Wirken Jesu nahm hier seinen Beginn. Er wanderte längs der Grenzen von Naphtali und Sebulon und gewann dort seine

Stein mit Relief von der Fassade einer Hauswand.

hauptsächlich jüdischer Abstammung waren und die man *minim* nannte. Sie waren sehr zahlreich, blieben trotz aller Widrigkeiten in Kapernaum wohnen und hielten an ihrer Tradition fest. Ihre Inschriften zeugen von ihrem starken Glauben an Christus. Petrus verehrten sie als einen örtlichen Heiligen. In der Mitte des 5. Jh. n. Chr. errichteten die nichtjüdischen Christen eine Kapelle über dem »Haus des Petrus« – so genannt, weil man dort einen Angelhaken gefunden haben soll, wobei zu bemerken ist, daß fast jeder Bewohner des Dorfes Fischer war! Sie bauten eine kleine, achteckige Kirche im byzantinischen Stil, von der nur noch die Grundmauern erhalten geblieben sind. Offenbar maß man dieser Kirche eine besondere Bedeutung zu, obwohl ihr Äußeres nicht unbedingt darauf schließen läßt. Von allen Bauten in Kapernaum ist die zwischen dem 2. und 3. Jh. n. Chr. errichtete Synagoge am auffallendsten. Ihre Dekoration und Architektur ermöglichten eine genaue Datierung. Außerdem entdeckte man zwei Weiheinschriften in Griechisch und Aramäisch. Die Synagoge baute man nach älteren Vorbildern, doch hat man sie schöner ausgestaltet als die meisten anderen.

Mahlstein aus Be'er Sheva. Es könnte sich aber auch um einen Altar handeln. Museum von Be'er Sheva.

Die Mauern der Ansiedlung aus dem 11. Jh. v. Chr. auf dem Tell Be'er Sheva sind heute noch mannshoch am Südhang zu sehen.

ersten Jünger Petrus, Andreas und die beiden Söhne des Zebedäus, Jakobus und Johannes. Jesus lehrte in den Synagogen und ließ einmal, der Heiligen Schrift zufolge, Petrus im See einen Fisch angeln, der ein Vierdrachmenstück im Maul gehabt haben soll, mit dem er die Tempelsteuer bezahlte. Jesus wohnte im Haus des Petrus; er heilte Kranke, predigte und verurteilte schließlich das arme Kapernaum und einige andere Städte, als er einsah, daß die Menschen dort nicht die Absicht hatten Reue zu zeigen, wie er es von ihnen verlangt hatte. Aus späteren jüdischen Quellen geht hervor, daß es in Kapernaum einige jüdische Sekten gab. Zu ihnen können sicherlich auch die ersten Christen gerechnet werden, die

Das Bauwerk erhob sich auf einem Podest und bestand aus sauber bearbeiteten, blendend weißen Kalksteinblöcken, im Gegensatz zu den Wohnhäusern, für die schwarzer Basalt als Baumaterial diente. Die Synagoge besaß zwei Stockwerke und ein Atrium. Der Innenraum weicht von dem damals üblichen Basilika-Typ ab. Er gliedert sich in ein Mittelschiff und zwei schmale Seitenschiffe, die durch Säulenreihen unterteilt sind, die bis zum Atrium reichen. Drei Portale mit runden Bögen führten zu den drei Hallen im Innern. An den Wänden der Seitenschiffe verliefen Steinbänke. Das Gebäude war reich mit dekorativen Elementen geschmückt, wie z. B. stilisierten Pflanzen und Früchten, geometrischen Mustern, Tieren, ja sogar mit mythischen Gestalten. Besondere Beachtung verdient ein Fresko mit der Darstellung der Bundeslade auf einem vierrädrigen Wagen.
Galiläa war ständig das Opfer von Kriegen und Verwüstungen. Im Kampf gegen Rom befestigte man das Land. Die erste Schlacht dieses Krieges fand dann auch hier statt. Nach der Niederschlagung des jüdischen Aufstandes machten die Römer Palästina zu einem Teil der Provinz Judäa. Man vergrößerte Tiberias, das im übrigen weitgehend autonom blieb. Die Stadt war nach römischem Muster errichtet worden. Gerade verlaufende Straßen sorgten für den bekannten rasterförmigen Grundriß. Ein großes Forum diente für alle öffentlichen und privaten Belange. Tiberias war eine »offene« Stadt, ohne Mauern und Wälle. Diese kamen erst später, während der Regierung von Septimus Severus (193 - 211), hinzu. Ein Stadion diente der Unterhaltung, und eine Synagoge war für die geistlichen Veranstaltungen bestimmt. Der König wählte für seine Residenz einen hohen Hügel aus. In diesem Palast befand sich eine umfangreiche Kunstsammlung, die den Ärger aller orthodoxen Juden des Landes erregte. Tiberias besaß das Recht, eigene Bronzemünzen zu prägen.
Kaiser Nero (54 - 68) schenkte die Stadt Agrippa II. (53 - 100?). Viele Jahre später, nach dem Aufstand unter der Führung von Bar Kochba, beschloß Kaiser Hadrian (117 - 138), Tiberias zu einer »heidnischen« Stadt zu machen, d. h., er wollte die römische Religion als Staatsreligion einführen. Aber schon kurz darauf war Tiberias wieder eine typisch jüdische Stadt, in der eine berühmte Rabbinerschule ihren Sitz hatte.

Auf dem Tell Be'er Sheva stand einst eine römische Festung. Die Ziegel, auf ägyptische Art angefertigt, haben die Jahrhunderte überdauert.

Caesarea – Geschenk der Perser

Es gibt in Palästina nicht viele Städte, die von einer Besatzungsmacht gegründet worden sind. In vorliegendem Fall waren es die Perser, die den Phöniziern Land schenkten. Im 3. Jh. v. Chr. erhielten die Phönizier ein Gebiet längs des Mittelmeeres, das überwiegend aus Sanddünen bestand. Sie legten einen befestigten Hafenplatz an, an dem ihre Schiffe sicher ankern konnten. Den Ort nannten sie »Stratons Turm«. Straton war die griechische Variante für Sharshan, den Namen des Königs von Sidon. Bei Ausgrabungen fand man in der Tat die Überreste von Türmen. Später fiel das rund um die Türme entstandene Dorf an die Makkabäer, und 65 v. Chr. gab es hier bereits eine große jüdische Gemeinde. Dann erschien Pompeius und eroberte ganz Palästina, einschließlich Caesarea. Er machte aus ihr eine nicht-jüdische Stadt, die während der Regierungszeit von Kaiser Augustus Herodes dem Großen zugesprochen wurde. Er unternahm große Anstrengungen und ließ zwischen 22 und 10 v. Chr. eine neue Stadt aufbauen, die nach Kaiser (Caesar) Augustus den Namen Caesarea erhielt. Die Stadt blühte auf, entwickelte sich und wurde für sechs Jahrhunderte Hauptstadt der römischen Provinz Judaea. Der Prokurator hatte hier seine Residenz, und Caesarea war das Hauptquartier für die Legionen der Provinz Syrien. Auch zahlreiche Griechen zogen in die Stadt, in der es bis zum ersten Aufstand eine große und reiche jüdische Gemeinschaft gab.

Als Hauptstadt war Caesarea Schauplatz wichtiger politischer Ereignisse. Vespasian wurde hier während seines Aufenthaltes zum Nachfolger von Kaiser Galba – der kaum ein Jahr lang regiert hatte – ausgerufen. Als Dank hierfür verlieh er der Stadt den Status einer *Colonia*, da die hier liegenden Truppen ihm zur Kaiserwürde verholfen hatten.

Das Christentum fand sehr früh Anhänger in Caesarea, und Ende des 2. Jh. n. Chr. gab es hier bereits einen Bischof. Daneben existierte auch eine blühende jüdische Gemeinde, die mehrere Synagogen erbaute. Über sechs Jahrhunderte konnten die Menschen ihre Kirchen und Synagogen aufsuchen. Dann kamen die Mohammedaner, die 639 n. Chr. die Stadt einnahmen und sie bis 1100 in ihrem Besitz hielten.

Seine große Bedeutung verdankte Caesarea seinem von den Römern stark vergrößerten Hafen, der aus einem Außen- und einem Binnenhafen bestand. Sie sind mit Hilfe der modernen Unterwasserarchäologie gut erforscht worden. Die phönizischen Hafenanlagen waren inzwischen veraltert und für die großen römischen Schiffe nicht mehr geeignet. Man legte deshalb zwei Steinmolen an, die ein 200 000 Quadratmeter großes und sicheres Hafenbecken einfaßten.

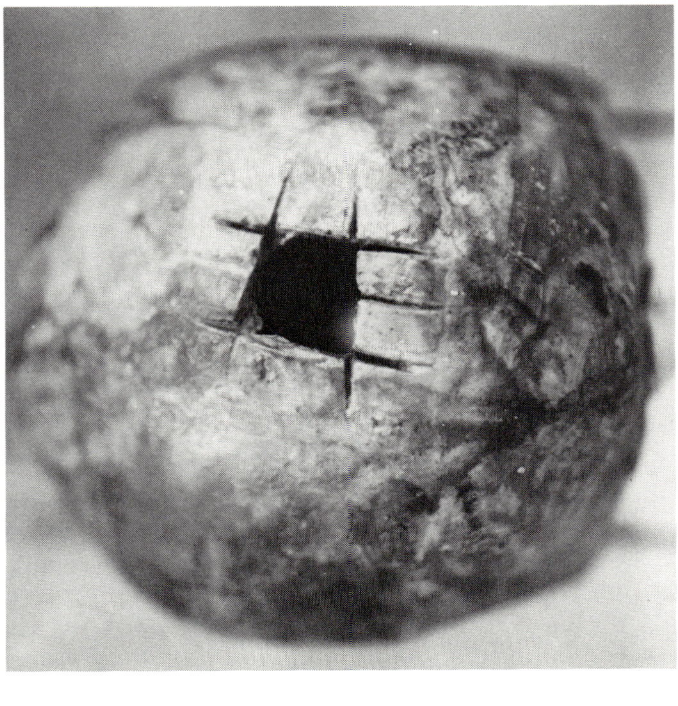

Schädel eines Mannes aus Lakhish aus der Zeit zwischen 1000 und 586 v. Chr. mit einer geglückten Trepanation. Man hat vier solcher Schädel gefunden, und bei einem Patienten ist die Operation so erfolgreich verlaufen, daß er noch einige Monate weiterlebte, bis ein Schwerthieb seinem Leben ein Ende bereitete. Die Schädel fand man zwischen 1500 Skeletten in einer Höhle. Rockefeller-Museum, Jerusalem.

Fischförmige Vasen aus der ersten Hälfte des 2. Jahrtausends v. Chr. Die vordere ist aus Alabaster und stammt aus Ägypten. Dahinter ein Keramikfisch aus Kanaan, aus der Zeit des Exodus, vielleicht eine Arbeit der Hyksos. Rockefeller-Museum, Jerusalem.

Für Rom war Caesarea eine der wichtigsten Städte in Palästina, was auch aus den Funden deutlich hervorgeht. Es dauerte jedoch einige Zeit, ehe man hier mit Ausgrabungen begann. Die erste Entdeckung machte man 1945. Palästina wurde damals noch von den Engländern verwaltet, und so konnte die britische Altertümerverwaltung eine kleinere Ausgrabung an einer Stelle vornehmen, an der starke Winterregen einen Mosaikfußboden freigelegt hatten. Er gehörte zu einer Synagoge, der ersten, die man hier ausgrub. Im Jahr 1951 setzten größere Grabungen ein, und bald entdeckte man auch die imposante byzantinische Geschäftsstraße, den Stolz von Caesarea.

Relief einer Stadtbelagerung; Alabaster. Die assyrischen Belagerer (?) vertreiben (?) die über ihnen stehenden Einwohner aus der Stadt oder töten sie. Unten ein Soldat mit den Besiegten. Etwa 800 v. Chr. Louvre, Paris.

Die Straße besteht aus zwei Teilen, ist circa 120 Meter lang und liegt auf zwei unterschiedlich hohen Niveaus. Die eine Hälfte trug Mosaikpflaster, während die andere mit Marmorplatten belegt war. Zwischen den beiden Straßenabschnitten erhob sich einst ein Tor mit drei bogenförmigen Durchgängen und einer breiten Treppe. Am Tor standen – und stehen noch immer, allerdings ohne Kopf – zwei überlebensgroße, meisterhaft ausgeführte Statuen, die offensichtlich nicht in Palästina hergestellt wurden, sondern, wie man annimmt, in Griechenland für einen römischen Auftraggeber. Die purpurfarbene Statue besteht aus dem seltenen »kaiserlichen Porphyr«, die andere aus weißem Marmor. Läden und Werkstätten säumten die beiden Straßenabschnitte.
Ein weiterer bedeutender Fund war das gleichfalls unter Herodes gebaute Theater, das auf dem kulturellen Sektor eine Neuheit für Caesarea darstellte. Es lag in der Nähe des Meeres, das eine gute Kulisse abgab. Der Bau bestand aus festem römischen Zement und war mit Marmor verkleidet. Vom Oberbau ist kaum noch etwas übrig. Dagegen hat sich der Boden erhalten, der insgesamt nicht weniger als vierzehnmal neu verlegt wurde, denn er bestand nur aus einer dünnen Putzlage, auf der Malereien angebracht waren, die öfter erneuert werden mußten. Im 4. Jh. wurde das Theater vergrößert, um darin Wasserspiele abhalten zu können. Zu diesem Zweck legte man nebenan ein riesiges Wasserreservoir an.

Beim Umbau des Theaters machten die alten Baumeister etwas, worüber die heutigen Archäologen sehr erfreut waren. Sie verwendeten alte behauene Steinquader, die sich gut als Baumaterial eigneten. Einer von ihnen trug eine Inschrift mit dem Namen von Pontius Pilatus, des Mannes, von dem es in der Bibel heißt, daß er seine Hände in Unschuld gewaschen hat. Die Entdeckung des Steines lieferte den Archäologen den Beweis, daß Pontius Pilatus tatsächlich in Palästina gelebt hat. Caesarea liegt in einem Gebiet, in dem Wasser sehr kostbar ist, da es in der ganzen näheren Umgebung keine Quellen bzw. Bäche oder Flüsse gibt. Die Wasserversorgung der aufstrebenden Stadt war deshalb ein schwieriges Problem. Auch das Regenwasser – hier an der Ostküste mit ihrem rauhen Klima gibt es teilweise schwere Regenfälle – reichte für die Versorgung nicht aus. Deshalb bauten die Römer einen Aquädukt für Caesarea. Der erste errichtete Aquädukt, mit einer Länge von zwölf Kilometer, bezog sein Wasser aus dem Karmelgebirge, wo es genug Quellen gab. An den Quellen faßte man das Wasser zuerst in Tonrohre, die dann auf einer hohen Bogenbrücke ein Sumpfgebiet überquerten. Ein quer zur Richtung des Aquädukts liegender Bergrücken wurde mittels eines Tunnels durchstoßen, und über eine weitere Brücke gelangte das Wasser dann schließlich in die Stadt.
Aber noch reichte die Kapazität nicht aus, denn auch die Felder mußten bewässert werden. Man baute deshalb auf die gleiche Art einen zweiten Aquädukt, der vom Krokodilfluß Wasser herbeiführte. Durch einen Damm staute man den Fluß zu einem See auf. In einem abgedeckten Kanal – zum Schutz gegen die Verdunstung und den Flugsand – kam das Wasser in die Stadt. Herodes baute den ersten Aquädukt, doch wer den Auftrag zum Bau des zweiten gab, ist nicht bekannt. Aquädukte sind anfällig gegen äußere Einwirkungen und müssen daher regelmäßig ausgebessert werden. Daß dies im vorliegenden Fall auch geschah, wissen wir aufgrund der dabei angebrachten Inschriften. Während des Aufstandes von Bar Kochba wurde eine derartige Reparatur durchgeführt. Damals verlegte man in größter Eile Tausende von Soldaten nach Caesarea. Sie gehörten, der Inschrift zufolge, zur römischen »Legio X Fretensis«.

Außer den Aquädukten fand man in Caesarea noch weitere große Bauwerke. Im Jahr 1960 entdeckte man eine niedrige, künstlich angelegte Bodenerhebung, auf der die Reste eines Tempels lagen. Der Hügel befand sich westlich des Hafens. Diese künstliche Erhebung hatte man aus Sandsteinmauern errichtet, deren Zwischenräume mit Geröllschutt aus einem Steinbruch aufgefüllt waren. Ein Teil des Hügels bestand aus gemauerten Gewölben. Die gesamte Höhe des Hügels betrug etwa zwölf Meter. Er bildete eine Art Fundament, auf dem sich der Tempel und der Palast des Königs erhoben.
In byzantinischer Zeit bekam Caesarea seine ersten Kirchen. Eine davon lag am großen Friedhof und besaß einen auffallend schönen Mosaikfußboden. Die Stadt war jetzt von einer drei Kilometer langen Mauer umgeben. Der Augustustempel mußte später einem großen Bauwerk weichen, das mit Marmorböden und mit Marmorkapitellen geschmückten Säulen versehen war. Es ist noch unklar, welchem Zweck das

Alabasterrelief eines zu Pferde angreifenden Assyrers.

Gebäude diente. Es besaß einen großen Innenhof, um den Hallen und kleinere Räume gruppiert waren. In einem zweiten, ähnlichen Bauwerk befindet sich im Mosaikboden ein Zitat aus dem Römerbrief des Apostels Paulus. Außerdem entdeckte man im Trümmerschutt eine Christusstatue – zwar etwas primitiv, aber doch ergreifend.
Während der byzantinischen Epoche baute man neben dem Theater eine Zitadelle. Aus diesem Grund wurden Teile des Theaters abgebrochen, ebenso wie die hellenistischen Stadtmauern, die seit dem 4. Jh. als Fundamente für einige Synagogen dienten. Das Ende kam für Caesarea mit der Ankunft der Kreuzritter, die um die Stadt mächtige Mauern errichteten. Im Jahre 1265 verwüstete Sultan Baibars die Stadt, um dadurch die Rückkehr und einen Wiederaufbau seitens der Kreuzfahrer für immer auszuschließen.

Ugarit – die Stadt der Reichen

Ugarit besaß im Chalkolithikum eine für diese Epoche großartige und reichhaltige Kultur, die stark von Mesopotamien beeinflußt war. Wie aus den Ausgrabungen hervorgeht, war die Stadt im 3. Jahrtausend v. Chr. Teil einer größeren kulturellen Einheit längs der Mittelmeerküste. Diesem Kulturkreis gehörten im Hinterland auch Jericho, Beth Shean und Megiddo an. In diesem Gebiet führten die Menschen ein angenehmes und üppiges Leben. Der Grund dafür war die günstige Lage an den großen Verkehrswegen und die Küste mit einer regen Schiffahrt.
Ugarit war über einen langen Zeitraum bewohnt, und deshalb entstand hier im Verlauf der Jahrtausende ein großer Tell. Im 3. Jahrtausend v. Chr. sind die unter den Häusern angelegten Gräber reichlich mit schönen Bronzebeigaben versehen, so u. a. mit besonders kunstvoll angefertigten geflochtenen Halsketten. Ugarit verdankte seinen Reichtum vor allem seiner Schlüsselstellung im »internationalen« Handelsverkehr zwischen Mesopotamien und Kreta. Der zwischenstaatliche Tauschhandel, u. a. mit Keramik, spielte sich zwischen den Inseln der Ägäis, Klein-Asiens und Ägyptens ab.
Die guten politischen Beziehungen zu Ägypten brachten der Stadt viele Vorteile. Selbst in schwierigen Zeiten, so während der Hyksos-Herrschaft, hatte Ugarit weniger zu leiden als andere Städte. Einige Konflikte gab es mit den Churritern, einem in der Bibel mehrmals erwähnten nichtsemitischen Volk, das wahrscheinlich aus Armenien stammte. Sie sollen in Edom gewohnt haben und später von dort vertrieben worden sein. Eine kleine Anzahl von ihnen blieb aber nach der Niederlage trotzdem am Ort, doch wurden sie schließlich von den Nachkommen Esaus aus der Stadt verjagt.
Ugarit befand sich offenbar immer auf der richtigen Seite, und seine Beziehungen zum mächtigen Ägypten waren deshalb

Tiberias am See Genezareth, gegründet von Kaiser Tiberius im Jahr 18 n. Chr. In der Antike war die Stadt, wie auch heute noch, wegen ihrer Heilquellen bekannt.

gut. In der Stadt stand oben auf dem Hügel ein Tempel, der bereits vor der Zeit von Pharao Sesotis I. (1971 - 1928 v. Chr.) gebaut worden war, denn man hat hier Tempelgeschenke dieses Herrschers gefunden. Die Churriter bildeten während der Wirren in der Hyksos-Zeit eine antiägyptische Partei in der Stadt, doch der westsemitische Einfluß schien stärker gewesen zu sein. Als die Ägypter in der zweiten Hälfte des 16. Jh. v. Chr. ihre Macht über Palästina und Syrien wiedererlangten, blühte die Stadt von neuem auf, trotz der unangenehmen Tatsache, daß seitdem eine ägyptische Garnison in Ugarit stationiert war. Durch den Handel erzielte man große Gewinne, so daß die technische und kulturelle Entwicklung Ugarits einen stürmischen Verlauf nahm. Die Stadt war in ständigem Wachstum begriffen, und reiche Kaufleute und zahlreiche Künstler aus Mykene und Zypern ließen sich hier nieder. Die Ausstattung der Gräber war prächtiger als je zuvor, blieb aber doch hinter den mindestens ebenso kostbar möblierten Häusern zurück.
In der Stadtmitte erbaute man zwei große Tempel, einen für Baal und den anderen für Dagan, der lokalen Gottheit. Während der Ausgrabungen des kleinen, aber sicheren Hafens der Stadt entdeckte man große Lagerhäuser mit Keramikgefäßen, die sowohl aus Ugarit selbst als auch aus fremden Ländern stammten. Außerdem fand man Kunstgegenstände aus Stein, Knochen, Elfenbein, Holz und Metall. Das alles weist auf den großen Reichtum dieser privilegierten Stadt hin.
In der Mitte des 14. Jh. v. Chr. wurde Ugarit durch einen furchtbaren Brand zerstört, aber schon vorher hatte es Rückschläge in der Entwicklung durch das Auftreten der Hethiter gegeben. Nach den Amarna-Briefen zu urteilen, blieb Ugarit selbst in schwierigen Zeiten ein treuer Verbündeter Ägyptens, aber auch das sollte sich einmal ändern, als man nämlich im 13. Jh. v. Chr. an der Seite der Hethiter kämpfte. Später ergriff Ugarit allerdings wieder die Gelegenheit, sich Ägypten anzuschließen. Nach der Vertreibung der Hethiter wuchs Ugarits Reichtum mehr denn je, bis schließlich zu Beginn des 12. Jh. v. Chr. die Seevölker erschienen. Von deren Angriffen erholte sich die Stadt nie mehr.
Die Bedeutung Ugarits für die Archäologie und die israelitische Geschichte liegt in der äußerst umfangreichen Korrespondenz, die in den Archiven gefunden wurde. Zu erwähnen

Ornamente in einer Synagoge in Kapernaum: Weintrauben und ein fünfzackiger Stern, das Pentagramm oder Siegel Salomos.

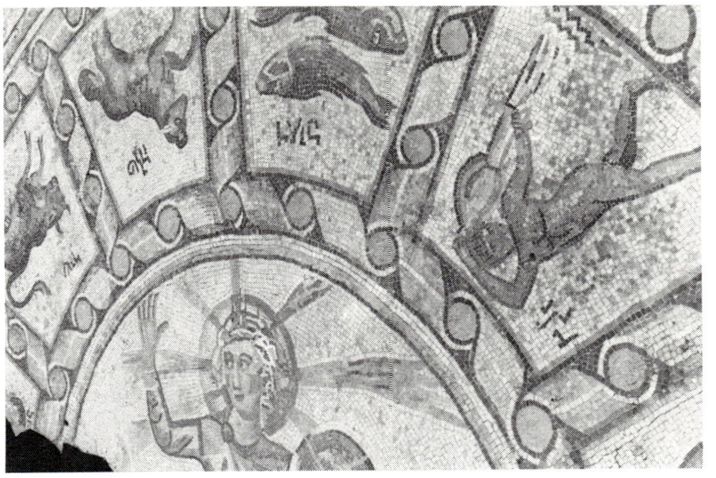

Bodenmosaik aus der Synagoge von Tiberias-Hammaat mit dem Sonnengott Helios, umgeben von den 12 Tierkreiszeichen. Der Gott ist griechisch gekleidet, Sonnenstrahlen umgeben sein Haupt; in der Hand hält er Schild und Peitsche. Die Tierkreiszeichen sind von links nach rechts: Stier, Widder, Fische und Wassermann. Hier sehen wir also einen griechischen Gott in einer Synagoge. Auf anderen Mosaiken sind sogar unbeschnittene Jungen abgebildet.

Die Synagoge von Kapernaum hatte zwei Stockwerke und besaß ein Atrium. Mit einer Länge von 24,4 m ist sie die schönste von Galiläa. Pilaster und Kapitelle waren reich dekoriert mit Pflanzen- und Bandornamenten.

sei noch, daß man sie durch puren Zufall während der Ausgrabungen entdeckt hat. Die Ruinen auf dem großen Tell erstrekken sich über eine Fläche von 280 000 Quadratmeter, die aber vollständig überwuchert und bewachsen war. Ein pflügender Bauer stieß im Jahre 1928 auf eine Steinplatte, die die Deckplatte eines darunter gelegenen Grabes zu sein schien. Ein Jahr danach begannen dann die Ausgrabungen unter der Leitung des hierdurch berühmt gewordenen Archäologen Schaeffer, der nicht weniger als dreißig Grabungskampagnen unternahm. Man brachte Tausende von Texten an die Oberfläche – ein enormes Quellenmaterial für die Geschichte Israels – darunter z. B. das Buch Hiob, das viel älter zu sein scheint, als man bisher angenommen hat. In Ugarit lag ein echter literarischer Schatz unter den Ruinen der Paläste, Tempel und Wohnhäuser verborgen. Aus den Funden geht deutlich hervor, daß Ugarit seit dem 3. Jahrtausend v. Chr. mit der Stadt Ebla und deren westsemitischer Kultur in Verbindung stand. Man fand u. a. ein churritisches Wörterbuch und akkadische Dokumente. Einige Tontafeln weisen eine besondere Keilschrift auf, die den hebräischen Schriftzeichen sehr ähnlich ist. Heldenepen und Göttersagen stimmen in vielem mit der späteren biblischen Literatur überein.

Die Texte gaben auch Aufschluß darüber, in welcher Form die Stadt regiert wurde, wie man Handel trieb und welche Abgaben man erhob. So gab es eine Steuer auf Getreide, aber auch für die Landrechte der königlichen Güter. Man wurde aufgrund der Größe seines Landbesitzes veranschlagt, und jede Ware, die man einführte, mußte verzollt werden. Außerdem gab es noch den Zehnten auf Getreide, Öl und Wein. Vor allem der Einfuhrzoll muß beträchtliche Ausmaße erreicht haben, denn Ugarit importierte sehr viele Waren. Zu diesen Produkten bzw. Rohstoffen gehörte Elfenbein aus Afrika und Asien, das für Figuren, Dekore und Verzierungen an Möbeln Verwendung fand.

Römisches Bad in Hammat Gader – »die heißen Quellen von Gader« – mit einem der großen Baderäume.

Technik eines römischen Bades in Hammat Gader. Die Röhren für das warme Heilwasser bestanden aus Steinsegmenten mit überstehendem Rand, die man ineinanderschob.

Die Hafenstadt Byblos und das Holz

Ungefähr vierzig Kilometer vom modernen Beirut entfernt liegt die kleine Hafenstadt Byblos, die beinahe ebenso alt ist wie Ugarit. Hinter Byblos erstreckt sich der Libanon mit seinen einst riesigen Wäldern, in denen die bekannten Zedern wuchsen. Sie waren in der Antike deshalb so berühmt geworden, weil man sie in allen Ländern des östlichen Mittelmeerbeckens für den Bau von Heiligtümern und Tempeln verwendete.
Byblos war sehr alt. Es wurden Niederlassungen aus der Zeit des Neolithikums und des Chalkolithikums gefunden. Später

Das Relief eines Schiffes auf der Stirnseite eines Sarkophags aus Sidon hat große Ähnlichkeit mit einem römischen Handelsschiff. Museum Beirut.

besaß die Stadt solide Bauwerke und schöne Häuser. Eine massive Mauer umschloß die Stadt, und zwei Tore, das Seetor und das Landtor, bewachten den Zugang. Bereits um 2800 v. Chr. stand hier ein Tempel für Baal-Gebal – das älteste Zeugnis monumentaler Architektur in Phönizien. Im Jahr 2600 v. Chr. wurde der sogenannte L-förmige Tempel gegenüber dem ersten Kultbau errichtet.
Der Hafen trug natürlich zur Blüte von Byblos bei. Bereits während der ersten Dynastie (ab 3200 v. Chr.) herrschten rege Beziehungen zu Ägypten, die bis zur 6. Dynastie (ca. 2400 v. Chr.) bestehen blieben. Auf dem berühmten »Palermo-Stein« heißt es, daß Pharao Snofru (ca. 2680 v. Chr.) eine

Marmorsarkophag aus Caesarea aus dem 3. Jh. v. Chr. Die stark beschädigte Skulptur des Verstorbenen liegt auf dem Sargdeckel. Auf der Vorderseite ist die Amazonenschlacht dargestellt, ein beliebtes römisches Motiv. Rockefeller-Museum, Jerusalem.

Schiffsladung Zedernholz für den Bau der Totenschiffe kommen ließ, die neben den Pyramiden in schiffsförmigen Gruben »bei-gesetzt« wurden und eine wichtige Rolle im Begräbnisritus spielten.
Die guten Beziehungen zu Ägypten erfuhren einen Bruch, als die Hyksos das Pharaonenreich eroberten. Über 200 Jahre waren die Kontakte unterbrochen. Dann zerstörte ein gewaltiges Feuer die Stadt, und später nahmen neue Bewohner den Platz der alten ein. Sie gehörten einem Volk an, das wahrscheinlich aus Anatolien kam. Diese Menschen trugen schöne, aus geflochtenem Metalldraht hergestellte Halsketten und brachten die Goldschmiedekunst nach Byblos, die für die Entwicklung des Handels von großer Bedeutung werden sollte. Ein neuartiger Obelisken-Tempel wurde um 2200 v. Chr. auf den Überresten des L-förmigen Tempels errichtet.
Ein kostbares Handelsprodukt aus Ägypten war das als Schreibmaterial dienende, teure Papyrus, und Byblos war der Hafen, über den die Einfuhr erfolgte. Papyrus verwendete man vor allem für offizielle Dokumente. Normalerweise benutzten die Menschen Tonscherben oder Steintäfelchen,

da sie den Vorteil hatten, daß sie nichts kosteten. Der Zeitraum zwischen 1600 und 900 v. Chr. weist keine besonderen Funde auf, ausgenommen Papyri und andere Dokumente, die uns einiges über Byblos berichten. So existiert ein Dokument aus Theben in Ägypten, das davon berichtet, daß zur Zeit der Regierung von Thutmosis III. (1490 - 1436 v. Chr.) Zedernholz nach Ägypten verschickt wurde. Man kann daraus schließen, daß die Pharaonen eigene Zedernwälder besaßen und daß die Forste in der Umgebung von Byblos lagen. Offenbar hat die Stadt ihren Tribut in Form von Zedernholz entrichtet. Die Ausfuhr war jedenfalls so bedeutend, daß die Zedernwälder schnell dezimiert wurden. Heute stehen mehr libanesische Zedern in europäischen Gärten und Parks, als im Libanon selbst. Der kleine verbliebene Rest befindet sich nun hinter Mauern in einem Naturschutzgebiet.

Römische Maske aus Eisen und Silber aus Homs in Syrien. Museum Damaskus.

Schöne Bronzebüste von Kaiser Hadrian. Er schlug den 2. jüdischen Aufstand nieder und verbannte alle Juden aus Jerusalem. Die Büste wurde durch Zufall in einem Kibbuz gefunden. Israel-Museum, Jerusalem.

Büste einer römischen (?) Frau, lebensgroß. Ein gutes Porträt, doch kein großes Kunstwerk. Rockefeller-Museum, Jerusalem.

Altar einer römischen Legion aus der Zeit von Kaiser Elagabal (218–222 n. Chr.). Der Altar wurde in dem arabischen Dorf Ledjun gefunden. Der Name erinnert an das Wort Legio, die VI Legio Ferrata, die nach Juda gesandt wurde und in Ceparcotnei, heute Ledjun, stationiert war. Die Legion wurde nach dem Aufstand von Bar Kochba dorthin verlegt. Rockefeller-Museum, Jerusalem.

Stadtkönige, von denen 29 Namen überliefert sind, beherrschten Byblos. In der Nekropole der Stadt fand man 24 Königsgräber. Zwei Gräber enthielten Steinsarkophage mit kostbaren Grabbeigaben, wie Goldschmuck, Bronze- und Steingeschirr, Messer, reich verzierte Elfenbeinschalen, bronzene und silberne Trinkbecher sowie Alabastervasen. Ein reich dekorierter Sarkophag trägt eine Inschrift von König Ahiram aus Sidon (10. Jh. v. Chr.). Der Sarg wurde aber nicht eigens für Ahiram hergestellt, denn er datiert bereits aus dem 12. Jh. v. Chr. und wurde also ein zweites Mal benutzt – wie es übrigens im Mittleren Osten jahrhundertelang der Brauch war.

Im 11. Jh. v. Chr. erlebte Byblos eine Blütezeit, während sich für Ägypten ein Niedergang abzeichnete. Byblos nützte das insofern aus, als es sich größere Selbständigkeit verschaffte. Phönizien war der größte am Meer gelegene Staat und blieb dies auch, bis nach der Eroberung durch Alexander den Großen im Jahr 333 v. Chr. der Verfall einsetzte. Byblos ergab sich kampflos, in der Hoffnung, vom Sieger gnädig behandelt zu werden und seinen Reichtum bewahren zu können. Im Laufe der Jahrhunderte kam der Holzhandel zum Erliegen. Die Besetzung durch mächtige Reiche wie Ägypten, Assyrien, Babylonien und Persien führte zur vollständigen Abholzung der phönizischen Zedernwälder. Tribute, oft in Form regelrechter Erpressungen, mußten mit dem Holz bezahlt werden, und zwar in solchen Mengen, daß nach diesem Raubbau kaum noch nennenswerte Bestände übrig blieben, zumal man die Wälder in viel zu geringem Umfang wieder aufforstete.

Byblos wurde nach und nach völlig hellenisiert, was besonders an den vielen griechischen Inschriften zu ersehen ist. Als Rom die neue Besatzungsmacht wurde, entfaltete sich wieder eine rege Bautätigkeit. Byblos bekam zwei neue Tempel, denn inzwischen war die Stadt zum Zentrum des Adonis-Kults geworden, der hier eine große Blüte erlebte. Ausgrabungen aus dieser Zeit brachten u. a. eine Basilika, Bäder, ein Theater und eine Säulenhalle zutage. Im Jahr 4 n. Chr. wurde der Tempel zerstört, und von den späteren byzantinischen Gebäuden ist wenig erhalten geblieben. Im Jahr 636 n. Chr. fiel die Stadt in die Hände der Araber, und nach ihnen erschienen die Kreuzritter. Danach verschwand alles Leben aus Byblos.

Glasvasen nach ägyptischem Vorbild. Kleine Amphoren mit sogenannter Schnurdekoration, 6. und 5. Jh. v. Chr. Das Zentrum der Glaskultur befand sich zu dieser Zeit auf Rhodos.

Zum Schluß noch ein paar Bemerkungen über die Bedeutung des Namens Byblos. Die Verbindung mit dem Wort Bibel liegt auf der Hand, aber wie entstand sie? Die Ägypter nannten die Stadt *kepen,* was eine genaue Übernahme des alten Stadtnamens Gubal ist. In der Bibel heißt sie Gebal, das die Araber dann zu Djebail entstellten. Der Name Byblos ist griechisch und weist auf den Papyrushandel hin, denn *byblos* bedeutet »papyros«. Später erhielt dann auch ein auf Papyrus geschriebenes Buch diese Bezeichnung, und daraus entwickelte sich das lateinische *biblia.* Von *biblia* zu Bibel war es dann nur noch ein kleiner Schritt. Dieser Name war also durchaus geeignet für das »Buch der Bücher«.

Die frühere Stadt Ugarit heißt heute Ras Schamra und stand von ca. 2000 bis 1200 v. Chr. unter starkem ägyptischen Einfluß. Sie wurde dann von den Seevölkern zerstört. Die Stadt liegt in Nord-Syrien und besitzt einen kleinen Hafen. Auf dem Photo die Festung des Palastes, die zugleich das Eingangstor zur Stadt war. Sie stammt aus dem 15. Jh. v. Chr.

Palmyra, die »Königin der Wüste«

Von den vielen Ruinen im Mittleren Osten gehören die in der Oasenstadt Palmyra aufgefundenen zu den schönsten. Noch immer machen die vom Beginn unserer Zeitrechnung stammenden Überreste einen unvergleichlichen Eindruck auf den Betrachter. Hier existierte eine Stadt, die schon zu ihrer Blütezeit sprichwörtlich reich war. Ihre Entstehung verdankt Palmyra seiner günstigen Lage. Die fruchtbare Oase befand sich an einem Hauptverkehrsweg, der vom Euphrat über die Städte Homs und Damaskus zum Mittelmeer führte.

Für die Archäologie bietet Palmyra Schwierigkeiten im Hinblick auf die Datierung ihrer Entstehung und ihrer Existenz. Aus dem 2. Jahrtausend v. Chr. gibt es beschriebene Tontafeln aus Kappadokien mit dem Namen Thadmor, ein semitisches Wort aus der Zeit von Hammurabi. Außerdem hat man zwei Keilschriftbriefe aus Mari gefunden, aber dann besteht eine Lücke von mehreren hundert Jahren bis zu den Annalen von Tiglatpileser III. (745 - 727 v. Chr.). Eine Theorie, nach der Palmyra von Salomo erbaut worden sein soll, fand keine Zustimmung. Ferner nimmt man an, daß das biblische Tamar und Palmyra identisch seien, aber auch das trifft nicht zu. Tamar, bekannt aus Hesekiel (47.19) und (48.28), lag an der südlichen Grenze von Israel und wird auch mit En-Gedi gleichgesetzt. Die Ausgrabungen von Ain Husb, etwa dreißig Kilometer vom Toten Meer entfernt, identifizieren es mit Tamar. Tamar hat also nichts mit Thadmor zu tun, das, wie aus den erwähnten Briefen hervorgeht, bereits seit frühester Zeit bestand.

Trotz intensiver Ausgrabungen innerhalb und außerhalb der Oase hat man nichts gefunden, was aus der vor-hellenistischen und vor-römischen Zeit stammt. Erst aus der griechischen und römischen Zeit liegen bessere Nachweise vor. Palmyra - die Stadt der Palmen - wird erstmals in einem Bericht aus dem Jahr 41 v. Chr. erwähnt. Marc Anton wollte die Stadt einnehmen und sich ihrer Reichtümer bemächtigen. Roms Ziel war es, den Handel mit den aus Arabien und Indien kommenden Waren in seine Hände zu bekommen. Auf ungeklärte Weise erhielten die Bewohner Palmyras Kenntnis von diesem verräterischen Plan und zogen sich daraufhin mit ihren Reichtümern an den Euphrat zurück, so daß Marc Anton mit leeren Händen heimkehren mußte. Das sollte aber noch nicht heißen, daß Rom diese Stadt ganz aus den Augen verlor.

Plinius liefert uns eine enthusiastische Beschreibung von der Schönheit und dem Reichtum Palmyras und ihrer außergewöhnlichen Position zwischen zwei mächtigen Reichen: Parthien und Rom. Außerdem lag die Stadt auf halbem Wege

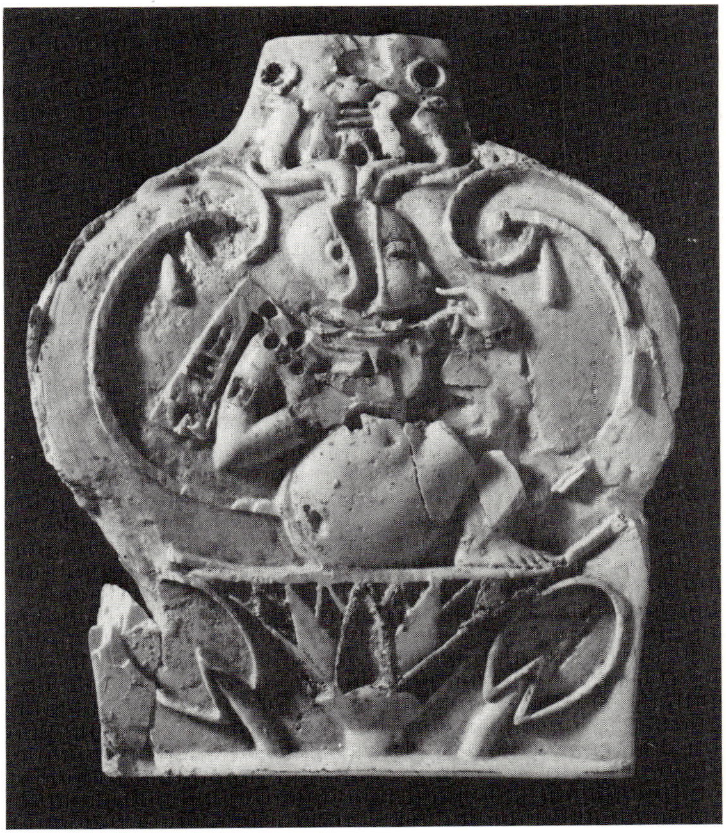

Zu den berühmten Entdeckungen in Palästina gehören die Elfenbeinschnitzereien aus der Zeit des 9. Jh.s v. Chr., gefunden im »Elfenbeinhaus« des Königs Ahab. Samaria war eine besonders stark befestigte Stadt, die drei Jahre der assyrischen Belagerung standhielt. Die Qualität dieser sieben Zentimeter hohen Elfenbeinschnitzerei ist sehr hoch; wahrscheinlich ägyptischer Herkunft. Sie stellt das Kind Horus dar, mit der ägyptischen Doppelkrone auf dem Haupt und mit Hörnern, Schlangen sowie Straußenfedern an beiden Seiten. Der Gott sitzt auf einer Lotusblüte und hält ein Szepter in der Hand. Hände und Füße zeugen von großer Kunstfertigkeit, so daß man mit Recht von einem königlichen Kunstwerk sprechen kann. Die Haarlocke, das Szepter, die Armbänder und die Krone waren mit Gold verziert. In der Lotusblüte findet man noch Reste von farbigem Glas. Man weiß nicht, ob es sich um Elfenbein aus Afrika oder Asien handelt. Horus wird hier als kleiner Junge dargestellt, als Sohn von Isis und Osiris. Sein Kultzentrum lag im Nildelta in der Nähe von Palästina. Wieviel wußten König Ahab und seine Gefolgsleute von den ägyptischen Göttern …? Israel-Museum, Jerusalem.

zwischen dem Euphrat und Damaskus und war deshalb eine Anlaufstation und ein Warenumschlagplatz für die zahllosen Karawanen. Einige Berichte sprechen davon, daß Rom die Stadt mit Gewalt in ihre Hände bringen wollte, doch das entspricht nicht ganz der Wahrheit. Roms Vordringen erfolgte langsam und friedvoll, so daß der Wirtschaft kein Schaden zugefügt wurde. Die Handelsbeziehungen und das tägliche Leben in der Stadt blieben wie ehedem bestehen. Natürlich hat es auch Spannungen zwischen Rom und Palmyra gegeben, meistens als Folge der von den Römern erhobenen Abgaben.
Im 1. Jh. v. Chr. verfügte die Stadt über die bekannten und berühmten Bogenschützen, die sogar am ersten jüdischen Aufstand teilnahmen. Im 2. Jh. n. Chr. war Palmyra völlig im Römischen Reich aufgegangen. Aus dieser Zeit, 137 n. Chr., ist

Häuserruinen in Ugarit (Ras Schamra), ca. 3000–2200 v. Chr. Hier gab es bereits ein entwickeltes Stadtleben. Auf dem Photo der Tell von Nordwesten gesehen. Die Häuser waren klein, die Straßen verliefen gerade, waren aber nicht mehr als 3 bis 4 m breit.

eine Zolltarifliste für Handelsgüter erhalten geblieben, die dem Streit um die römischen Abgabenforderungen offenbar ein Ende bereiten sollte. Wie wichtig die Stadt in den Augen Roms war, geht aus dem Besuch von Kaiser Hadrian hervor – auch römische Kaiser statteten den ihrem Machtbereich unterstellten Städten und Ländern sogenannte »Arbeitsbesuche« ab. Die Stadt erhielt bei dieser Gelegenheit den Ehrennamen Hadriana Palmyra. Im Jahr 130 n. Chr. wurde eine Kavallerie-Einheit, die Ala Thracium Herculania, hier stationiert, die dann später nach Ägypten verlegt wurde. Im Jahr 185 n. Chr. waren die Bogenschützen aus Palmyra überall im Römischen Reich zu finden, so in Numidia (Nordafrika) oder auch an der Donau, so daß man diese Männer als echte »Weltreisende« bezeichnen kann.
Unter der Herrschaft von Kaiser Septimus Severus (193 - 211) wurde Palmyra eine römische Provinzstadt und konnte ihren Reichtum noch vergrößern. Als im 3. Jh. n. Chr. die Macht Roms abzubröckeln begann – vor allem durch die Bedrohung der Sassaniden – beging Fürst Odainath von Palmyra, der den Rang eines Konsuls besaß, einen schweren politischen Fehler. Er entschied sich für das geschwächte Rom und erlitt im Jahr 267 n. Chr. eine Niederlage gegen die angreifenden Perser. Er führte den Oberbefehl über seine eigenen Truppen und über einen Teil des römischen Heeres, die aber den Persern nicht gewachsen waren. Dann machte er einen weiteren Fehler. Er rief sich selbst zum König von Palmyra aus. Damit ging er einen Schritt zuweit, und ein politischer Mord bereitete seinem Leben ein Ende.
Seine Nachfolgerin war die legendäre Königin Zenobia, die anstelle ihres unmündigen Sohnes regierte. Sie begann Streit mit Rom, schlug deren Legionen und eroberte schließlich sogar Syrien sowie einen Teil von Ägypten und Klein-Asien. Dann beging auch sie, durch ihren Erfolg maßlos geworden, einen schweren Fehler. Sie verlieh ihrem Sohn den Titel eines »Augustus«, was den Zorn von Kaiser Aurelian (270 - 275) hervorrief. Ein derartiger Frevel – die Verleihung eines nur dem römischen Kaiser zustehenden Titels – war deshalb Grund genug, um im Jahr 271 n. Chr. nach Palmyra zu marschieren und die Stadt vollständig zu zerstören. Zenobia wurde nach Rom gebracht, wo sie, der Überlieferung zufolge, in goldenen Ketten auf einem von Hirschen gezogenen Wagen im Triumphzug mitgeführt wurde.
Von dieser Zerstörung hat sich Palmyra nie mehr erholt. Die Stadt innerhalb der berühmten Mauern von Zenobia, die sie vor feindlichen Angriffen schützen sollte, siechte langsam dahin. Im Laufe der Jahrhunderte deckten Sanddünen Palmyra zu, und nur die Oase blieb bestehen sowie die heute noch sprudelnden Quellen, die die großen Palmenhaine reichlich mit Wasser versorgen. Durch die Ausgrabungen kamen die Ruinen wieder zum Vorschein, und auch die rund um die Stadt liegenden Grabtürme, in denen die Angehörigen der reichen Kaufmannsfamilien beigesetzt waren.
Die Gräber enthalten eine Vielzahl von Malereien, darunter bedeutende Porträts. Einen angenehmen Eindruck erwecken sie jedoch nicht. Sie zeigen »arrogante«, reich gekleidete und noch reicher mit Schmuck behängte Menschen, vor allem was die Frauen betrifft. Wichtiger als die Malereien sind vielleicht Tausende von erhaltenen Inschriften in palmyrischer und auch in griechischer Sprache. Sie gestatten uns einen Einblick in das Leben der Stadt und ihrer Bewohner, sowie in die politischen Verhältnisse. Die bereits erwähnte Zolltarifliste gibt uns Auskunft über die Preise zur damaligen Zeit.

Einen eindrucksvollen Komplex stellt der Baal-Tempel dar. Die Mauern und die Säulen dieses Heiligtums, die mit goldenen Kapitellen geschmückt waren, stehen noch heute. Das Gold der Säulen und die Bleiklammern, mit denen die Steine zusammengehalten waren, sind natürlich verschwunden. Vor dem Tempel befand sich ein großer Platz, dessen Länge 275 Meter betrug. Die erhöhte Lage weist auf semitischen Einfluß hin. Derartige Heiligtümer waren im eigentlichen Sinn ein »hoher«, d. h. heiliger Platz. Eine mächtige Mauer schloß den Komplex von der Außenwelt ab. Der Tempel bildete in Notzeiten einen Zufluchtsort, denn wie jede andere Stadt wurde auch Palmyra ständig von Nomaden angegriffen. In solchen Fällen konnte dann die Bevölkerung hinter den gewaltigen Mauern des Heiligtums Schutz suchen.

Das goldene Jerusalem

Mit dem bekannten Begriff »das goldene Jerusalem« kommt deutlich der Wunsch nach einer Stadt zum Ausdruck, die den Mittelpunkt einer Gottesverehrung darstellt. Ebenso spricht sie das Nationalgefühl eines Volkes an, das auf der Suche nach seiner Identität ist. Allerdings ist dieser Begriff nicht sehr alt, denn Jerusalem war nicht immer dieses heilige Zentrum.
Schwere Zeiten sind Jerusalem und seinen Bewohnern nicht erspart geblieben. Konflikte gab es zu allen Zeiten, und heute sind sie eher noch im Wachsen begriffen. Die Ursachen hierfür liegen u. a. in den archäologischen Funden, denn mit diesen sind oft mehr negative als positive Beweise im Hinblick auf die biblischen Erzählungen ans Tageslicht gebracht worden. Vor allem die Angaben aus der Zeit des Neuen Testaments stimmen oft nicht mit den historischen Fakten überein, und was die Pilger während ihres Besuches in Jerusalem zu sehen bekommen, beruht oft nur auf Volksüberlieferungen und nicht auf Tatsachen. Das ist z. B. der Fall bei der Via Dolorosa, auf der die Gläubigen in großer Andacht und tiefer religiöser Versenkung entlang gehen, ohne zu wissen, daß Jesus diesen Weg, so wie er heute präsentiert wird, niemals benutzt haben kann. Es gibt unwiderlegbare Beweise dafür, daß die heutige Via Dolorosa eine nachträgliche »Erfindung« ist, da die echte Straße durch die römischen Umbauten bei der Gründung der Stadt Aelia Capitolina vollständig verschwunden ist.
Von welchem Gesichtspunkt aus muß diese Stadt dann beurteilt werden?
Es bieten sich zwei Methoden an. Entweder entscheidet man sich für die wissenschaftliche Vorgehensweise und versucht, den geschichtlichen Hintergrund Jerusalems aufzuhellen, oder man folgt dem Weg der Überlieferung und erkennt den Wahrheitsgehalt der biblischen Erzählungen an. Einen Mittelweg gibt es nicht.
Der Name Jerusalem ist sehr alt und setzt sich aus zwei Wörtern zusammen: *yrw*, was soviel wie »ein Fundament errichten« bedeutet, und *salmanu*, der Name eines westsemitischen Gottes, der von den Amoritern verehrt wurde. An der Stelle, wo heute Jerusalem liegt, hat man Siedlungsspuren aus der »Urzeit« von Palästina, dem Paläolithikum, gefunden. Die erste wirkliche Besiedlung muß im 4. bis 3. Jahrtausend v. Chr. stattgefunden haben. Erstmals wird Jerusalem in den Ächtungstexten erwähnt (um 1900 v. Chr.). Die Stadt führt hier den Namen *ursmm* (Vokale wurden nicht geschrieben), und seitdem ist ihre Existenz in der Literatur und der Archäologie nachweisbar.
Auch Jerusalem verdankt seine Entstehung einer günstigen

Der Obeliskentempel in Byblos stammt aus der Zeit um 2200 bis 1750 v. Chr. Byblos hieß in Ägypten Gubal und Gebal in der Bibel. Heute heißt die Stadt Dschubail. Die Obelisken standen in zwei Reihen innerhalb eines geschlossenen Raumes. Seit Pharao Snefru's Zeiten (2680 v. Chr.) war Byblos berühmt als Exporthafen für Zedernholz aus dem Libanon. Diese amoritische Stadt gehört zu den ersten im Schrifttum erwähnten Städten.

Rechts: Skelett eines Natufium-Menschen aus der Höhle El-Wad in den Karmelbergen. Um den Schädel ein Muschel-Stirnband. Die Natufier lebten zwischen 10000 und 8000 v. Chr. Sie wohnten in Höhlen; das Klima war anders als heute; es gab dort sogar Elefanten. Diese Menschen stellten bereits kleine Tonfiguren her. Rockefeller-Museum, Jerusalem.

Unten: Keramik aus Zypern, Sichem, Tell Balata, Syrien und Kreta, aus einer Höhle mit 150–200 Beisetzungen. Die Höhle befindet sich im Berg Eba und wurde seit dem Chalkolithikum bis zur römischen Zeit als Grab- und Wohnstätte benutzt. Man erkennt deutlich den ägyptischen Einfluß. Rockefeller-Museum, Jerusalem.

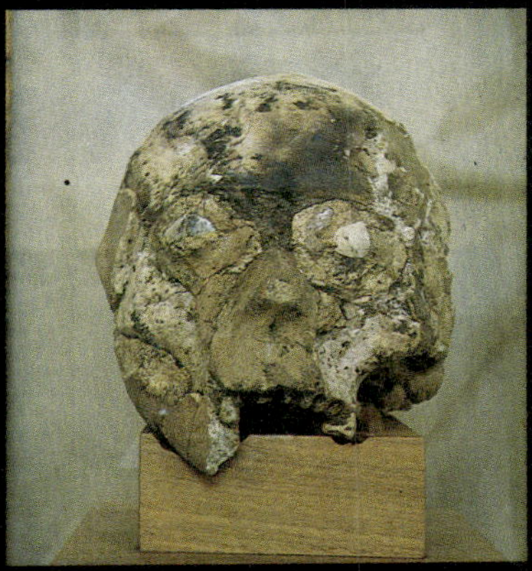

Schädel aus Jericho, mit Lehm überzogen, lebensecht modelliert, ca. 7000 v. Chr. Man hat sieben Stück gefunden. Augen aus eingelegten Muscheln. Etwas Vergleichbares hat man in diesem Gebiet bisher nicht entdeckt. Die Schädel dienten wahrscheinlich dem Ahnenkult. Rockefeller-Museum, Jerusalem.

Linke Seite: Asiaten aus dem Grab von Horemheb in West-Theben in Oberägypten. Horemheb war Offizier im Heer von Thutmosis IV. (1419–1386 v. Chr.) Auf der (beschädigten) Malerei überbringen Syrer Tribut, wie z. B. kostbare Vasen. Einige haben ihre Kinder als Geiseln mitgebracht.

Oben: Obeliskentempel in Byblos aus ca. 2200–1750 v. Chr. Die Obelisken standen ursprünglich in zwei Reihen innerhalb eines geschlossenen Raumes.

Stelen am Hundsfluß im Libanon (Nahr-el-Kalb). Hier eine Stele von Ramses II., als Grenzstein zwischen seinem Reich und dem der Hethiter. Später haben hier sechs assyrische Herrscher ebenfalls Stelen errichtet, darunter Tiglatpileser I. (ca. 1100 v. Chr.) und Asarhaddon (ca. 680 v. Chr.). Eine der letzten Inschriften, die insgesamt in acht verschiedenen Sprachen angebracht sind, stammt von den Engländern aus dem Jahr 1918 und erinnert an die Eroberung von Damaskus und Aleppo. Die älteste ist in ägyptisch aus dem Jahr 1297 v. Chr., die jüngste von 1948 und gedenkt der Vertreibung der Franzosen aus dem Libanon.

Baaltempel in Palmyra, Syrien. Er steht in einem großen ummauerten Gebiet und ist im hellenistischen Stil gebaut. Palmyra heißt auch Thadmor, und man hat dies mit Tamar aus der Bibel gleichgesetzt, was sich jedoch als falsch erwiesen hat. Thadmor wird in einer Inschrift von Tiglatpileser I. um 1000 v. Chr. erwähnt.

Sarkophag von König Ahiram, Zeitgenosse von Ramses II. Auf dem Deckel eine phönizische Inschrift. Links sieht man den König auf seinem Thron mit geflügelten Sphinxen. Davor ein Tisch mit Opfergaben und Vasallen. Der Sarkophag »ruht« auf liegenden Löwen, während Lotusblumen den oberen Rand verzieren. Die Datierung ist unsicher. Der Sarkophag stammt wahrscheinlich aus dem 12. Jahrhundert v. Chr., die phönizische Inschrift dagegen aus dem 10. Jh. v. Chr.

geographischen Gegebenheit. Von Norden nach Süden verläuft eine Wasserscheide durch das Land, und am Osthang eines kleinen Hügels dieser Bergkette entspringt Jerusalems »Entstehungsursache«, die Gihon-Quelle. Aber auch strategische Erwägungen spielten bei der Gründung eine Rolle. Für die antike Form der Kriegführung waren Stadtgrenzen in Gestalt von tiefen Tälern ein guter Schutz. Im Falle Jerusalems waren es die beiden Schluchten Kidron und Hinnom, die die Stadt gegen Angriffe aus dem Osten und dem Westen schützten. Im Süden lag der schmale Ausläufer des Höhenzuges, auf dem man die Stadt errichtete. Nur die Nordseite besaß keine natürliche Sicherung und mußte daher besonders gut befestigt werden, und zwar an der Stelle, wo der Hügel mit einem schmalen Streifen fast in den folgenden übergeht. An der engsten Stelle errichtete man daher mächtige Mauern.

Nach dem 18. Jh. v. Chr. war Jerusalem bereits eine große Stadt, die von König Puti-hiba regiert wurde, der in den späteren Amarna-Briefen erwähnt wird. Die Aristokraten der Stadt waren die Hethiter. Als Jerusalem an Macht gewann, trachtete es danach, anderen Städten seine Oberhoheit aufzuzwingen, blieb aber weiterhin loyal gegenüber den regierenden Pharaonen. Auch das kann man den Amarna-Briefen entnehmen. Jerusalem kämpfte sogar gegen die gefürchteten Chapiru, bzw. versuchte es jedenfalls einmal.

Als Josua seinen Eroberungsfeldzug begann, plante er auch Jerusalem einzunehmen. Nach der Erzählung in Josua (15.63) und im Buch der Richter (1.21) gelang ihm das allerdings nicht. Die Stadt und das umliegende Gebiet war damals im Besitz der Jebusiter, die sich wie ein Keil zwischen die Stämme Benjamin und Juda geschoben hatten. Der Gott, den die Jebusiter verehrten, hieß El-eljon. Der Priester des Gottes war zugleich weltlicher König und wurde als »Unterkönig« der Gottheit betrachtet.

Als es Josuas Nachfolgern gelang, Jerusalem einzunehmen, stand die Stadt an der Spitze einer Liga von kanaanitischen Städten, die die sieben kanaanitischen Stämme vertraten. Später kämpfte Jerusalem während der Angriffe der Philister an deren Seite. Schließlich eroberte David, ein fähiger Feldherr und ein geborener Soldat, die Stadt (Samuel 5.6 und 1. Chronik 1 – 7). Nach der Eroberung verhielt sich David ausgesprochen human. Er vertrieb nicht, wie sonst üblich, die Bevölkerung und ließ sie auch nicht ermorden, sondern kaufte der Erzählung nach vom König der Jebusiter ein Stück Land, um dort einen Altar zu errichten. David wollte eine friedliche Koexistenz, und da er die Stadt nicht mit dem israelitischen Heer, sondern mit seiner Leibgarde eingenommen hatte, betrachtete er sie als sein privates Eigentum, als könig‑

Die Büsten aus den Gräbern in Palmyra geben eine Vorstellung dieser reichen Kaufleute aus dem 2. und 1. Jh. v. Chr. Kalkstein, etwa 50 cm. Museum von Palmyra.

Die Tempelruinen von Baalbek werden nicht in der Bibel erwähnt. Hier verehrten die Phönizier den Gott Baal. Auf dem Bild ein Teil der Säulenreihe um den Tempel. Die Architektur von Baalbek, auch Heliopolis genannt, befand sich auf einem außergewöhnlich hohen Stand. Trajan befragte hier das Orakel von Baal. Die Tempel stammen aus dem 2. und 3. Jh. n. Chr.

liche Domäne, auf die keiner der Stämme einen Anspruch erheben konnte. Seitdem hieß die Stadt auch »die Stadt Davids«. Innerhalb der Mauern wurden sogar königliche Grabstätten angelegt. Zur Sicherung seines neuen Besitzes ließ David eine Burg errichten, die er Zion nannte. Ihre Lage ist bis heute nicht bekannt.

Die Stadt Davids war klein im Vergleich zu ihrer späteren Ausdehnung. Sie lag auf dem Ophelberg und wies angesichts der primitiven Bauweise der damaligen Zeit keine außergewöhnlichen Bauwerke auf. Wer aber eine Stadt auf Dauer besitzen will, der muß auch für ihre Sicherheit sorgen. David bemühte sich darum und bezog deshalb die alte, noch vorhandene Mauer aus dem 18. Jh. v. Chr. in die neue Anlage mit ein. Diese alte Mauer erfüllte über 1000 Jahre hinweg ihren Zweck, bis zur Regierungszeit von König Hiskia. Allerdings war sie schlecht gebaut und mußte von David und seinen Nachfolgern regelmäßig repariert werden. Die Ausbesserungsarbeiten zu Davids Zeiten an den Mauern und Terrassen der Ostseite des Ophelberges bringt die Archäologin Kenyon mit dem in der Bibel erwähnten Begriff *millo* in Zusammenhang (2 Samuel 5.9; 1. Könige 9.15 und 24). Sie versteht darunter die Instandsetzung der Mauern mit massiven, unbehauenen Steinen, bzw. die Auffüllung der Mauerzwischenräume mit grobem Geröll. Als im 6. Jh. v. Chr. die Babylonier erschienen, brachen die Mauern unter deren Angriffen zusammen. Alle von den Jebusitern errichteten Häuser und alle Bauwerke von David und Salomo versanken in Schutt und Asche. Als die Römer später Steinbrüche anlegten, wurden auch die letzten Reste vernichtet. Kaiser Hadrian gab den Auftrag zum Aufbau einer neuen Stadt, die den Namen Aelia Capitolina erhielt. Indem man die Steinbrüche tief in die Felsen vorantrieb, auf denen einst das alt-testamentarische Jerusalem gestanden hatte, blieb von dieser Stadt nichts mehr erhalten.

König David war der große politische Baumeister eines israelitischen Reiches und weniger auf dem architektonischen Sektor tätig. Die Ausbreitung seines Herrschaftsgebietes war

Die überreich mit Juwelen geschmückten wohlhabenden Frauen aus Palmyra waren wohl sehr selbstbewußt. Die Büsten waren ursprünglich mehrfarbig bemalt. Museum von Palmyra.

ihm wichtiger als ein schönes Jerusalem, und auf dem Höhepunkt seiner Macht besaß sein Reich dann auch eine beachtliche Größe. Es erstreckte sich von Damaskus im Norden bis zum Golf von Akaba im Süden. König Salomo konnte das Reich seines Vorgängers nicht zusammenhalten, wollte aber Jerusalem zur schönsten Stadt der damaligen Welt machen. Wenn wir den biblischen Erzählungen Glauben schenken dürfen, scheint ihm das auch gelungen zu sein. Wir müssen hier der Bibel vertrauen, denn von seinen Bauten ist nichts mehr gefunden worden. Wenn wir uns eine Vorstellung davon machen wollen, wie Jerusalem während seiner Regierungszeit ausgesehen haben könnte, müssen bzw. können wir auch die anderen Städte seines Reiches zum Vergleich heranziehen. Salomos Bauwerke lagen nicht in der Stadt Davids. Es muß große Schwierigkeiten beim Bau gegeben haben, denn der Ophelberg war viel zu schmal, um auf ihm größere Bauten errichten zu können. Es mußte daher eine künstliche Terrasse angelegt worden sein, auf der man einen Tempel, einen oder mehrere Paläste und öffentliche Gebäude errichten konnte. Vor der Terrasse zog man steinerne Mauern hoch, die heute noch im Kidron-Tal zu sehen sind.
Die Bibel gibt eine gute Beschreibung davon, wie die von

Die große südliche Treppe des Tempelberges führt zum Huldator. Die Pilger benutzten diese Treppe auf ihrem Weg zu den Tempelhöfen.

Blick auf das Kidrontal mit dem Dorf Silwan, dem biblischen Siloam. Das Bild ist von der Gihonquelle aus aufgenommen. Rechts die Stelle, an der die Stadt Davids gestanden hat.

Ausgrabungen an der Westmauer auf dem Tempelberg. Hier die Treppenfundamente, die zur Tempelterrasse hinaufführten, wo es wahrscheinlich auch Läden gab. Römische Zeit.

Salomo geplanten und ausgeführten Bauwerke ausgesehen haben müssen; doch die Beweise dafür hat man – aus den oben genannten Gründen – nicht entdeckt. Die römischen Steinbrüche haben alles zerstört. Salomo hatte große Pläne, erkannte aber bald, daß er sie nicht verwirklichen könnte, wenn er die Arbeiten hierfür seinen eigenen Leuten übertragen würde. Um seine Vorstellungen in die Tat umzusetzen, holte er deshalb Fachleute aus den kulturell weiter entwickelten Ländern, die sein Reich umgaben. Das traf u. a. auf Phönizien zu, dessen Bewohner für ihre Baukunst berühmt waren und von wo auch ein großer Teil der Baumaterialien bezogen wurde. König Hiram aus Tyrus schickte Arbeiter und Material. Das Elfenbein für die Einlegearbeiten stammte ebenfalls aus Phönizien, denn das Land war für seine Intarsienarbeiten berühmt.
Weil das Zedernholz aus dem Libanon das beste zur Verfügung stehende Holz war, bestellte man es in großen Mengen. Es fand für Säulen, Türen und Rahmen Verwendung. Sicherlich wurden auch für diese Arbeiten Handwerker aus anderen Ländern herangezogen, ebenso wie für die Herstellung der Säulen Jachin und Boas, für die man Spezialisten im Bronzeguß benötigte. Die Zedernstämme kamen aus Sidon und Tyrus und wurden in Jaffa an Land gebracht. Die Gesamtkosten für diese umfangreichen Bauvorhaben müssen enorm hoch gewesen sein und wurden aus der Staatskasse bezahlt, die aber wie üblich wiederum von den Bewohnern des Landes in Form von Steuerabgaben aufgefüllt werden mußte.
Der Tempel stand auf dem Hügel Moria und muß zwischen dem 4. und 11. Regierungsjahr von Salomo errichtet worden sein. Die Bibel berichtet darüber ausführlich im 1. Buch der Könige (Kap. 6 bis 8) und im 2. Buch der Chronika (Kap. 2 bis 4) sowie in Hesekiel (Kap. 40 bis 43).
Salomos Zitadelle lag nördlich der Stadt Davids, zwischen dem Ophel- und dem Tempelberg. Der Tempel war im üblichen Stil gebaut, mit einer großen Vorhalle und einem imposanten Portal am Ende derselben. Der Vorhof war derartig groß, daß darin bequem zwei größere Gebäude Platz finden konnten. Das eine davon war das »Haus vom Walde des Libanon«; der Name zeigt an, daß hier viele Zedernholzsäulen

Mauerwerk der Tempelmauer aus der Zeit von Herodes, im Südwesten des Tempelbergs. Die Mauern sind hier noch bis zu 50 m hoch.

gestanden haben müssen. Im anderen Gebäude, der »Säulenhalle für den Stuhl«, wurde wahrscheinlich Gericht gehalten. Von der Vorhalle gelangte man in zwei Innenhöfe, von denen einer zum Königspalast, der andere zum Tempel gehörte. Der Bibel zufolge muß der Palast südlich vom Tempel gestanden haben. Der Innenhof des Tempels lag auf dem Tempelberg. Die Gesamtlänge des dreiteiligen Tempels betrug 100 Ellen (1 Elle ca. 0,45 Meter). Das sogenannte Seitengebäude umgab und stützte den Tempel an drei Seiten. Es bestand aus drei niedrigen Stockwerken und enthielt in seinen Kammern alle die Geräte und Werkzeuge, die bei den Opferriten verwendet wurden. Die Breite des Tempels wird mit 50 Ellen angegeben. Das Verhältnis von Länge zu Breite war also 2 : 1, was bei den Tempeln des Vorderen Orients im Altertum häufig der Fall war. Diese Proportion traf auch auf die Tore zu, die umso schmäler wurden, je weiter man in das Tempelgebäude hineinging. Eine Ausnahme bildete das Allerheiligste, dessen Raum nach jeder Richtung zwanzig Ellen maß, das also die Form eines Würfels besaß. Diese Länge war die maximale Spannweite, die mit Säulenkonstruktionen möglich war. Das Allerheiligste und den Vorhof trennte das bereits erwähnte Säulenportal, von dem aus zehn Stufen zum Eingang emporführten. Zwei Flügeltüren aus Zedernholz in einem Türstock aus Olivenholz bewachten den Zugang zum Allerheiligsten. Darin befanden sich die Bundeslade und die Cherubim. Die Gestalt und die Ausstattung der Stiftshütte könnte als Vorbild für den Tempel gedient haben. Das Modell der Stiftshütte hatte Moses durch göttliche Inspiration erhalten und es durfte deshalb nicht verändert werden. Auch die vergoldeten Cherubim hatten ihren bestimmten Platz im Allerheiligsten.

»Klagemauer« in Jerusalem. Teil der alten Ringmauer des Tempels, an der jüdische Beter den Untergang des Alten Bundes beklagen.

Ausgrabungen an der Südmauer des Tempelbergs. Im Hintergrund der Ölberg. Überreste von Häusern und Mauern aus israelitischer Zeit.

Plan von Jerusalem

Die Entwicklung der Stadt Jerusalem seit König David (1004–965 v. Chr.) bis einschließlich der Belagerung durch Titus im Jahr 70 n. Chr.

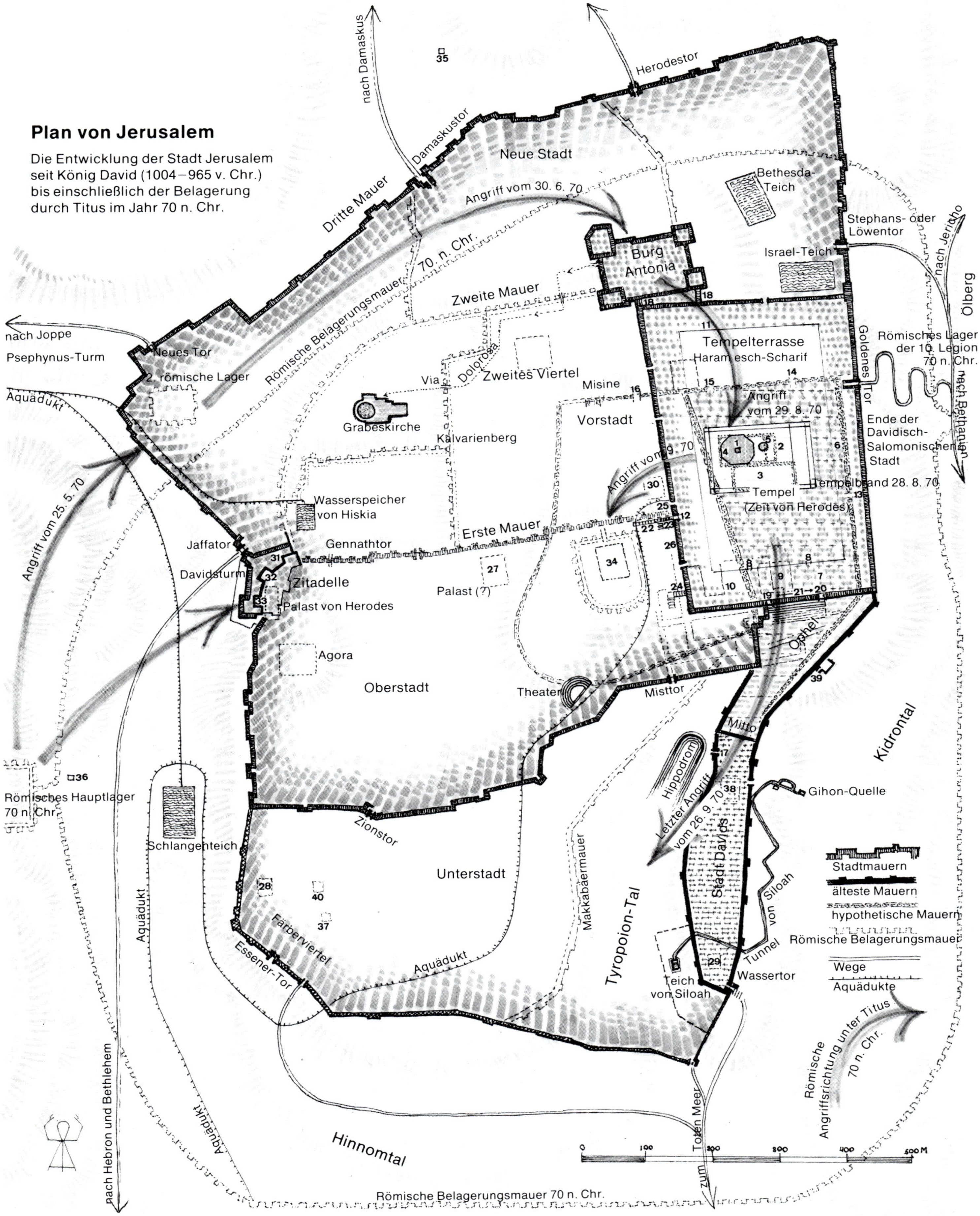

◀ *Erläuterungen zum Plan von Jerusalem*

1 Der Felsen (Opferplatz von Abraham?)
2 Tempel Davids (?)
3 Palast Davids (?)
4 Kuppel des Felsendoms (7. Jh.)
5 Kuppel des Kettendoms (7. Jh.)
6 Säulengang Salomos
7 Königlicher Säulengang
8 Tunnel
9 Palast (?)
10 Al-Aqsa-Moschee (im 6. Jh. eine byzantinische Kirche)
11 Ecce-Homo-Bogen
12 Bab-el Silsilla
13 Pferdetor
14 Benjamintor
15 Ephraimtor
16 Huktor
17 Taltor
18 Treppe zur Burg Antonia
19 Doppeltor
20 Dreifachtor
21 Huldator
22 Brücke
23 Sanhedrin
24 Robinsonbogen
25 Wilsonbogen
26 Klagemauer
27 Palast des Hohenpriesters Ananias
28 Palast des Kajafas
29 Synagoge
30 Xystos Markt
31 Hippicoturm
32 Phasaelturm
33 Mariamneturm
34 Makkabäischer Palast (?)
35 Gartengrab
36 Familiengrab Herodes des Großen
37 Grab Davids (?)
38 Adiabemische Paläste
39 Nehemias Mauer und Turm
40 Abendmahlsaal

Die »Gräber der Könige« in Jerusalem – auch »Grab der Helena« genannt; in Wirklichkeit ein hellenistisches Familiengrab. Die Säulen der Eingangshalle sind nicht mehr vorhanden.

Salomos Entscheidung, die Stiftshütte in Gestalt eines Tempels in der Reichshauptstadt anzulegen, sollte sich als vorteilhaft erweisen, denn als nach seinem Tod das Reich geteilt wurde, blieb der Tempel trotzdem das heilige Zentrum der Israeliten.
Salomos Tod hatte schwerwiegende Folgen für das Reich. Sein Sohn Rehabeam war wohl der rechtmäßige Thronfolger, doch der Norden hatte sich in Jerobeam einen eigenen Kandidaten ausgewählt. Damit war die Trennung vollzogen und seitdem gab es zwei Reiche, zwei Hauptstädte und zwei Kultstätten, denn Jerobeam folgte anderen Glaubensvorstellungen. Er sah deshalb in Jerusalem einen gefährlichen Rivalen, weil zahlreiche Pilger zum dortigen Tempel zogen. Um dem entgegenzutreten, ließ er in den Heiligtümern der Städte Dan und Bet El zwei »Goldene Kälber« aufstellen. Dan entwickelte sich daraufhin zu einem gefährlichen Konkurrenten für die Hauptstadt von Juda.
Jerusalem war dank der guten Regierung Salomos eine reiche Stadt geworden. Sie lag am Schnittpunkt bedeutender Handelsstraßen und war seit der Zeit Davids erheblich gewachsen. Die Ausdehnung fand hauptsächlich nach Norden hin statt. Aus diesem Grund mußte die Nordmauer auf einen Teil des Bergkammes verlegt werden. Nach Salomos Tod machte Jerusalem unter den nachfolgenden Königen aus Davids Geschlecht eine wechselhafte Entwicklung durch. Im 8. Jh. v. Chr. verbesserten einige Könige die Befestigungsanlagen. Die große Gefahr zog 701 v. Chr. in Gestalt der Assyrer heran. Während dieser Ereignisse ließ König Hiskia das Wasser der Gihon-Quelle durch einen Tunnel - unter den Stadtmauern hindurch - in die Stadt leiten.
Der Angriff der Assyrer unter Sanherib schlug fehl. Unter König Josia (638 - 608 v. Chr.) erblühte Jerusalem aufs neue, doch im Jahre 586 v. Chr. erschienen die Babylonier vor der Stadt, und Nebukadnezar zerstörte mit seinen Truppen Jerusalem und den Tempel. Viele einflußreiche und wohlhabende Juden wurden in die Gefangenschaft verschleppt, und es dauerte bis zur Zeit des persischen Eroberers Kyros, ehe die Verbannung zu Ende ging. In der Bibel heißt es, daß Kyros von Gott den Auftrag erhalten hat, den Tempel wieder aufzubauen. Dabei wird auf die frühere Prophezeiung von Jere-

Das sogenannte »Grab des Zacharias« bei Jerusalem stammt aus der Zeit des 2. Tempels. Das Grab liegt im Kidrontal und ist aus dem Felsen herausgeschlagen. Der Grabeigentümer ist nicht bekannt. Das Grab wird von einer Pyramide gekrönt, einem in dieser Zeit sehr beliebten römischen Motiv, wie man es noch heute in Rom sehen kann.

Modell des Tempels auf dem Tempelberg von Jerusalem, vom Frauenhof aus gesehen. Modell in Jerusalem.

Ausgrabungen am Fuß der Zitadelle von Jerusalem, beim Jaffator. Die Festungsmauern links sind aus der Zeit von Herodes. Darunter von Kreuzfahrern durchgeführte Verstärkungen.

mias (Jer. 25) hingewiesen, der den Untergang von Jerusalem und die Zerstörung des Tempels vorausgesagt hatte (2. Buch der Chronik 36.21 – 23). Nachdem Kyros Babylonien erobert hatte (538 v. Chr.), kehrte ein Teil der Juden aus dem babylonischen Exil zurück. Die von Nebukadnezar nach Babylon gebrachten Tempelgeräte wurden dem Prinzen Sesbazar aus dem Geschlecht Davids zurückgegeben.
Es ist nicht zu entscheiden, wer den Tempel wieder aufbaute. War es Sesbazar oder war es sein Neffe Zerubabel? Wie dem auch sei, der Wiederaufbau ging jedenfalls schnell vonstatten. Man holte Handwerker und Zimmerleute herbei und bestellte Zedern aus dem Libanon. Im Vergleich zum ersten Tempel war der neue, um 515 v. Chr. fertiggestellte Tempel relativ klein und unbedeutend. Im zweiten Tempelabschnitt stand der Altar, und zwar an derselben Stelle wie schon zu Salomos Zeiten.
Die Stadt Jerusalem kam kaum zur Ruhe. Alexander der Große eroberte im 3. Jh. v. Chr. Palästina, und seine Nachfolger, die Ptolemäer, nahmen die Stadt ein. Sie erfuhr dadurch einen erneuten Aufschwung und wurde so wohlhabend, daß der Hohepriester Simeon die Stadtmauern reparieren und die Wasserversorgung erneuern lassen konnte, die unter dem

Modell des antiken Jerusalem aus der Zeit des 2. Tempels (vor 70 n. Chr.) Auf dem Bild das von Herodes für Wagenrennen erbaute Hippodrom.

Krieg stark gelitten hatten. Im Jahr 198 v. Chr. mußte sich Jerusalem den Seleukiden unter Antiochus III. (223 - 187 v. Chr.) ergeben. Aufgrund der kampflosen Übergabe der Stadt erhielt sie einige Privilegien. Der Hellenismus hatte jetzt auch in Jerusalem seinen Einzug gehalten, und so kam es, daß Antiochus IV. Epiphanes (175 - 164 v. Chr.) eine neue Stadt entwerfen wollte, die Antiochia heißen und auf dem westlichen Hügel errichtet werden sollte. In den Jahren 167 bis 164 v. Chr. wurde der Tempel durch die von Antiochus erlassenen »verfluchten Edikte« entweiht, was letztlich zum Aufstand der Makkabäer führte. Sie brachen den Altar ab und versteckten die Steine auf dem Tempelberg. Gegenüber errichteten die Syrer währenddessen die Festung Akra.
Judas Makkabäus und sein Bruder Simon, die von 166 bis 135 v. Chr. über die Juden herrschten und die freie Ausübung des Gottesdienstes sowie die politische Unabhängigkeit wieder erlangten, ließen im Jahr 164 v. Chr. den Tempel wieder einweihen. Der westliche Hügel befand sich in den Händen der »hellenistischen« Juden und Syrer, während die rechtgläubigen Juden die Unterstadt und den Tempelberg bewohnten. Dieser Zustand dauerte bis zum Jahr 141 v. Chr., als Simon die Akra eroberte. Inzwischen hatte sich auch der makkabäische Hohepriester Jonathan in Jerusalem niedergelassen. Wieder war Jerusalem die Hauptstadt des Reiches Juda und gelangte rasch zu neuem Wohlstand. Das Bauvorhaben für die Stadt »Antiochia« wurde aufgegeben. Die Oberstadt umgab eine Mauer, und auf den Ruinen der zerstörten Akra errichtete man einen Palast; eine große Brücke verband seitdem die Oberstadt mit dem Tempelberg. Die Überreste der Brücke hat man allerdings bisher nicht gefunden.
Der dann ausbrechende Bürgerkrieg erlaubte es den Römern, sich in die inneren Angelegenheiten der Juden einzumischen. Im Jahr 63 v. Chr. stürmte Pompeius den Tempel, und seitdem herrschten die Römer über Jerusalem. Die Juden gaben sich jedoch nicht ohne Gegenwehr geschlagen. Herodes der Große mußte die Stadt erst längere Zeit belagern, ehe sich der letzte Makkabäer, Mattathias Antigonos, ergab. Das daraufhin folgende Gemetzel muß furchtbar gewesen sein.

Die Grabeskirche in Jerusalem, die nach der Überlieferung Ort der Kreuzigung, Grablegung und Auferstehung ist. Die Kirche ist ein sehr komplexes Bauwerk mit verschiedenen Krypten aus der Zeit der Kreuzfahrer.

Modell der Oberstadt des antiken Jerusalem. In der Mitte Davids Grab, dahinter das Viertel der wohlhabenden Tuchfärber.

Häuser am Hang der Unterstadt von Jerusalem.

Fünfstufige byzantinische Öllampe aus Ton. Israel-Museum, Jerusalem.

In einem der Basars von Jerusalem.

Unten: Die Madaba-Landkarte der Stadt Jerusalem und eines großen Teils von Palästina (hier nicht abgebildet). Madaba liegt im heutigen Jordanien, wo man die »Karte« im Jahr 1896 in einer Kirche aus dem 6. Jh. n. Chr. gefunden hat. Der Mosaikgrundriß zeigt Aelia Capitolina, die von den Römern nach der Zerstörung Jerusalems neu errichtete Stadt. Auf der Karte sieht man in der Mitte die Hauptstraße mit Kolonaden an den Seiten. Die Grabeskirche mit der Kuppel befindet sich in der Mitte (nach unten, auf dem Kopf stehend). Die Karte zeigt Jerusalem zur Zeit des Kaisers Hadrian. Die Konstantinbasilika liegt oberhalb des Kalvarienbergs und des Heiligen Grabes. Links die Nordseite der Stadt. Man sieht außerdem verschiedene Tore und Kirchen. Die Terrasse des Tempelbergs muß rechts liegen, doch ist das Mosaik hier beschädigt.

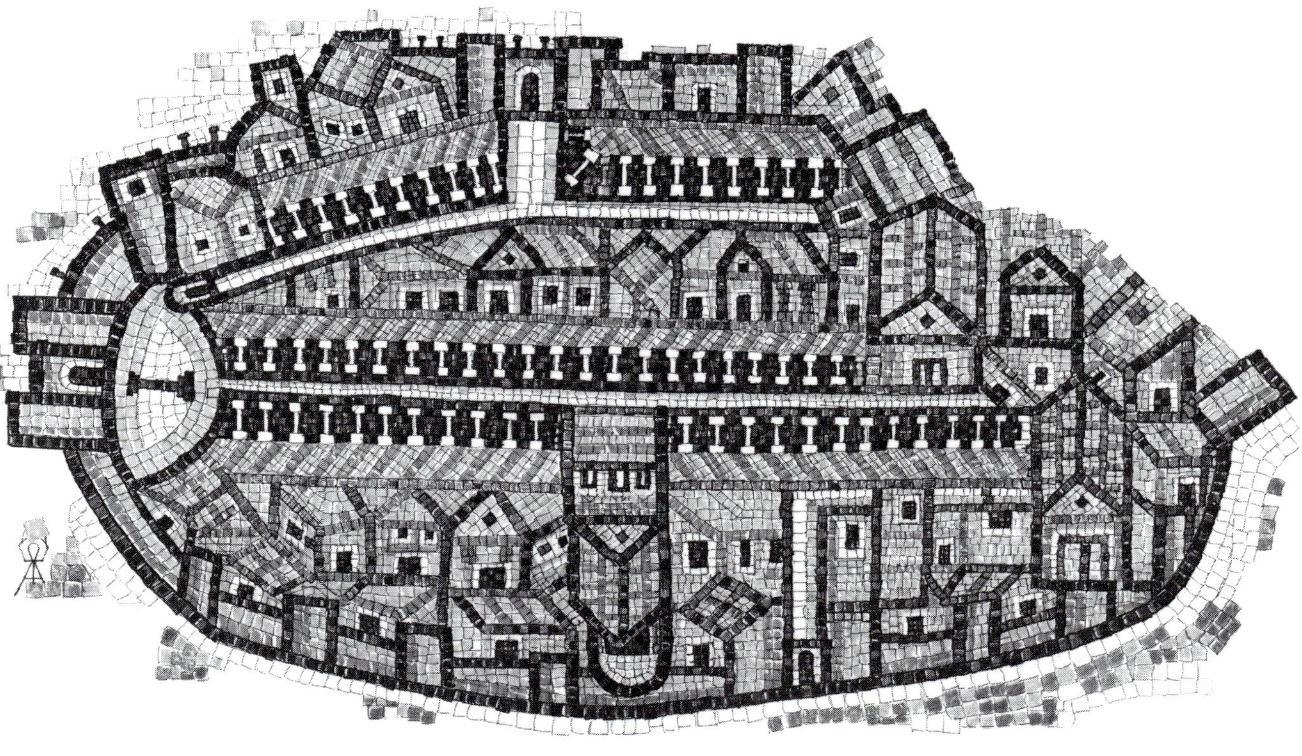

Fortan war Herodes König – ein sehr energischer Herrscher, der sich zu Beginn seiner Regierungszeit wirklich um die Stadt bemühte, später aber immer unberechenbarer wurde. Er plante umfangreiche Bauvorhaben für ein religiöses Zentrum. Er ließ einen neuen Tempel im oströmischen Stil errichten und machte aus dem Tempelberg eine Prunkstätte. Eine zweite Brücke verband jetzt die Oberstadt mit dem Tempelberg. Die beiden Bögen der zwei Brücken, die erhalten geblieben sind, heißen heute nach ihren Entdeckern »Wilson-« und »Robinsonbogen«. Am Hang des Kidrontals baute man eine monumentale Treppe, die zum Tempelberg emporführte.
Herodes sorgte aber auch für sich selbst. Ein großer Palast, beschützt von drei mächtigen Türmen, befand sich im Nordwesten der Oberstadt. Außerdem heißt es, daß er eine zweite Mauer um das wichtige Handelszentrum, bekannt unter dem Namen Ober-Tyropoion, errichten ließ, obwohl nicht auszuschließen ist, daß diese Mauer bereits das Werk der Makkabäer war. Die sogenannte »dritte Mauer«, die die Stadt noch sicherer machen sollte, wurde von Herodes' Enkel Agrippa II. errichtet. Unter seiner Herrschaft erlebte Jerusalem zum letzten Mal eine große Blütezeit.

Während der Regierung von Pontius Pilatus begann die Leidensgeschichte Jesus, von der in römischen Quellen allerdings nichts berichtet wird. Neben den religiösen Schriften des Neuen Testaments liegen uns keine historischen Zeugnisse vor, die auf die Existenz Christus hinweisen.
Daß die politische Lage in der Stadt und im ganzen Land schwierig und gefährlich war, bewies der zweite jüdische Auf-

stand im Jahr 66 n. Chr. Bis zur Ankunft von Titus (79 - 81 n. Chr.) gab es ständig Aufruhr und Kämpfe zwischen einzelnen rivalisierenden Gruppen, und das sollte für Jerusalem unangenehme Folgen haben. Die Belagerung von Titus dauerte von April bis September des Jahres 70 n. Chr. Dann erfolgte die Übergabe der Stadt und daran anschließend die bekannte furchtbare Zerstörung - wie sie nicht nur damals nach einer siegreichen Schlacht üblich war. Der Tempel mit seinem vielen Zedernholz wurde in Brand gesteckt, und das prächtige Bauwerk brannte bis auf die Grundmauern nieder. Auch der Palast von Herodes wurde verwüstet und allein die drei Türme blieben erhalten. Auf den Ruinen errichteten die Soldaten der X. Legion ihr Lager.
Der Plan von Kaiser Hadrian, aus Jerusalem eine *colonia* zu machen und sie zu diesem Zwecke entsprechend auszubauen, war gleichsam der auslösende Funke, der den Aufstand entflammte, der aber den Juden letztlich nichts einbrachte. Natürlich wurde die neue Stadt, Aelia Capitolina, nach der Niederschlagung des Aufstandes erbaut, und die Juden durften sie aufgrund ihres aufrührerischen Verhaltens nicht betreten. Aelia Capitolina erfuhr keinen Aufschwung. Die Stadt bestand bis zur byzantinischen Zeit, jetzt von Christen bewohnt, die in Jerusalem eine neue, heilige Stadt sahen, die durch den Tod von Jesus ihre Weihe erhalten hatte. In dieser Zeit muß es in der Stadt viele Kirchen und Klöster gegeben haben. Im Jahre 614 nahmen die Perser die Stadt ein. Noch einmal wurde Jerusalem Hauptstadt - unter den Kreuzfahrern, die in Palästina ihr »Reich« festigen wollten. Sie blieb aber letztlich eine kleine Stadt innerhalb der Mauern von Hadrian, bis sie schließlich in unserer Zeit die Hauptstadt des modernen Israels wurde.

Was konnte und kann nun die Archäologie tun, um die Geschichte der Stadt mit den z. B. im Neuen Testament erwähnten Geschehnissen wissenschaftlich zu untermauern? Wie schon angedeutet, eigentlich außerordentlich wenig, im Gegensatz zu anderen Regionen, in denen sehr viel mehr Zeugnisse erhalten geblieben sind. Für die Zeit des Neuen Testaments ist dies auch verständlich in Anbetracht des relativ kurzen Zeitraumes von 35 Jahren, den es umfaßt.
Die Ausgrabungen in Jerusalem standen selbstverständlich immer im Vordergrund des Interesses; sie begannen bereits im Jahr 1864. Schon bald war klar, daß die durch zahllose Kriege verursachten Zerstörungen und Brände einen großen Teil der »Beweise« vernichtet hatten. Daneben waren Täler mit Trümmerschutt aufgefüllt worden, um so Platz für neue Bauten zu erhalten; Steinbrüche waren tief in die Felsen hineingetrieben, und die Bodenerosion und die Menschen, die sich immer wieder auf den Ruinen ansiedelten, hatten nicht viel von den früheren Bauwerken übrig gelassen. Man fand u. a. den Tunnel der Gihonquelle und die Mauern der ältesten Stadt der Jebusiter, an denen David später seine eigenen Befestigungsanlagen anfügte. Die Stadt Davids auf dem Ophelberg war offensichtlich größer, als man ursprünglich angenommen hatte. Der Zugang zur Quelle lag anscheinend innerhalb der Stadt - eine bisher neue Erkenntnis. Zwei Höhlen im Ophelberg waren zwar fast schon völlig abgetragen, doch sie könnten Davids Königsgräber gewesen sein! Aus dieser Zeit sind also durchaus brauchbare archäologische Zeugnisse erhalten geblieben.
Die Überreste aus der Zeit des Königtums gingen durch spätere Bebauungen verloren, da ihre Bausubstanz als bereits

Das Löwen- oder Stephanstor in Jerusalem. Der Legende nach erschienen Süleyman II. im Traum zwei Löwen, die ihm den Bau befahlen. Die zwei Löwen befinden sich an beiden Seiten des Bogens.

Die Rückseite des von Süleyman dem Prächtigen errichteten Damaskustors. Die runden Ausbuchtungen sind Bruchstücke von eingemauerten Säulen.

vorhandenes und billiges Material erneut Verwendung fand. Die Zitadelle und die Gebäude auf dem oberen Teil des Ophelberges dürften makkabäische Befestigungen gewesen sein und dieses »Steinbruchschicksal« erlitten haben, während man die besonders massiven Bauten aus der Zeit des Herodes und seiner Nachfolger offensichtlich nur mit großer Mühe abbrechen konnte. Aus diesem Grund blieb die Stützmauer am Tempelberg erhalten. Die »Klagemauer« ist ein Teil davon. Auch die Zitadelle des Herodes überdauerte die Jahrhunderte, zusammen mit dem Fundament des nordwestlichen Turmes, des sogenannten Phasaelturmes. Außerdem fand man an verschiedenen Stellen die Reste von Befestigungsanlagen.
Über die einzelnen Grabstätten haben wir schon berichtet. Sie stammen praktisch alle aus anderen Zeitabschnitten, als

Der 81 n. Chr. in Rom gebaute Titusbogen. Im Durchgang sieht man noch Reliefs, die den Sieg über die Juden und die Zerstörung von Jerusalem im Jahr 71 n. Chr. schildern. Von der Kriegsbeute kann man die goldene m e n o r a, d. i. der siebenarmige Leuchter aus dem Tempel, und den Schaubrottisch sehen.

man bislang angenommen hatte. Auch von den Schwierigkeiten der Identifizierung und Lokalisierung jener Orte, an denen sich die Ereignisse des Neuen Testaments abgespielt haben sollen, sprachen wir bereits. Allein die Lage der Burg Antonia ist bekannt, aber über die von Gethsemane, Golgota, dem Kalvarienberg und dem Heiligen Grab lassen sich nur Vermutungen anstellen. Hier muß man folglich auch die mündlichen Überlieferungen heranziehen, selbst wenn es sich dabei um überholte Ansichten aus dem 19. Jh. handelt, wie z. B. bei der Lokalisierung von Golgota (d.i. »die Schädelstätte«), das von Gordon »entdeckt« wurde, da seiner Meinung nach der betreffende Hügel in seinem äußeren Erscheinungsbild genau wie ein Schädel aussah. Gordon konnte eben noch nicht wissen, daß diese Form einzig und allein deshalb entstanden ist, weil sich hier einst ein Steinbruch befand.
Hiermit sind wir am Ende unserer flüchtigen Bekanntschaft mit den Tatsachen und den Vermutungen, die uns die Archäologie über das alte Palästina und die daran angrenzenden Länder liefert und die zum Teil eine erhebliche Rolle bei der Entstehung und Entwicklung des modernen Israel gespielt haben. Möglicherweise haben wir einige Leser, die den biblischen Erzählungen Glauben schenken, hier und da etwas verunsichert. Dies war natürlich nicht die Absicht dieses Buches und seiner Verfasserin. Vielmehr ging es darum – jenseits aller Spekulation – aufzuzeigen, was wirklich geschehen ist, zu welchem Zeitpunkt sich die Ereignisse abgespielt haben und welche Relikte wir davon heute noch sehen können.
Wie wir hoffentlich deutlich herausgestellt haben, ist das besonders für die Zeit des Alten Testaments noch relativ viel. Wer diesen Dingen aufgeschlossen gegenübersteht, wird nun sicherlich die biblische Geschichte mit etwas anderen Augen betrachten.

In der Bibel lesen wir von der »Straße, die die rechte ist«, in Damaskus. Es ist die Cardo Maximus der Römer. Im Altertum war die Straße von Säulen flankiert, und große Tore standen an beiden Enden.

Sogenannter »gehörnter Altar«, wie man ihn an verschiedenen Orten in Israel gefunden hat. Wer ein Verbrechen oder einen Frevel begangen hatte – ausgenommen Mord –, konnte sich durch Berührung eines der Hörner retten. Das ist eine sehr alte Form des Asylrechts.

Worterklärungen

Agora	Versammlungsplatz, Markt.
Anachoret	Asket oder Mönch, der in der Einsamkeit lebt.
Artefakt	Von Menschenhand angefertigtes Werkzeug aus vorgeschichtlicher Zeit.
Atrium	Offener Hauptraum des altrömischen Hauses, um das sich die Zimmer gruppieren; von Säulenhallen umgebener Vorhof einer Kirche.
Basilika	Rechteckige Hallenkirche, die durch Säulenreihen in ein erhöhtes Mittelschiff und zwei Seitenschiffe unterteilt ist.
Castellum	Römische Festung in rechteckiger Form.
Colonia	Ein besonderer Status, den eine Stadt als Belohnung und Ehrung erhält.
Consul	Amtsbezeichnung der zwei höchsten römischen Beamten der Republik.
Diaspora	Die Gesamtheit der dauernd außerhalb Palästinas lebenden Juden.
Glacis	Aus Steinquadern gebildete Böschung vor einer Stadtmauer.
Hippodrom	Ovales Gebäude für Pferde- und Wagenrennen.
Hypokausten	Antike Fußbodenheizung mit Heißluft-Kanalsystem unter römischen Häusern.
Kapitell	Kopf eines Pfeilers oder einer Säule.
Karawanserei	Rast- und Übernachtungsstation für Karawanen. Meist eine rechteckige Anlage. Im Innenhof finden nachts die Tiere Schutz.
Legat	Römischer Botschafter.
Limes	Befestigte Reichsgrenze in der römischen Kaiserzeit.
Matzen	Ungesäuertes Brot. Wird während der Passahzeit gegessen.
Metropolis	Titel einer Distrikt- oder Landeshauptstadt in römischer Zeit.
Mikwe	Bad für rituelle Reinigung in der Synagoge.
Nilometer	Ägyptische Vorrichtung zur Wasserstandsmessung des Nils.
Oligarchie	Herrschaft der Wenigen, also einiger Familien, einer Clique oder einer Interessengruppe.
Ossuarium	Gefäß oder Kammer zur Aufbewahrung der Gebeine Verstorbener.
Ostracon (Ostraca)	Keramikscherben, die im Altertum als (billiges) Schreibmaterial verwendet wurden.
Polis	Griechischer Stadtstaat.
Proconsul	Ehemaliger *consul* und nach seiner Amtszeit Statthalter einer Provinz.
Procurator	Römischer Verwaltungsbeamter, Statthalter.
Propyläen	Vorhalle, Eingang zu einem geheiligten Bezirk.

Sanhedrin	Oberste religiöse, gerichtliche und politische Behörde des Judentums in römischer Zeit mit 72 Mitgliedern.
Satrap	Titel der Statthalter während der persischen Zeit.
Schaubrot	Die 12 ungesäuerten Brote, die im Heiligtum lagen und jeden Sabbat von Priestern gegessen wurden.
Schekel	Semitisches Gewicht und Silbermünze; heute israelische Währung.
Schofar	Altisraelitisches posaunenähnliches Horninstrument in der Gestalt eines Widderhorns; jüdisches Kultinstrument.
Scriptorium	Schreibraum.
Sigillata	Dünnwandiges Geschirr mit glänzend rotbraunem Überzug, mit Reliefverzierung und figürlichen Motiven.
Skarabäus	Altägyptische Nachbildung des Pillendrehers (Käfer) aus Stein, Elfenbein, Halbedelstein oder Gold. Als Amulett oder Siegel verwendet.
Stele	Steinsäule oder aufrecht stehende Steintafel, mit Relief versehen, oft beschriftet.
Stoa	Nach einer Seite offene Säulenhalle im antiken Griechenland und Rom.
Stucco	Stuck. Gemisch aus Steingips, Kalk, Sand und Wasser. Zur Ausschmückung von Wänden und Reliefs.
Talent	Antike Gewichtseinheit und Münze.
Tell	Siedlungshügel, Trümmerhügel, der durch übereinander liegende Siedlungsschichten entstanden ist.
Tholos	Runder Kultbau mit Säulenumgang.
Thora	Die fünf Bücher Mose (Pentateuch), wichtigste Grundlage der jüdischen Religion.
Via Dolorosa	Leidensweg, Kreuzweg Jesu.
Via Maris	Küstenstraße.
Wadi	Trockental; Flußlauf, der nur nach Regenfällen Wasser führt.
Zikkurat	Babylonischer Tempel in Form einer Stufenpyramide.
Zisterne	Unterirdischer Wasserbehälter, Wasserquelle.

Zeittafel

Palästina und Israel	Paläolithikum (Altsteinzeit)	250000 - 10000 v. Chr.
	Mesolithikum (Mittelsteinzeit)	10000 - 7500 v. Chr.
	Natufien-Kultur	12000 - 7500 v. Chr.
	Neolithikum (Jungsteinzeit)	7500 - 4000 v. Chr.
	Jarmuk-Kultur	7500 - 4000 v. Chr.
	Chalkolithikum (Kupfer/Steinzeit)	4500 - 3150 v. Chr.
	Ghassul- und Bet-Yerah-Kultur	4000 - 3150 v. Chr.
	Bronzezeit	3150 - 1200 v. Chr.
	Protokanaanitische Periode	3150 - 2200 v. Chr.
	Mittlere kanaanitische Periode, Hyksos	2200 - 1550 v. Chr.
	Späte kanaanitische Periode, ägyptische Herrschaft, Amarna-Zeit	1550 - 1200 v. Chr.
	Eisenzeit	1200 - 586 v. Chr.
	Landnahme durch die Israeliten	1200 - 1150 v. Chr.
	Landnahme der Philister	1150 - 1000 v. Chr.
	Zeit der Könige:	
	König Saul	ca. 1012 - 1004 v. Chr.
	König David	1004 - 961 v. Chr.
	König Salomo	961 - 922 v. Chr.
	Zweiteilung des Reiches:	
	Juda	922 - 586 v. Chr.
	Israel	922 - 723 v. Chr.
	Persische Herrschaft	586 - 332 v. Chr.
	Hellenistische Zeit	332 - 37 v. Chr.
	Makkabäer:	
	Jonathan	152 - 142 v. Chr.
	Johannes Hyrcanos	134 - 104 v. Chr.
	Salome Alexandra	76 - 67 v. Chr.
	Hyrcanos II.	63 - 40 v. Chr.
	Römerherrschaft	37 v. Chr. - 324 n. Chr.
	Herodes der Große	37 v. Chr. - 4 n. Chr.
	Herodes Antipas	4 v. Chr. - 39 n. Chr.
	Herodes Agrippa I.	37 - 44 n. Chr.
	Agrippa II.	53 - 100 (?) n. Chr.
	Byzantinische Zeit	24 - 640 n. Chr.
	Früharabische Periode	640 - 1099 n. Chr.
	Kreuzfahrerreich	1099 - 1291 n. Chr.

Ägyptische Pharaonen	Sesostris I.	1971 - 1928 v. Chr.
	Amenemhet II.	1929 - 1895 v. Chr.
	Ahmose I.	1580 - 1558 v. Chr.
	Hatschepsut	1490 - 1468 v. Chr.
	Thutmosis III.	1490 - 1436 v. Chr.
	Echnaton	1372 - 1354 v. Chr.
	Tutanchamun	1334 - 1325 v. Chr.
	Sethos I.	1308 - 1290 v. Chr.
	Ramses II.	1290 - 1223 v. Chr.
	Merenptah	1223 - 1204 v. Chr.
	Ramses III.	1198 - 1166 v. Chr.
	Scheschonk	945 - 924 v. Chr.
	Necho II.	609 - 594 v. Chr.
	Ptolemäus I. Soter	304 - 283 v. Chr.
	Ptolemäus II. Philadelphos	285 - 246 v. Chr.
	Ptolemäus III. Euergets I.	246 - 221 v. Chr.
	Ptolemäus IV. Philopator	221 - 205 v. Chr.
	Ptolemäus V. Epiphanes	205 - 180 v. Chr.
	Ptolemäus VIII. Euergetes II.	170 - 116 v. Chr.
	Cleopatra VII.	51 - 30 v. Chr.
Assyrische Könige	Tiglatpileser III.	745 - 727 v. Chr.
	Sargon II.	721 - 705 v. Chr.
	Sanherib	704 - 681 v. Chr.
	Asarhaddon	680 - 669 v. Chr.
	Assurbanipal	668 - 631 v. Chr.
Babylonische Könige	Nebukadnezar II.	605 - 562 v. Chr.
Römische und byzantinische Kaiser	Augustus	27 v. Chr. - 14 n. Chr.
	Tiberius	14 - 37 n. Chr.
	Nero	54 - 68 n. Chr.
	Vespasian	69 - 79 n. Chr.
	Titus	79 - 81 n. Chr.
	Trajan	98 - 117 n. Chr.
	Hadrian	117 - 138 n. Chr.
	Antonius Pius	138 - 161 n. Chr.
	Septimius Severus	193 - 211 n. Chr.
	Aurelian	270 - 275 n. Chr.
	Konstantin I.	306 - 337 n. Chr.
	Theodosius	379 - 383 n. Chr.
	Justinian I.	527 - 565 n. Chr.

Ausgrabungen in Israel

In Israel sind Hunderte von Ausgrabungen vorgenommen worden, aber es ist hier nicht der Platz, alle aufzuführen, zumal diese immer noch fortgesetzt werden. Deshalb werden hier nur die wichtigsten Grabungen der letzten Jahrzehnte erwähnt.

1806 Erste Ausgrabungen.
1838 Erste »biblische« Ausgrabungen durch den »Palestina Exploration Fund«.
1890 Sir William Flinders führt Ausgrabungen auf dem Tell el-Hesi durch, den man zunächst für die Stadt Lakhish hält.
1908 Ausgrabungen in Samaria.
1913 Ausgrabungen in Sichem (heute Nablus).
1921 Ausgrabungen in Beth Shean.
1926 Ausgrabungen in Silo.
1935 Ausgrabungen in Megiddo.
1936 Ausgrabungen in Lakhish.
1945 Ausgrabungen in Caesarea.
1951 Entdeckungen der Schriftrollen von Qumran am Toten Meer und Ausgrabungen in Qumran.
1966 Ausgrabungen in Masada.
1967 Ausgrabungen bei Munhatta und Beida.
1968 Ausgrabungen bei Deir Alla - hier Manuskriptfunde - und in Gezer.
1969 Ausgrabungen in Jerusalem, Gezer und Tell Anafa in Galiläa.
1970 Ausgrabungen in Sichem, Ai, Gezer und Tell el-Ful.
1971 Ausgrabungen in Tell el-Hesi, Gezer (Salomonisch), Tell Dan und Wadi Timna, wo ein kleiner ägyptischer Tempel entdeckt wurde.
1972 Ausgrabungen in Jerusalem.
1973 Ausgrabungen in Hazor, Gezer, Be'er Sheva und Jerusalem.
1974 Ausgrabungen in Nord-Galiläa und Tell Qasile.
1976 Ausgrabungen im Sinai und Tell Dan, wo durch einen Börsenmakler aus New York mittels eines Minensuchgerätes eine wunderschöne Bronzebüste von Kaiser Hadrian gefunden wurde.
1977 ca. hundert Grabungskampagnen, so u. a. im Sinai, im Fort von Josafa, an den Mauern von Jerusalem, auf der Akra etc.
1978 Ausgrabungen in Caesarea, Hasorea.
1979 Ausgrabungen am Tempel von Jerusalem.
1981 Ausgrabungen am Tell Afek, Keilschriftbriefe, Tell el-Hesi, Jerusalem mit Palast und Festung von König David, Caesarea (unter Wasser), im Karmelgebirge und in der Tabunhöhle.
1982 Jerusalem, Tell Dan mit Natufien-Kultur, 2000 v. Chr., und 10. bis 8. Jh. v. Chr.
1983 Ausgrabungen in der Tabunhöhle, Artefakte aus der Zeit von 130 000 bis 50 000 v. Chr.; im Sinai; Jerusalem außerhalb der antiken Stadt, Tell Jarmuk, 3. Jahrtausend v. Chr.

Literatur

AHARONI, Y.
1967: The Land of the Bibel. London.
1973: Beersheba I.

ALBRIGHT, W. F.
1949: Von der Steinzeit zum Christentum. München.
1956: Die Religion Israels im Lichte der archäologischen Ausgrabungen. München/Basel.
1957: Die Bibel im Licht der Altertumsforschung. Stuttgart.

BERMANT, C., und WEITZMAN, M.
1979: EBLA. Neu entdeckte Zivilisation im Alten Orient. Frankfurt.

CORNFELD, G., und BOTTERWECK, G. J. (Hrsg.)
1972: Die Bibel und ihre Welt. dtv-Lexikon. München.

FLAVIUS JOSEPHUS
Der jüdische Krieg.
Die jüdischen Altertümer.

KENYON, K.
1957: Digging up Jericho. New York.
1967: Archäologie im Heiligen Land. Neukirchen.
1968: Jerusalem. Die heilige Stadt von David bis zu den Kreuzzügen. Ausgrabungen 1961 - 1967. Bergisch-Gladbach.

LANDAY, J. M.
1973: Schweigende Städte - Heilige Steine. Archäologische Entdeckungen im Land der Bibel. Bergisch-Gladbach.

NEGEV, A.
1972: Archaeological Encyclopedia of the Holy Land.

NOTH, M.
1966: Geschichte Israels. Göttingen.

SANDARS, N. K.
1980: De zeevolken.

TADEMA SPORRY, J.
1976: De geschiedenis van Egypte.

WOLF, W.
1971: Das alte Ägypten. München.

WRIGHT, G. E.
1958: Biblische Archäologie. Göttingen.

YADIN, Y.
1971: Bar Kochba. Archäologen auf den Spuren des letzten Fürsten von Israel. Hamburg.
1971: Masada.
1974: Hazor.
1976: Jerusalem revealed.